基于全要素生产率的城市经济集约增长研究

JIYU QUAN YAOSU SHENGCHANLÜ DE CHENGSHI JINGJI JIYUE ZENGZHANG YANJIU

河南省高等学校哲学社会科学优秀著作资助项目

高 詹 著

郑州大学出版社

图书在版编目（CIP）数据

基于全要素生产率的城市经济集约增长研究／高詹著. — 郑州：郑州大学出版社，2021.9
（卓越学术文库）
ISBN 978-7-5645-7515-1

Ⅰ．①基… Ⅱ．①高… Ⅲ．①城市经济 - 全要素生产率 - 研究 - 中国 Ⅳ．①F299.2

中国版本图书馆 CIP 数据核字（2020）第 224217 号

基于全要素生产率的城市经济集约增长研究

策划编辑	孙保营	封面设计	苏永生	
责任编辑	张卫明	版式设计	凌 青	
责任校对	陈 思	责任监制	凌 青	李瑞卿

出版发行	郑州大学出版社	地 址	郑州市大学路 40 号（450052）	
出 版 人	孙保营	网 址	http://www.zzup.cn	
经 销	全国新华书店	发行电话	0371-66966070	
印 刷	河南文华印务有限公司			
开 本	710 mm×1 010 mm 1 / 16			
印 张	15.25	字 数	249 千字	
版 次	2021 年 9 月第 1 版	印 次	2021 年 9 月第 1 次印刷	

书 号	ISBN 978-7-5645-7515-1	定 价	78.00 元	

本书如有印装质量问题，请与本社联系调换。

前　言

　　我国城市经济快速增长的潜能逐渐释放完毕,经济增长中的资源短缺、成本上涨、结构失衡等问题日益突出。面临新的宏观经济形势,我国城市经济增长如何突破动力衰退的瓶颈,重构城市经济新的动力机制,实现城市经济集约高质量增长,成为理论界和实践层关注的重点和热点话题。

　　在已有文献研究的基础上,本书将城市经济集约增长研究置于全要素生产率时空差异的宏大背景下,通过分析全要素生产率区域差异与经济增长的时空演化趋势和地域分异特征,总结归纳出不同区域全要素生产率增长的一般性规律和差异化特点,分类考察了城市经济集约增长的组织和运行方式,在此基础上探讨城市经济集约增长模式的转型路径。

　　本书的创新之处主要有以下几点:

　　第一,建立了全要素生产率驱动城市经济集约增长模型,形成了较为完整的关于全要素生产率区域差异与城市经济集约增长之间的理论分析框架,为我国城市经济实现集约高质量增长提供了理论基础。

　　第二,实证了全要素生产率和城市经济增长的地域分异,并且分析了全要素生产率区域差异的影响因素,为我国城市选择合适的集约经济增长方式提供了丰富的数据支持。

　　第三,概括出全要素生产率视角下的城市经济增长的组织和运行方式,在高质量发展背景下为我国城市经济集约增长转型提供决策参考。

　　本书可以为城市经济学、区域经济学、城市和区域规划、公共政策和公共管理方向的学者提供资料参考。

在本书的编著过程中,参考了大量文献与研究成果,得到了郑大大学出版社相关人员的全力支持,在此特致谢忱!

高　詹

2020 年 8 月

目录

1

导　论

1.1　研究背景和研究意义

1.1.1　研究背景

改革开放四十多年,我国依托中国特色的经济增长模式,创造性地实现了经济高速增长。奇迹般地以年均超过9%的增长速度,令世界瞩目。2012年我国国内生产总值达到519 322亿元[①],继2010年超过日本成为世界第二大经济体。这也意味着我国经济短时间内凭借后发优势,实现追赶发达国家的"挤压式增长"[②]潜能逐渐释放完毕,城市经济运行中的资源短缺、成本上涨、结构失衡等问题日益突出。

中共十九大和中央经济工作会议做出了"中国特色社会主义进入了新时代,我国经济发展也进入了新时代"的重大论断,指出新时代我国经济发展的基本特征,就是我国经济已由高速增长阶段转向高质量发展阶段。在此背景下,面临经济增速换挡期、结构调整阵痛期、前期刺激政策消化期多

---

①　资料来源:人民网,http://finance.people.com.cn/n/2013/0118/c1004-20247617.html。
②　"挤压式增长"主要指后起国家用较少时间完成了发达国家的工业化、城市化,引自:刘世锦. 从增长阶段理解发展方式转型[J]. 经济研究, 2011 (10):14。

重叠加压力,如何突破原有增长动力日益衰减的瓶颈,城市经济增长的动力转换成为关键。重构城市经济增长的动力机制,实现从粗放式增长到全要素生产率(total factor productivity,以下简称为 TFP)驱动的集约型经济增长,成为城市经济运行中最急需解决的问题。

长期以来我国城市经济增长模式主要源自要素驱动的粗放型增长,过度依靠廉价"土地红利"和"人口红利"的城市经济增长模式已经难以为继。粗放型经济增长模式带来了城市经济增长"不协调、不平衡、低效率和不持续"等诸多问题。自改革开放以来,中国城市经济快速增长,成为"中国奇迹"的重要表征之一,中国人均 GDP 已从 1980 年的 220 美元增长到 2013 年的 6629 美元,城市经济增长将逐渐由高速增长向中高速增长阶段转换。传统城市经济增长模式的弊端促使城市经济增长从"要素驱动"向"全要素生产率驱动"转变,实现城市经济增长从数量型的外延扩张向质量型的集约发展转型。

(1)土地红利对城市经济增长不可持续

廉价易得的土地要素为我国城市经济的快速增长创造了有利的条件。长期以来,地方政府通过低价征地、高价出售的方式,获取了巨额的土地出让金,增加土地要素投入成为城市经济快速增长的主要手段。许多大城市都实行城市新区的扩张政策。甚至中小城市也都不断扩大城区建设用地的面积。城市的面积不断蔓延,形成低效率的土地资源配置方式,造成土地资源的严重浪费。据 2011 年的统计数据,中国人均城市建设用地为 133 平方米。而 2010 年的数据表明,发达国家的人均城市建设用地仅为 82.4 平方米,发展中国家的这一指标也仅仅为 83.3 平方米。然而我国土地资源是稀缺资源,效率低下的配置方式进一步加剧了土地供给和城市经济发展之间的矛盾。城市依赖土地红利的经济增长模式带来了城市产业畸形发展更为严重的后果。高额的土地红利赋予了城市房地产行业强大的"吸金"能力,大规模城市资本短时间内快速涌入,使得房地产行业与其他产业出现严重的比例失调——房地产过度膨胀与其他行业投入不足并存。

(2)人口红利对城市经济增长作用衰退

数量众多、规模庞大、成本廉价的农村剩余劳动力是支撑城市经济迅速增长的主要力量。我国在过去四十年城市劳动力供给呈现无限弹性的特点。在农村剩余劳动力被全部吸纳之前,由于存在人口红利,资本报酬递减得以延缓。农村经济体制改革解除了劳动力和土地的绑定关系,大量适龄劳动人口从农村转移到城市,为城市经济增长提供了廉价的劳动力资源。从2011年开始我国的适龄劳动力人口比重出现10年以来的首次下降,达到74.4%,比上一年减少149万人。与此同时,我国开始步入人口老龄化国家行列,成为世界上唯一的老龄人口超过1亿的国家,截至2013年9月,我国60周岁以上的老年人口已经突破2亿。以上现象表明,中国的劳动力供给从"无限供给"走向"有限供给",它一方面根源于农村剩余劳动力的减少,另一方面将引发工业部门工资水平的上升。未来经济运行中劳动力成本将不断上升,经济增长进入要素投入成本上升周期,人口红利逐渐衰退。

(3)投资增长对城市经济增长贡献度不断下降

长期以来我国城市经济的高速增长主要依靠投资增长的拉动。在技术条件不变的前提下,投资总额的不断增加必然带来资本边际收益率的下降。总体而言,中国城市经济高增长的核心动力在于投资,而投资的比例又极不均衡。中国投资的结构分析表明,基础设施投资、房地产投资在中国投资总额中的比例分别约为25%,制造业投资基本上高于30%。换言之,基础设施投资、房地产投资两项之和占到中国投资总额的50%左右。就基础设施而言,我国城市高速公路密度已和发达国家接近,高速铁路建设位居世界领先水平,通信基础设施网络实现基本覆盖。可以估计,尽管我国城市基础设施建设还具有一定空间,但是不会出现以往的大规模基础设施投资高速增长。从房地产投资方面分析,土地购置面积呈现持续下降局面,新房屋开工面积增速较低,部分城市房屋库存居高不下。与此同时,制造业产能过剩严重,行业投资增速也相应下降。在当前中国城市经济增长模式下,基础设施投资、房地产投资高速增长时代的结束,必然带来中国城市经济高速增长的中止,中国城市经济迫切需要寻找到新的增长动力与增长模式。

(4)城市经济增长与资源环境承载力矛盾突出

我国在工业化和城市化的快速进程中,造成了大规模的资源浪费和环境破坏。企业片面追求产出,采用粗放式的经营策略,使用简单的技术方法制造了大量的副产品,环境污染加剧。地方政府在GDP政绩的驱动下,引入了一些高污染、资源密集型项目,造成城市环境资源恶化。一些城市的河流、海域污染严重,部分城市大气雾霾超标,城市主要污染物排放超标。资源和环境问题影响到了城市经济的可持续发展以及人民群众的生活安全。城市资源和环境的承载力已经达到极限,城市经济必须抛弃依靠资源数量型投入的旧增长模式。

(5)外部经济环境给我国城市经济增长带来挑战

从国际环境分析,全球经济处于政府债务危机的后期。国际金融危机爆发后,全球经济经历再调整和再平衡过程。美联储量化宽松政策退出正式启动,提高了消费信贷和商业融资成本,对私人消费和企业投资产生抑制作用,基本上可以认为美国经济将呈现温和小幅增长局面。欧洲经济正在逐步走出债务危机的经济衰退,但是经济中存在的高失业率、私人部门高负债率和结构调整缓慢的问题,导致欧盟经济增长超过1%的希望比较渺茫。日本经济面临着能源、资源进口成本上升、政府债务增加的压力,经济增速会进一步放慢,经济增长可能下调到1.5%左右。国际经济发展总体趋缓,主要经济体基本上处于恢复和调整时期,我国外部经济环境和外需改善不容乐观,经济可持续增长转向关注内生性动力要素。

(6)高质量发展下城市经济增长转型刻不容缓

高质量发展下,我国城市经济沿着既定发展目标在特定发展阶段出现相对稳定的形态。主要表现在两个方面:第一,我国经济将从高速增长转向中高速增长,中高速增长是我国经济未来发展的常态。第二,经济增长动力发生根本性转变。中国经济增速由高速"换挡"至中高速,不仅仅是增长速度的调整,更为重要的是它包含着经济结构的调整,以及与其相适应的体制、政策转变。正如克鲁格曼指出的,建立在资源流动性改善上的经济增长天然是不可持续的。我国城市经济增长长期依赖的人口红利、投资增长和土地红利的潜在能力殆尽。在我国宏观经济高质量发展背景下,全要素生产率替代资源流动性改善成为城市经济持续增长的引擎。作为残差的全要素生产率可以抵消资本报酬递减和劳动力成本增加的不利影响,成为新常态模式下城市经济增长的动力源泉。

1.1.2　研究意义

（1）理论意义

第一，有助于弥补新古典经济学中城市经济增长模型的不足。长期以来新古典经济学建立在要素边际收益率递减的基础上，并且将技术进步定义为外生的希克斯中性技术进步，很难解释城市经济运行中规模报酬递增的现象。新古典城市经济增长模型假设空间均质，没有将空间因素纳入一般增长模型。城市是空间集聚的产物，城市经济运行中一个最突出的特点就是可以获得空间集聚带来的规模收益递增外部性。本书放弃了新古典经济学中城市经济增长模型，没有采用总量生产函数，而是从投入产出的角度建立了全要素生产率和城市经济增长之间的一般关系模型。该模型体现了城市经济运行中规模报酬递增和空间因素的影响，弥补了新古典经济学模型规模不变和空间均质的缺陷。

第二，有利于深入分析城市经济增长动力转化机制。增长动力机制转化是城市经济领域一个重要的研究问题，这方面的文献资料较多，但是基本上理论框架还没有建立。本书以全要素生产率时空差异为视角，建立全要素生产率驱动的城市经济集约增长理论框架，系统研究了全要素生产率区域差异影响因素，深入剖析了全要素生产率驱动城市集约增长的模式、条件和路径，揭示了空间因素、制度安排、结构优化、知识能力提高对城市全要素生产率驱动经济质量提高之间的一般规律。通过本书建立的理论分析框架，有利于系统、全面地研究城市集约经济增长动力机制。

（2）现实意义

第一，有助于分析我国城市经济高质量增长的动力机制。关于我国城市经济增长的动力，学术界长期以来存在争议，由此形成关于中国城市化道路的意见分歧。本书通过测算近十年中国城市的全要素生产率增长情况，力求准确反映全要素生产率的变化特征，为新形势下研究我国城市经济增长动力提供数据支撑。

第二，有助于从空间角度建立城市之间的经济联系。本书通过分析我国全要素生产率空间特征和城市经济增长空间结构，解释了城市经济增长存在空间依存关系，为城市之间产业和功能网络延伸提供了空间视角分析。

第三,有助于不同区域发现影响经济高质量增长的关键因素。本书采用实证的方法,在全国和五大经济区分析了政府科技投入、基础设施、产业结构、人力资本、对外开放、集聚经济、研发活动七个主要因素对全要素生产率显著性和贡献度的影响。通过分析解释了全要素生产率差异的原因,为不同类型城市改善经济增长质量提供了现实依据。

第四,有助于城市结合自身情况选择经济高质量增长的组织和运行方式。本书总结概括了政府规控型、产业结构优化驱动型、知识能力提高型和多样化驱动型四种集约型经济增长的组织和运行方式。通过分析四种方式的适用条件和作用机理,为城市实现经济高质量增长提供模式选择。

第五,有助于城市全面系统实现全要素生产率驱动的经济增长。本书从城市转型动力、转型过程和转型结果三个方面提出城市经济增长动力从要素驱动向创新驱动转型;城市经济增长过程从不均衡向均衡发展;城市经济增长质量从数量增加向质量提升转变。

1.2　文献综述

全要素生产率和经济增长是经济学界长期以来关注的领域,这方面的文献资料纷繁芜杂:一方面丰富的文献支持有利于本书汲取学者们宝贵的研究成果,另一方面庞杂的研究结论也增加了本书搜集和整理文献的难度。本书从理论和实证两个方面对相关文献进行梳理,主要涉及全要素生产率和经济增长理论、全要素生产率与我国经济增长、全要素生产率部门差异与城市经济增长、全要素生产率区域差异与城市经济增长等几个方面。通过分析学者们的研究成果,有助于明确已有研究的不足,从而确定本书研究的目标和研究内容。

1.2.1　全要素生产率与经济增长理论

"全要素生产率"这一概念在经济增长理论中居于核心地位,对全要素生产率的研究从古典经济学、新古典经济学、新经济增长理论到新制度经济学经久不衰。各个学派都尝试从各个角度来考察全要素生产率对经济增长的影响。对经济增长相关经典理论的梳理,有助于深化对经济增长动力、经济增长源泉规律的认识。从亚当·斯密关注劳动生产率,到新古典学派发现技术进步重要性,新经济增长理论认为知识、人力资本内生性是重要因素,制度学派引入制度分析视角,可以发现在不同阶段经济增长呈现出不同的动力驱动特点。我国城市经济运行也到了发展转型的关键时期,全要素生产率与经济增长理论相关研究可以为我国城市经济增长动力驱动来源提出理论基础。

古典经济学开创了经济理论与增长理论的融合,形成了经济增长理论第一个快速发展时期。亚当·斯密《国富论》中的"分工促进经济增长"的理论,马尔萨斯在其《人口原理》中的人口理论,马克思《资本论》中的两部门再生产理论,形成了古典经济学中有代表性的经济增长理论。从全要素生产率角度看,虽然在古典经济学时期还没有出现"全要素生产率"的概念,但是古典经济学家的增长理论中已经涉及了全要素生产率的诸多方面,其中亚当·斯密的思想最具有代表性。亚当·斯密虽然没有正式提出"全要素生产率"这个概念,但是已经注意到了要素生产率对经济增长的促进作用。他认为,技术进步是要素生产率提高的动因,社会分工和以分工为基础的机器运行带来了技术进步。亚当·斯密的经济增长理论涉及了全要素生产率的诸多方面,例如知识进步、配置资源效率、规模经济、资本投入、社会经济制度等方面对全要素生产率的影响。当然由于亚当·斯密所处时代的限制,也导致了其本人对全要素生产率认识的一些局限性,主要表现在:第一,亚当·斯密特别强调劳动生产率的提高,劳动生产率是一种单要素生产率,忽视了对经济增长更为重要的全要素生产率;第二,亚当·斯密重视技术进步,但是他对技术进步的认识停留在机械、工具的发明和使用方面,更倾向于技术领域中的技术进步。亚当·斯密对全要素生产率的认识受制于时代,在一定程度上限制了全要素生产率后续研究在深度、广度上的扩展。

新古典学派关于经济增长的思想认为,长期经济增长根源于技术进步,而非资本、劳动等要素供给的增加。从要素投入角度对经济增长分析时,新古典经济学增长理论摒弃了古典学派单要素的做法,同时考虑了资本和劳动两种要素投入,并分别估算了资本和劳动两种要素对经济增长的贡献度。在承认技术进步是全要素生产率核心构成的基础上,新古典经济学在研究中确立了技术进步的三个基本假设——外生、非体现、希克斯中性,并且假定技术水平以一个固定的增长比例稳步提高。技术进步的引入极大改变了原有模型的结果,即使资本、劳动等投入要素比例保持不变,资本的边际收益率也将持续提高,从而实现长期的经济增长。技术进步的影响因素无法被考察,这在很大程度上限制了新古典增长理论的解释力,导致新古典经济增长理论的解释力趋于弱化。新古典经济增长理论对全要素生产率的主要贡献在于"索洛余值"提供了测算全要素生产率的一种方法。R. M. Solow(1957)的经典论文《技术变化和总量生产函数》借助计量经济学方法,设立了新的生产函数进行了参数估计,将总产出定义为资本、劳动、技术进步的函数,也即将经济增长看作资本、劳动、要素增长及其共同作用的结果。总的经济增长中,扣除劳动、资本贡献之后,即为技术进步对经济增长的贡献。很显然,技术进步的作用以"残差"的形式出现,这一形式被称为"索洛余值(Solow Residual)"[①]。使用索洛余值度量全要素生产率可以看作是新古典经济学派对这一主题的重大创新,具有里程碑式的意义。一方面,相关研究可以在这一框架下不断扩展,例如,纳入更多的生产要素;另一方面,它承认经济中存在无法确认的因素对全要素生产率的影响,确立了研究的边界。

新经济增长理论基于新古典增长理论的缺陷,对经济增长理论进行了补充和完善。新经济增长理论在新古典增长理论的基础上,在考察劳动力"数量"作用的同时,更加着重于讨论劳动力"质量",即人力资本的作用。这一发展进一步扩大了"劳动力"投入要素的内涵,使其涵盖劳动力的绝对数量以及劳动力的教育水平、生产技术技能、劳动力之间的协作能力等。作为全要素生产率与经济增长研究的重要发展,P. M. Romer(1990)建立的"内生增长模式"[②],创造性的技术进步内生化,使得知识积累、技术进步对经济增长的贡献凸显出来,其核心观点可以概括为:经济增长的根本核心在于技术进步,而市场机制的激励作用是技术进步的根本动力,知识使用的边际成本

① Solow R M. Technical change and the aggregate production function[J]. The review of Economics and Statistics, 1957(2):312-320.

② Romer P M. Endogenous technological change[J]. Journal of political Economy, 1990(2):71-102.

为零使得知识积累成为技术进步的重要路径。新经济增长理论又被称为"内生技术变革理论",其原因在于它指出了市场机制下的理性选择可以带来技术进步,进而使得人均实际 GDP 能够持续增长。换言之,经济增长的根源在于经济系统之内,而非假定的"外生"。这一理论解释了现实中广泛存在的增长率差异和经济增长的持续性。

新经济增长理论以新古典增长理论为基础,二者具有理论上的继承发展关系。新古典经济学假定技术进步外生决定,新增长理论放松这一假定,从经济体系内部寻找相关变量间的关系。从全要素生产率角度看,新经济增长理论通过技术进步内生化将要素投入、全要素生产率二者之间的联系凸显出来。具体而言,市场机制诱导个体理性经济人进行知识积累或者人力资本投资;知识和人力资本又具有正的外部性,在宏观上导致规模报酬递增和技术进步,这一逻辑实现了技术进步内生化;根源于经济体系本身的技术进步对全要素生产率提高起着核心决定作用。

同样,任何经济增长理论都不是完美的,新经济增长理论也存在一定缺陷,表现在以下三点:第一,新经济增长理论在生产函数设立方面没有突破;第二,新经济增长理论未考虑到要素禀赋对要素供给进而对要素投入的限制。第三,新经济增长理论强调技术进步和人力资本对全要素生产率的促进作用,但是忽略了其他因素,特别是忽视了制度因素对全要素生产率产生的影响。

新制度经济学派形成于 20 世纪 70 年代,推进了制度对经济增长作用的研究。新经济增长理论在论述经济增长时,其探索的脚步前进到技术进步层面就戛然而止了。在其看来技术进步是全要素生产率提高的重要原因,但什么是导致技术进步的原因并没有被进一步探究。刘易斯(1955)在对经济增长源泉的分析中指出,技术进步是知识经济增长的表层原因。通常假定制度变量保持不变,将其看作既定或已知的,制度因素的外生性假定使得主流经济学无法分析制度因素对全要素生产以及经济增长的影响;因而经济增长决定因素在于要素及其生产效率。以诺思、舒尔茨为代表的新制度经济学家认为,诸如创新、规模经济、教育、资本积累等因素,都不是经济增长而恰恰是经济增长相伴的一种结果。诺思和托马斯(1973)在《西方世界的兴起》一书中指出,经济增长的关键在于经济中的组织效率,或者存在"有效率的组织";西欧经济社会发展的根本原因正是在于"有效率的组织"的发展。"有效率的组织"的产生与发展又依赖于特定的制度安排①。由此可见,一种有效率的制度是经济增长更深层的原因。琼斯(1998)在《经济增长导论》中强调了经济的法律、规定、机制构成等基础因素是技术进步和经济兴衰的根源,他认为近百年来,一些国家建立了有利于经济增长的经济制度和基础因素,结果技术得以发展,经济得以增长②。新制度经济学派从制度角度为要素生产率改善和影响因素分析提供了重要的研究视角。

1.2.2　全要素生产率与我国经济增长

关于全要素生产率与我国经济增长的研究主要集中在全要素生产率对我国经济增长的贡献程度,通过计算全要素生产率的贡献度判断我国经济增长是集约型的增长模式还是粗放型的增长模式。这方面的文献资料较多,主要研究了新中国成立以来我国全要素生产率变化情况。但是因为选取的指标不同、时间不同导致测度结果相差很大。从研究结果可以看出,存在两种观点:第一种观点认为中国的全要素生产率增长比较缓慢,测度的结果为全要素生产率呈现负增长(邹至庄,1984;陈时中等,1986;张军扩,1991;郭庆旺等,2005)。另一种观点认为中国的全要素生产率增长较快,结果为正(张军,2002;孙琳琳等,2005;涂正革等,2006)。尽管存在上述分歧,但是大多数的研究结果认为改革开放以前的经济增长是效率低下的,改革开放以后全要素生产率获得了较快的增长,但是我国经济增长的核心力量在于资本拉动,仍旧属于粗放型增长模式,面临向集约型增长模式转变的任务。

城市是我国经济运行的主要载体,城市经济增长中的全要素生产率贡献程度是否与我国宏观经济增长呈现一致趋势?关于全要素生产率和我国经济增长的研究为分析城市经济增长提供了研究思路,有利于发现城市经济增长和宏观经济增长之间的共同规律,以及探索城市经济增长的特殊规律。

---

① 诺思,托马斯.西方世界的兴起[M].北京:华夏出版社,1999:5.
② 琼斯.经济增长导论[M].北京:北京大学出版社,2002:161.

支道隆(1992)运用索洛增长模型,对我国 1952—1976 年的全要素生产率进行了测度,指出改革开放前,我国全要素生产率能够达到 5.99% 的增长速度,其中 80% 以上依赖资金投入取得,技术进步贡献度只有 16%,改革开放前属于典型粗放式增长模式①。

李京文、李军(1993)采用乔根森的测度方法,建立了我国总量生产函数,函数形式为超越对数生产函数,对我国 1952—1990 年经济增长和生产率变化进行了测算。研究得出在 1979—1990 年,资本投入是经济增长最重要的因素,全要素生产率的作用日益提高②。

张军、施少华(2003)运用生产函数方法,测算了我国 1952—1998 年全要素生产率的变动情况,其中 1953—1959 年,我国的 TFP 增长率为 1.5%;1960—1962 年 TFP 增长率为 -15.2%;1963—1970 年 TFP 大起大落,1971—1976 年期间 TFP 增长率为 -1.3%,1977—1998 年平均增长 2.9%。中国的全要素生产率在改革开放前波动很大,1978 年的 TFP 和 1952 年相比呈现下降的状态。改革开放以后,中国的 TFP 出现了明显的提高,1979—1998 年年均增长 2.8%,全要素生产率对经济增长的贡献达到 28.9%③。

胡鞍钢、郑京海(2004)通过测度发现中国的全要素生产率在 1990 年后出现下降趋势,指出要获得全要素生产率的持续增长需要进行市场和所有制的改革、推行开放政策、改善企业经营环境,加强和完善市场经济以及制度方面的改革④。

王小鲁、樊纲、刘鹏(2009)采用卢卡斯内生增长函数模型,测算了 1952—2007 年我国全要素生产率的变化情况,指出改革开放以来,我国全要素生产率变化呈现上升趋势,并进一步分析了不同经济增长方式下全要素

---

① 支道隆.试算我国改革前的综合要素生产率:并与外国学者的计算作比较[J].数量经济技术经济研究,1992(9):61-66.

② 李京文,李军.中美生产率比较[J].经济研究,1993(4):67-71.

③ 张军,施少华.中国经济全要素生产率变动:1952—1998[J].世界经济文汇,2003(2):17-24.

④ 郑京海,胡鞍钢,Bigsten A.中国的经济增长能否持续?:一个生产率视角[J].经济学(季刊),2008(3):777-808.

生产率的来源①。

翁媛媛、高汝熹(2011)建立了新古典模型、有效劳动模型和人力资本外部性模型,对我国1978—2008年经济增长进行研究。三个模型测算的结果表明中国经济增长主要驱动力是依赖投资增长,科技进步的贡献并不高,经济发展中长期中可能遇到资源环境、资本、人力资源等供给因素的制约瓶颈②。

赵志耘、杨朝峰(2011)借助索罗残差方法估算了中国1979—2009年的全要素生产率,结果表明,该时段内中国全要素生产率提高的主要途径在于技术的引进;改革开放带来的制度变迁对经济增长的作用机理以1994年为节点,1994年以前的制度变迁通过增加资本、劳动投入来推动经济增长,此后制度变迁通过提升全要素生产率来实现经济增长;此外,中国快速增长的R&D经费投入对全要素生产率的提升作用极为有限,它仅仅对于增加中国知识存量有一定意义③。

张健华、王鹏(2012)利用我国1978—2010年的各省数据,对全要素生产率进行了再次计算。这项研究的重要突破在于,根据不同时期各省份的资本折旧率估算结果,获得了资本存量更为可靠的数据。结果表明,推动中国经济增长的核心力量仍然是资本积累;全要素生产率的作用较为重要,该数据时段内中国全要素生产率平均增长为2.48%,对经济增长的贡献为24.9%。我国经济增长对投入要素的依赖较大,这对我国经济的可持续发展提出了挑战④。

张丽峰(2013)将随机前沿生产函数模型、Malmquist指数结合起来,使用1995—2010年数据,分别计算了全国、各省、东中西各地区的全要素生产率;并进一步将全要素生产率的增长进行分解。结果表明,中国的全要素生

① 王小鲁,樊纲,刘鹏.中国经济增长方式转换和增长可持续性[J].经济研究,2009(4):4-15.

② 翁媛媛,高汝熹.中国经济增长动力分析及未来增长空间预测[J].经济学家,2011(8):65-74.

③ 赵志耘,杨朝峰.中国全要素生产率的测算与解释:1979-2009年[J].财经问题研究,2011(9):3-12.

④ 张健华,王鹏.中国全要素生产率:基于分省份资本折旧率的再估计[J].管理世界,2012(10):18-30.

产率年均增长为8.86%,各个省份的全要素生产率在研究期内都获得增长,其中东部全要素生产率年均增长8.93%,中部8.80%,西部8.03%,科技进步是各个地区全要素生产率增长的主要推动力①。

张少华(2014)采用投入冗余的全要素生产率指数方法测度和分解了我国1985—2009年的全要素生产率,结果表明,TFP增长解释了中国经济增长35.08%的份额,其中技术进步是导致TFP变化的主要原因,无论是东部、中部还是西部,TEP的提升均体现在资本生产率与劳动生产率的技术变化方面,各省份之间在全要素生产率上的趋同现象不明显,反而出现两极分化的现象。

1.2.3 全要素生产率部门差异与经济增长

这方面的研究主要涉及国民经济中农业、工业、第三产业中全要素生产率增长的情况。研究表明我国农业部门全要素生产率主要来自农村劳动力结构变化,技术效率是我国农业全要素生产率提高的主要原因。工业部门涉及的具体行业很多,研究表明我国工业部门全要素生产率呈现改进状态,但是增幅趋缓,技术水平提高,环境改善有利于工业部门全要素生产率的提高。针对第三产业的研究表明,中国第三产业全要素生产率以缓慢速度提高,在空间上呈现一定的集聚特征。

全要素生产率部门差异与经济增长的研究有助于分析产业结构优化对城市集约增长的驱动作用。我国主要经济部门全要素生产率改善情况,各个经济部门发展水平的差异为城市经济主导产业的选择、城市产业结构优化提供借鉴。

史清琪(1986)最早测度了我国工业部门全要素生产率,其年均增速为1.82%,对经济增长的贡献度为20%左右②。陈宽(1998)对我国国有工业部门的全要素生产率进行了测度,在测度时对固定资产投入要素进行了修正,排出了其中价格变动因素以及住宅固定资产部分。测算结果表明我国

---

① 张丽峰.基于DEA模型的全要素碳生产率与影响因素研究[J].工业技术经济,2013(3):142-149.

② 史清琪.对我国技术进步经济效益评价理论与方法的探索[J].科技导报,1986(4):72-75.

工业的全要素生产率自改革开放以来获得快速增长，对经济增长发挥了重大作用。

谢千里、罗斯基（1995）用1980—1992年测算了中国工业的全要素生产率，其年均增速为2.5%；相比于国有工业，集体工业的全要素生产率更高。工业全要素生产率增长速度趋缓，主要因为三方面的原因，分别是：生产设备利用率下降、国有企业改革的选择性差异以及国有工业的资本收益率递减[①]。

孔翔等（1999）利用超越对数生产函数模型估计了1990—1994年我国建材、机械、化工和纺织四个行业技术变化率，其中除机械行业发生了中性的技术变化以外，其他行业都是既没有技术进步也没有技术退步[②]。

干春晖、郑若谷（2009）分别估算了三次产业的资本存量，并分析了1978—1992年、1992—2001年及2001—2007年三个阶段产业结构演进与全要素生产率变化之间的差异，利用偏离-份额法实际度量了产业结构变动对全要素生产率的影响，结果表明，全要素生产率增长最重要来源在于第二产业内部[③]。

孙久文、年猛（2011）采用非参数Malmquist指数方法，对2005—2009年我国服务业全要素生产率的变动原因、空间差异与变动趋势进行了分析。结果表明，全要素生产率总体呈现负增长，生产效率的退化；其中，东部和中部地区的服务业全要素生产率高于其他地区。技术进步和技术效率在不同地区呈现出差异性的影响，我国服务业整体仍表现为粗放型的增长方式[④]。

董敏杰等（2012）将"卢恩伯格生产率指数""松弛的效率损失测度法"结合起来，对中国工业环境全要素生产率进行计算，并借助分解方法考察其

① 谢千里，罗斯基.改革以来中国工业生产率变动趋势的估计及其可靠性分析[J].经济研究，1995（12）：10-22.

② 孔翔，Marks R E，万广华.国有企业全要素生产率变化及其决定因素：1990-1994[J].经济研究，1999（7）：40-48.

③ 干春晖，郑若谷.中国工业生产绩效：1998—2007：基于细分行业的推广随机前沿生产函数的分析[J].财经研究，2009（6）：97-108.

④ 孙久文，年猛.中国服务业全要素生产率测度与空间差异分析：基于非参数Malmquist指数方法的研究[J].山西大学学报：哲学社会科学版，2012（6）：95-100.

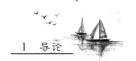

来源。结果表明,2001—2007 年中国工业环境全要素生产率有所提高,金融危机对工业环境全要素生产率冲击性较大。通过加强污染治理,依靠劳动生产技术的进步,优先加强 COD 治理可以有效提高工业环境全要素生产率[①]。

彭代彦(2013)结合 SFA 方法和马奎斯指数方法对 2003—2010 年中国农业的全要素生产率展开研究,将农业全要素生产率的变化分解为技术进步和技术效率,并着重研究了农村劳动力的性别、年龄、受教育程度等结构性因素对农业技术效率的影响。结果表明,中国农业全要素生产率的变动主要来自技术效率提升;在农村劳动力结构上,"老龄化"和教育提高了农业生产的技术效率,而女性化降低了农业生产的技术效率。各省区农业全要素生产率大多呈上升趋势,但是地区差异明显,对农业经济增长贡献程度不高[②]。

杨刚(2013)着重考察了中国农业全要素生产率的空间结构特征,在运用 DEA-Malmquist 估算中国各省区农业全要素生产率的基础上,证实了中国省际农业全要素生产率正向空间关联的存在,农业全要素生产率空间集聚特征明显,这种空间集聚根源于地理区位、经济社会特征的空间关联性,其中地理区位作用更为明显。

邱爱莲等(2014)利用我国制造业 2001—2011 年面板数据,采用 DEA-Malmquist 非参数方法分析了我国制造业全要素生产率及其分解项的变动情况。研究发现生产性服务贸易对我国制造业全要素生产率具有显著的提升作用,其中进口型生产性服务贸易对全要素生产率中的规模效率提升作用显著[③]。

李志翠等(2014)采用方向性距离函数的 DEA 方法,在考虑了污染排放负产出的基础上,测度了 1998—2010 年我国工业环境全要素生产率,指出技

① 董敏杰,李钢,梁泳梅.中国工业环境全要素生产率的来源分解:基于要素投入与污染治理的分析 [J].数量经济技术经济研究,2012(2):2-6.
② 彭代彦,吴翔.中国农业技术效率与全要素生产率研究:基于农村劳动力结构变化的视角[J].经济学家,2013 (9):68-76.
③ 邱爱莲,崔日明,徐晓龙.生产性服务贸易对中国制造业全要素生产率提升的影响:机理及实证研究:基于价值链规模经济效应角度[J].国际贸易问题,2014 (6):71-80.

术进步是影响我国工业全要素生产率大小的主导原因,而技术效率影响很小①。

1.2.4 全要素生产率区域差异与城市经济增长

国内关于全要素生产率区域差异与城市经济增长的研究多从时间维度,在一个研究期内分析一定区域范围内全要素生产率的区域差异对经济增长的影响,以全要素生产率为视角揭示一定区域范围内经济增长的原因。相关研究基本认为,城市全要素生产率呈现改进趋势,其中城市规模、技术进步、基础设施、经济集聚对城市全要素生产率产生重要影响。但是关于城市全要素生产率改进来源出现分歧,有的研究结论认为城市全要素生产率的改进主要来自技术进步,有的结论支持城市全要素生产率的改进动力为技术效率。这方面的研究为城市全要素生产率测度方法、影响因素选择提供了宝贵的借鉴,目前的研究分歧也提供了进一步研究的内容。通过文献分析发现,现有关于城市全要素生产率差异的研究多停留在现状描述和实证分析层面,没有进一步研究全要素生产率和城市经济增长之间的关系,缺乏关于城市经济动力转换深层次的思考。这方面的研究多关注时间维度,较少涉及空间维度,空间因素对城市集约型经济增长的作用日益重要,分析全要素生产率差异的时空特点是需要进一步开拓的领域。

张小蒂、李晓钟(2005)运用索洛增长核算方法对1978—2003年长三角地区的全要素生产率进行测算、分解。结果表明,水平上看,长三角地区的全要素生产率高于全国平均水平;从结构上看,全要素生产率提升主要来自于技术进步,而技术进步则根源于长三角地区的制度变迁,而制度变迁之所以能发挥作用则在于其市场化、国际化导向②。

岳书敬、刘朝明(2006)借助 Malmquist 指数分析了人力资本积累对全要素生产率测算结果的影响。以全国 30 个省区数据为基础,对比了引入人力资本前后全要素生产率计算结果的变化。人力资本的引入,使得中国全要

① 李志翠,刘辉,刘克非.我国工业全要素生产率的再测度[J].统计与决策,2014(6):116-119.

② 张小蒂,李晓钟.对我国长三角地区全要素生产率的估算及分析[J].管理世界,2005(11):59-66.

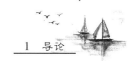

素生产率变动的核心由技术效率转向了技术进步。换言之,如果不引入人力资本变量,技术进步会被低估,技术效率会被高估①。

战明华、史晋川(2006)对浙江省的全要素生产率进行了全面分析,详细考察了其时空、结构变化。结果表明,浙江省的全要素生产率高于全国平均值,但这一现象在 20 世纪 90 年代中期之前表现非常明显,以后差异逐渐减小。通过对全要素生产率分解表明样本期内中学教育发展有助于经济增长率的提高,而大学教育则可能降低了经济增长率。这一现象源于浙江以劳动密集型为主导的产业结构导致的人才需求特征②。

施卫东、孙霄凌(2009)分析了环渤海经济圈内城市全要素生产率的变化情况,指出区域内存在经济发展水平与技术效率水平发展的非均衡性。技术创新是环渤海经济圈内全要素生产率提升的核心部分,进而也是该区域经济增长的重要动力。该经济区内,北京、天津两大城市技术创新能力突出,具备向外扩散技术的条件,其他地区的技术创新能力需要加强③。

张军涛、刘建国(2011)以东北地区 34 个地级市为样本,运用数据包络分析方法重点分析了城市效率的空间关联。测算结果表明,东北地区的城市效率有待提高。空间分析证实了城市效率的空间溢出效应和空间依赖关系,说明了一个城市效率的提升具有带动周围城市效率提高的效应④。

牛品一等(2012)运用超越对数函数的随机前沿模型,估算 1993—2009 年江苏省各县市的生产效率,并分解其全要素生产率增长率。结果表明:江苏省内,全要素生产率最高、最低的地区分别为苏南、苏北;平均生产率的下降在各地区广泛存在,苏南下降幅度最小,苏北下降幅度最大;苏南地区生产效率较为均衡,苏中、苏北地区内部差距逐渐增大。其中全要素生产率的

① 岳书敬,刘朝明.人力资本与区域全要素生产率分析[J].经济研究,2006(4):90-96.

② 战明华,史晋川.不同增长路径下全要素生产率的差异性及其含义[J].财经研究,2006(7):29-36.

③ 施卫东,孙霄凌.环渤海经济圈技术效率增进与全要素生产率变动的实证分析[J].科学学与科学技术管理,2009(2):18-22.

④ 张军涛,刘建国.城市效率及其溢出效应:以东北三省 34 个地级市为例[J].经济地理,2011(4):578-583.

增长率在各地区都呈现持续上升态势,而技术进步构成了这一增长的大部分①。

肖小龙等(2012)采用 DEA 模型的 Malmquist 指数方法,分析了 2001—2010 年我国西部 7 个主要城市群全要素生产率的变化情况。研究表明西部城市群全要素生产率总体上升了 3.4%,其中西北城市群全要素生产率改善了 5.3%,西南改善了 2.1%,改善动力主要来源于技术进步。目前西部城市群经济增长还处于要素投入阶段,整体效率不高②。

魏峰、江永红(2013)根据安徽省人口普查数据,采用 Malmquist 指数方法测算了安徽省 2000—2010 年劳动力素质和地区全要素生产率之间的关系。研究表明,劳动力素质和地级市的全要素生产率变动方向相反。在劳动力素质持续提高的同时,大多数地级市的 TFP 的增长率却为负值,也即劳动力素质提高并未能够显著拉升安徽省的全要素生产率③。

金相郁(2006)利用 Malmquist 生产率指数,选取 1990—2003 年中国 41 个主要城市为研究样本,对城市全要素生产及其相关问题展开研究。数据分析结果表明,城市规模随着城市全要素的提升而下降,城市全要素生产率、城市规模之间存在的负相关关系。结果表明城市未达到应有的最优效率规模;应当把技术进步作为城市全要素生产率提升的主要路径,而不应当依赖于城市技术效率、规模效率的提高④。

刘秉镰、李清彬(2009)运用 DEA 模型的 Malmquist 指数方法,以 1990—2006 年中国 196 个主要城市为样本,考察城市全要素生产率的时空变化特征。结果表明,样本城市的全要素生产率在考察期内持续增长,技术进步对城市全要素生产率提高具有正向作用,技术效率则在一定程度上起到了拖累作用。我国城市经济增长还处于投入增长阶段,利用效率整体较低。其

① 牛品一,陆玉麒,彭倩.江苏省生产效率与全要素生产率分解的空间格局演变分析[J].经济地理,2012(11):27-33.

② 肖小龙,姚慧琴,常建新.中国西部城市群全要素生产率研究:2001—2010[J].西北大学学报:哲学社会科学版,2012(5):85-90.

③ 魏峰,江永红.劳动力素质、全要素生产率与地区经济增长:基于安徽省 17 个地级市的研究[J].人口与经济,2013(4):30-38.

④ 金相郁.中国城市全要素生产率研究:1990—2003[J].上海经济研究,2006(7):14-23.

中重庆市是直辖市中全要素生产率唯一下降的,上海最高,北京次之,天津改善幅度最小;分区域来看,东、中、西和东北的城市全要素生产率提高幅度依次为4.6%、2.2%、2.8%、1.0%,区域分化明显①。

杜吉明等(2010)利用 Malmquist 生产率指数,在全国范围内选取了17个资源型城市,重点分析了1998—2007年资源型城市全要素生产率的变动情况。结果表明,资源型城市转型的初期,总体的全要素生产率平均增长3.5%,技术进步是全要素生产率增长的主要动力,技术效率则阻碍了其增长。各个城市全要素生产率变动原因存在差异性②。

张浩然、衣保中(2012)基于2003—2009城市面板数据,运用空间计量方法分析了基础设施及其空间外溢效应与全要素生产率的关系。将城市密度、产业结构、FDI作为控制变量,重点考察了以交通通讯为代表的物质基础设施、以医疗为代表的公共服务与城市全要素生产率的关系及其空间溢出效应。结论认为,通讯、医疗对本地区全要素生产率的提高具有重要意义,二者同时也表现出明显的空间溢出效应;交通、人力资本同样也提高了本地区的全要素生产率,但没有证据表明此二者对近邻城市全要素生产率的正向作用③。

王美霞等(2013)研究了我国30个省会城市生产性服务业全要素生产率变化及其收敛性。研究发现,1995—2009年省会城市生产性服务业TFP呈快速增长趋势,增长速度明显高于全国平均水平。技术进步水平的提高是生产性服务业全要素生产率快速变化的原因,同时技术效率呈现小幅负增长。结果表明我国省会城市生产性服务业粗放型特征仍然明显,TFP增长虽存在显著区域差异,但是呈现收敛趋势,部分城市显现出“追赶效应”④。

① 刘秉镰,李清彬.中国城市全要素生产率的动态实证分析:1990—2006:基于DEA模型的Malmquist指数方法[J].南开经济研究,2009(3):139-152.

② 杜吉明,于渤,姚西龙.资源型城市经济转型期的全要素生产率研究[J].情报科学,2010(10):1469-1472.

③ 张浩然,衣保中.基础设施、空间溢出与区域全要素生产率:基于中国266个城市空间面板杜宾模型的经验研究[J].经济学家,2012(2):61-67.

④ 王美霞,樊秀峰,宋爽.中国省会城市生产性服务业全要素生产率增长及收敛性分析[J].当代经济科学,2013(4):102-111.

章韬(2013)采用地级市的样本数据,分析了经济地理外部性对城市全要素生产率影响。研究表明技术效率改善而非要素投入规模提高是城市生产率增长的主要动力。从长期考察,经济地理因素对中国城市全要素生产率存在重要影响,并由此对城市技术效率的空间分布特征产生决定作用①。

1.2.5 研究评述

综合国内外的研究可以发现,关于全要素生产率与经济增长的研究主要集中在通过选取不同时间和不同区域的数据,对国家、部门、区域等层面的全要素生产率进行测度,对其影响因素进行分析。由于选取的测度方法、样本时间以及样本区域存在差异,相关研究成果也不尽相同。通过对现有文献进行综述分析,发现已有研究还存在进一步改进空间,主要集中在以下几个方面。

(1)城市样本数据有待丰富

通过对已有研究分析可以看出,与部门、区域、国家层面的数据相对比,城市层面的数据相对匮乏。城市是人力资本、资金、信息技术的集聚地,是区域经济增长的主要载体。从1980年开始,我国城市经济进入快速发展时期,我国的城市化率由1980年的19.39%上升到2013年的53.7%(国家统计局2014)。我国经济结构和政策的重大调整,对城市规模变化和城市数量分布产生了十分重要的影响。关注不同区域、不同经济区内大样本城市数据的分析,有助于发现全要素生产率区域差异和城市集约型经济增长的一般规律。大样本的城市数据,有利于分析我国不同板块、不同经济区之间的差异,并且可以揭示经济区内部中心城市和非中心城市之间全要素生产率和集约型经济增长差异的原因。因此,伴随着我国城市经济快速发展,以及城市规模和数量出现的新变化,关于城市层面的全要素生产率时空测度分析以及效率提升路径研究需要进一步丰富。

---

① 章韬.经济地理外部性与城市全要素生产率差异:来自中国地级城市的证据[J].上海经济研究,2013(12):5-8.

（2）区域全要素生产率差异的时空对比分析需要拓展

已有研究多集中在全国或特定区域全要素生产率的改善方面,分析全国全要素生产率的影响因素,或分析长三角、珠三角等经济区,以及具体省份全要素生产率的改进情况。多采用时间维度分析全要素生产率变化的时间序列。空间异质性的特征导致了不同区域全要素生产率具有特定影响因素和形成机制。现有文献大多进行总体特征的描述,缺乏不同区域、不同城市全要素生产率时空方面的比较。以全国全要素生产率的分析作为基础,从板块、城市、经济区等多种空间尺度考察全要素生产率变化和影响因素存在何种差异。空间维度在分析全要素生产率区域差异中也容易被忽视,主要经济区内城市之间全要素生产率的空间相关关系分析,以及区域内全要素生产率空间分布格局也是需要重点关注的领域。因此,从多层次、多维度对比分析全要素生产率的区域差异,进一步拓展不同区域、不同城市全要素生产率的影响机制。

（3）城市全要素生产率和城市经济增长的特殊性需要关注

已有关于城市全要素生产率和城市经济增长的相关研究多从国民经济角度进行一般意义上的分析,较少进行差异性处理。城市经济是国民经济的重要组成部分,两者具有一定的相似性,但是城市经济更多地展现出了自身独特的特点。首先,城市经济具有复杂系统性的特点,决定了城市全要素生产率影响机制的复杂性。城市全要素生产率提升是多方面因素协调发展的结果,需要经历多目标决策的动态均衡。关于城市全要素生产率和城市经济增长的相关研究需要从复杂系统性的角度分析城市全要素生产率的影响因素以及城市经济增长的动力机制。其次,区位性也是城市经济区别于国民经济的一个重要特征。在已有研究基础上,需要进一步关注城市区位选择的作用,需要进一步区分不同梯度、不同经济区对城市全要素生产率的影响。最后,集聚经济是城市经济的本质特征,集聚经济效应对城市经济的生产函数、成本函数和需求函数都产生了重要的影响,因此需要特别关注集聚经济效应对城市全要素生产率的影响,关注集聚经济效应对城市经济增长组织和运行的影响。

（4）全要素生产率驱动城市经济高质量增长的机制研究欠缺

已有的研究多从宏观角度关注全要素生产率的状态,分析全要素生产率的影响因素,提出相应的对策建议。城市是区域经济中最活跃的单元,从整体上考察城市全要素生产率提升,最为核心的问题在于全要生产率与城市经济增长的内在联系。传统城市经济增长模型多建立在城市基础部门、凯恩斯乘数模型或新古典增长模型基础上,把城市全要素生产率当作"黑箱"处理,以余值形式代替。随着"人口红利"递减,资源趋于减少,环境不断恶化,以及劳动、资本成本上涨的约束,需要关注全要素生产率改善对城市经济增长的作用,从全要素生产率提升的角度建立城市集约经济增长模型。全要素生产率如何驱动城市经济长期可持续增长,不同城市之间的 TFP 驱动模式是否相同,不同驱动模式之间的路径存在什么差异,上述这些方面的研究还存在欠缺。

1.3　研究目标与研究方法

1.3.1　研究目标

目前,关于全要素生产率方面的文献丰富而庞杂,有的揭示国家或地区全要素生产率的变化规律;有的考察相关因素影响全要素生产率的显著性;有的深入探讨特定因素对全要素生产率的作用机制。与以往研究不同,本书从全要素生产率的时空差异入手,通过对比分析我国不同板块、不同城市、不同经济区全要素生产率变化的差异,揭示不同区域城市集约型经济增长的一般性规律和差异化特点,研究城市经济高质量增长的模式和实现路径。

1.3.2　研究方法

（1）文献研究法

本书通过对相关文献搜集、整理,明确了全要素生产率与城市经济增长之间的研究范围,分析了已有研究可供借鉴和需要改进的方面。通过文献研究法,有利于把握学者们对这一问题研究的深度和广度,厘清本研究的总体研究框架,确定相关研究内容的内涵、外延以及内在逻辑关系。已有研究中的实证方法、研究观点和研究思路为本书提供了有价值的启迪和借鉴,有助于推动本研究的顺利开展。

（2）理论分析法

本书运用新古典经济理论、新经济地理学理论、区域经济学理论、城市经济学理论、发展经济学理论对基于全要素生产率的城市经济增长进行了研究。借鉴新古典经济学思想建立了 TFP 驱动的城市经济高质量增长的理论模型，得出城市产出最大化的一般条件。运用新经济地理学理论和区域经济学理论分析了全要素生产率的区域差异以及城市之间的空间关联性。运用城市经济学和发展经济学理论，探索城市全要素生产率增长的共性和差异性规律，建立城市转型发展的具体模式和转变路径。

（3）实证分析法

本书通过分析 2003—2012 年 281 个地级市的投入产出数据，对我国东部、中部、西部、东北四大板块以及五个主要经济区全要素生产率变化情况、空间分布特征和空间联系进行了实证分析。重点分析了长三角、珠三角、京津冀、辽中南以及中原经济区全要素生产率影响因素和要素贡献程度的差异。通过对全要素生产率区域差异和影响因素贡献度的实证分析，有助于本书掌握全要素生产率变化的普遍规律性和地区特征性，以此为基础分析城市经济高质量增长模式转变的方法和路径。

1.4　结构安排

1.4.1　研究内容

为了实现上述研究目标，本书的内容安排如下：

第一章，导论。本部分详细说明了论文的选题背景、选题意义；通过对已有文献进行梳理和对比，为本书的研究提供了可借鉴的观点和方法。在此基础上明确了本书的研究视角、研究方法、研究内容，设立了本书的研究目标。进行了本书内容安排、研究框架和技术路线的设定，为本书奠定了准确的研究思想和研究基础。

第二章，基于全要素生产率的城市经济集约增长的理论分析框架。本部分设定了全要素生产率和城市经济集约增长之间的逻辑关系。本书从投入和产出的角度对全要素生产率进行定义,通过对比已有测度方法,指出了数据包络分析方法的优点,并采用该方法将全要素生产率分解为技术变化和效率变化两个方面。分析了全要素生产率与城市经济集约增长的关系。在此基础上,建立了基于 TFP 的城市经济集约增长模型,得出城市经济产出最大化的条件,进一步阐释了模型的理论内涵和现实意义。

第三章,全要素生产率区域差异与城市经济增长的时空变化。本部分从时空演化角度首先分析了 2003—2012 年我国总体和年度 TFP 增长情况,然后分析了我国东部、中部、西部、东北部四大板块全要素生产率与经济增长的差异,在此基础上分析了 281 个地级市全要素生产率的变化特征,并且结合我国的区域规划政策分析了长三角、珠三角、京津冀、辽中南和中原经济区五大经济区全要素生产率和经济增长的变化特征。

第四章,全要素生产率区域差异与城市经济增长的地域分异。本部分从空间分异角度采用空间权重矩阵和空间自相关分析方法,首先分析了全国 281 个地级城市全要素生产率的空间分布特征,然后分析了省域层面的城市经济增长的空间结构和空间关联性,在此基础上重点分析了长三角、珠三角、京津冀、辽中南和中原经济区各个地区内城市经济增长的空间分布特征和空间关联性。

第五章,全要素生产率区域差异的影响因素及其贡献度分析。本部分分析政府科技投入、基础设施、产业结构、人力资本、对外开放、集聚经济和研发活动七个影响因素在不同经济区对全要素生产率的影响和差异性。采用混合效应、固定效应和随机效应的面板回归方法,对七个主要影响因素的显著性和参数值进行了分析;采用夏普利值的方法对全要素生产率影响因素的贡献度进行了分析。通过分析得出全要素生产率区域差异的一般规律和地区特点,为后面的城市集约型经济增长组织和运行提供实证依据。

第六章,全要素生产率视角下的城市经济集约型增长模式。本部分通过检讨城市现行经济增长模式,分析了城市经济集约型增长的动力机制,在此基础上从政府规控、产业结构优化、知识能力提高和多样化驱动四个方面深入分析了城市经济集约增长的组织和运行。

第七章,城市向经济集约型增长模式转型的路径。本部分从城市经济

增长转型的动力、过程和结果三个方面,分析了城市经济增长动力从要素投入转向创新驱动,城市经济增长过程从不平衡转向平衡发展,城市经济增长结果从数量增加转向质量提升。

第八章,结论、政策含义及展望。对本书研究所得结论进行了总体梳理,从培育城市集约型经济增长能力、关注城市集约型经济增长空间结构、探索区域经济增长组织方式三个方面提出了城市经济增长模式转变的政策含义,指出了本书有待进一步研究的内容主要集中在城市经济集约型增长组织方式的多样性、城市经济增长模式的转型风险和防范。

1.4.2 技术路线与研究框架

根据研究方法和研究内容,本书的技术路线和研究框架如图 1-1 所示。按照"导论—理论框架—现状描述—实证分析—模式研究—路径—结论"逻辑思路展开。首先通过背景分析和文献综述,确立了本书的研究目的、研究方法和研究内容,通过比较分析发现论文创新之处,进行了充分的论文准备工作。其次,分析了全要素生产率的内涵和测度方法,阐述了全要素生产率和城市经济高质量增长之间关系,建立了理论模型,设定了论文的理论框架。再次,从时空差异和地域分异对全要素生产率区域差异和经济增长进行了现状描述,提供了多层面、翔实丰富的现实依据。利用计量的方法实证分析了全要素生产率区域差异,从显著性和贡献度两个方面分析影响因素共性和特性的规律。最后,在现状描述和实证分析的基础上,研究了城市经济高质量增长模式,提出了转型路径,得出了研究结论、政策含义及研究展望。

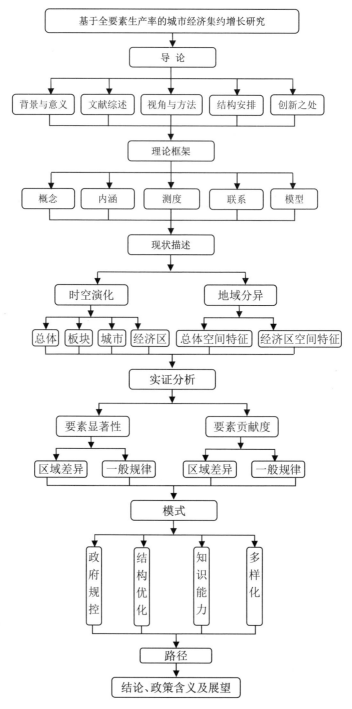

图1-1 技术路线与研究框架

1.5 创新点

第一,本书建立了全要素生产率驱动城市集约型经济增长模型,形成了完整的关于全要素生产率区域差异与城市经济高质量增长之间的理论分析框架,为我国城市经济增长从粗放型向集约型转变提供理论基础。将全要素生产率增长来源进行细分,根据增长来源构建了全要素生产率和城市经济增长之间的理论模型,在约束条件下得出 TFP 驱动的城市经济产出最大化条件,形成了逻辑严谨的关于全要素生产率和城市经济高质量增长之间的理论分析框架。

第二,本书实证指出了全要素生产率和城市经济增长的空间分异,并且分析了全要素生产率区域差异的影响因素,为我国城市选择合适的集约型经济增长方式提供了丰富的数据支持。已有研究多关注全要素生产率时间维度的差异,本书从空间角度,以地级市数据为样本对比分析了长三角、珠三角、京津冀、辽中南和中原经济区全要素生产率和城市经济增长的空间关系,发现城市经济增长存在正向的空间关系,并且正相关性不断加强。五个经济区都呈现"中心—外围"的经济增长空间结构,单中心和多中心的区域经济增长的能力都需要进一步加强。已有研究虽然分析了关于全要素生产率的影响因素,但是缺乏各个区域之间共性和差异性的分析。本书通过对比全国和五个经济区全要素生产率影响因素和贡献程度的差异,发现政府科技投入、产业结构、集聚经济和研发活动是影响全要素生产率改进的主要因素,指出了我国目前城市全要素生产率主要依靠政府科技投入和集聚经济的双向驱动,产业结构优化和研发活动是目前城市全要素生产率改进的主要瓶颈。

第三,本书概括得出全要素生产率视角下的城市集约型经济增长的组织和运行方式,在新常态经济背景下为我国城市经济增长转型提供决策参考。已有文献多关注全要素生产率的影响因素,具体分析全要素生产率驱动城市经济增长模式的很少涉及。本书依据理论模型和实证结果,分析了城市集约型经济增长模式的驱动力量,并且详细分析了政府规控型、产业结构优化驱动型、知识能力提高型和多样化驱动型四种集约型经济增长的组织和运行方式。

2

基于全要素生产率的城市经济集约增长的理论分析框架

本章是全书的理论基础,建立了全要素生产率和城市经济集约增长之间的分析框架,为后续章节的现状描述、实证分析和组织运行提供框架基础。本章首先对全要素生产率内涵进行界定,对比分析各种测度方法的优缺点,在此基础上,阐述全要素生产率和城市经济集约增长之间的关系,尝试建立基于 TFP 的城市经济集约增长模型,并分析模型的含义和现实意义。

2.1 全要素生产率的内涵、测度及分解

2.1.1 全要素生产率的内涵

关于全要素生产率国内外给出了很多相关内涵界定。美国《工业工程术语》认为全要素生产率是总产出与总投入的比值。《新帕尔格雷夫经济学大辞典》关于全要素生产率进行了如下阐述:"全要素生产率的核算以一定数学形式的生产函数为出发点,通过它才能把各种投入合在一起,以得到全要素投入的一个测度以及对各要素投入的贡献如何加权的某些规则。"①经济学中的生产率是从投入和产出比值的角度来定义的,通常包括单要素生

---

① 邓宗兵.中国农业全要素生产率增长及影响因素研究[D].西南大学,2010.

产率和全要素生产率。

单要素生产率是指单一要素例如土地、劳动、资金的投入和产出比值。单要素生产率只反映了单一要素投入和产出的情况,很显然,单要素生产率存在一定的局限性,无法反映要素整体投入的改进情况。例如,在生产过程中需要投入资本、人力、技术、土地等多种要素,在节约某种要素投入的过程中,可能存在其他要素投入的浪费。这种情况下,使用单要素生产率来进行衡量是存在一定弊端的。例如,在投入和产出比不变的条件下,当资本投入增加时,资本对劳动具有一定的替代作用,就会出现劳动生产率提高和资本生产率下降的结果。因此单要素生产率无法代表投入要素效率的总体变化。单要素生产率反映的效率水平是一种混合效应,可以分解为单一要素效率的变化和投入要素比例的变化。因此在讨论整体效率水平时,需要考虑所有的投入要素,全要素生产率弥补了单要素生产率的缺陷,全要素生产率运用的领域很广泛,既可以测算生产部门和服务部门的投入产出,也可以对资源利用程度进行分析。

单要素生产率的研究属于传统的生产率研究,侧重于分析单一因素对产出率的影响,而全要素生产率将影响因素扩展到全部相关要素进行产出率的分析。全要素生产率既包括了传统要素,也包括人力资本、研发投入、国际投资、出口拉动、制度变迁等现代要素。

经济学家经常运用全要素生产率增长率来衡量经济体整体运行情况,而不是全要素生产率和单要素生产率数值的大小。多恩布什将全要素生产率定义为:在所有投入不变的情况下,作为生产方法改进的结果而导致产量增加的幅度[1]。丹尼森在索洛余值概念的基础上,把全要素生产率增长率定义为:产出增长率扣除各种生产要素投入增长率的产出效益后的余值[2]。根据相关文献,我们从投入和产出的角度对全要素生产率进行定义,将其定义为一个生产单元,在一定时间内生产的总产出和总投入的比值。用公式可以表达为:

$$全要素生产率 = Y/X = 总产出/总投入 \qquad (2-1)$$

---

① 多恩布什,费希尔. 宏观经济学[M]. 北京:中国人民大学出版社,1997:224.

② 张培刚,刘建洲. 生产率与经济研究的一部开拓性著作:评《生产率与中美日经济增长研究》一书[J]. 经济研究, 1994(1):77-80.

公式 2-1 中，其中 Y 表示生产单元的总产出，X 表示生产单元的总投入，这里的生产单元可以是企业、行业、国家、地区等。参照《新帕尔格雷夫经济学大辞典》中对全要素生产率的定义，引入相关生产函数，则公式 2-1 可以变为：

$$A = Q/K^{w_1}L^{w_2} \tag{2-2}$$

在公示(2-2)中，Q、K 和 L 分别表示生产单元的总产出、投入的总资本量和劳动量。其中 w_1 和 w_2 表示投入的资本量和劳动量的权重。A 是全要素生产率的几何指数。根据(2-2)全要素生产率的增长率可以表达为：

$$\dot{A} = \dot{Q} - w_1\dot{K} - w_2\dot{L} \tag{2-3}$$

在公示(2-3)中，$\dot{A}$、$\dot{Q}$、$\dot{K}$、$\dot{L}$ 分别代表 TFP 增长率、总产出的增长率、资本和劳动投入变量的增长率。这一公式更加形象表明全要素生产率的增长率是一个余值概念，在表达式上可以看作是经济单元的总产出增长率与投入要素增长率的差。

还有一个概念需要进一步澄清，就是全要素生产率和技术进步之间的关系。公式(2-3)可以改写为：$\dfrac{\dot{Q}}{Q} = \dfrac{\dot{A}}{A} + w_1\dfrac{\dot{K}}{K} + w_2\dfrac{\dot{L}}{L}$，这个表达式就是著名的索洛增长核算方程。索洛将"余值" $\dfrac{\dot{A}}{A}$ 称为技术进步率，此后肯德里克又将这种余值称为全要素生产率的增长率。因此后来很多人都没有将全要素生产率和技术进步率进行区别，无条件地把科技进步对经济增长贡献和全要素生产率的贡献等价起来。两者是存在一定差异和联系的。

全要素生产率和技术进步的区别主要表现在：第一，技术的统计口径更加广泛，在科技、经济、社会等不同领域的定义都不同；相比之下全要素生产率的定义比较稳定，指全部要素投入和产出比率。第二，大多数技术进步很难进行测度，只能寻求代理变量来表达；而全要素生产率的变化是可以被测度的。第三，全要素生产率及其增长率的测度具有相对性，即需要设定相应函数形式，给定投入要素价格等，而对于相对抽象的技术变化来说，不存在这方面的问题。

同样全要素生产率和技术进步之间存在一定的联系，主要表现在：第一,如果仅仅从投入和产出的角度衡量技术进步,那么全要素生产率的增长等于技术进步。第二,技术进步是全要素生产率改进的一个重要因素,此外配置效率、规模效率等其他方面也是全要素生产率改进的重要因素。第三,全要素生产率只能测度部分技术进步,要素投入的增加也可以带来技术进步。

综上,全要素生产率只等同于投入产出意义上的技术进步率,相对于广义的技术进步率,只是其中的一部分。因此技术进步是促进全要素生产率增长的重要来源,但不是唯一来源,政府规控能力、结构优化、制度安排等多方面因素也是影响全要素生产率变化的诱因。

在阐述了全要素生产率内涵的基础上,进一步对全要素生产率的特征进行概括,主要包含以下三个方面:

第一,相对性。全要素生产率测度的是所有要素投入的产出率。但是,所有要素具有相对性,在实际研究中不可能一一囊括,需要根据研究目的、研究方法、理论基础进行筛选。因此要素选择的局限,造成了全要素生产率测度的相对性。

第二,规模报酬不变的技术处理。在进行全要素生产率计算过程中,一般都采取规模报酬不变的假定,这一假定仅仅是为了方便计算而采取的技术处理,并不反映实际的生产过程。

第三,复杂性。全要素生产率的测度和影响因素分析具有复杂性。国外经济学家关于中国经济高度增长不是全要素生产率提高的质疑,本身就是因为全要素生产率的测度具有复杂性,关于一个国家同时期全要素生产率的测度会有不同的结果,甚至是截然相反的结果。分析全要素生产率的影响因素也具有复杂性,因为根据全要素生产率的定义,凡是影响到投入的因素一般都会影响到全要素生产率,并且相关非投入因素例如制度变迁、资源配置效率等也对全要素生产率的变动作用很大,此外还存在一些不确定因素加剧了分析的复杂性。

2.1.2 全要素生产率的测度

鉴于全要素生产率的复杂性,目前在测度全要素生产率时,经常采用的方法有指数法、索洛模型方法、随机前沿函数方法和数据包络分析方法。下面简单介绍这四种方法的测度原理。

（1）指数法

指数法的基本步骤如下：设定总产出为 y，总产出的平均价格为 p，X_i 为第 i 中要素的投入量，p_i 为第 i 种要素的价格，投入产出之比（全要素生产率）为 A，则有

$$A = \frac{PY}{\sum\limits_{i}^{n} P_i X_i} \tag{2-4}$$

对公式（2-4）两边取对数，并求导可得：

$$\frac{\dot{Y}}{Y} = \frac{\dot{A}}{A} + \sum\limits_{i=1}^{n} \frac{P_i X_i}{\sum\limits_{i=1}^{n} P_i X_i} \frac{\dot{X}_i}{X_i} \tag{2-5}$$

设全要素生产率为 A_i，则有 $= Y/X_i$，进而可得：$\frac{\dot{A}_i}{A_i} = \frac{\dot{Y}}{Y} - \frac{\dot{X}_i}{X_i}$。将其代入公式 2-5，得到：

$$\frac{\dot{A}}{A} = \sum\limits_{i=1}^{n} \frac{P_i X_i}{\sum\limits_{i=1}^{n} P_i X_i} \frac{\dot{A}_i}{A_i} \tag{2-6}$$

公式 2-6 是由指数方法测度的全要素生产率，它反映了全要素生产率和单要素生产率之间的关系，全要素生产率等于单要素生产率增加率的加权平均值，权重就是单要素投入占要素投入总量的比重。

（2）索洛模型方法

1957 年美国经济学家索洛在其《技术变化与总生产函数》的论文中，从生产函数入手，把经济增长率分解为技术进步率和要素投入增长率。这种分析方法对研究经济增长来源产生巨大贡献，对以后关于经济增长问题研究产生了深远的影响。

在分析过程中，索洛用 Q 表示产出量，K 和 L 分别表示资本和劳动的投入，t 表示时间，得到了总量生产函数的一般形式：

$$Q = F(K, L, t) \tag{2-7}$$

希克斯中性技术进步是该模型关键假设，在此基础上建立了总量生产函数的特殊形式 $Q = A(t)f(K, L)$，其中 $A(t)$ 代表技术进步的因子，它是一

段时间内技术变化的累计效应,在等式两边对 t 求全微分,可得:

$$\dot{Q} = \dot{A}f(K, L) + A \cdot \frac{\partial f}{\partial K} \cdot \dot{K} + A \frac{\partial f}{\partial L} \cdot \dot{L} \qquad (2-8)$$

在 2-8 两边同时除以 Q 可得:

$$\frac{\dot{Q}}{Q} = \frac{\dot{A}}{A} + W_K \frac{\dot{K}}{K} + W_L \frac{\dot{L}}{L} \qquad (2-9)$$

其中 $W_K = \frac{\partial Q}{\partial K} \cdot \frac{K}{Q}$,$W_L = \frac{\partial Q}{\partial L} \cdot \frac{L}{Q}$ 分别是资本和劳动的产出弹性系数,$\frac{\dot{Q}}{Q}$ 为总产出增长率,$\frac{\dot{A}}{A}$ 为技术进步率,$\frac{\dot{K}}{K}$,$\frac{\dot{L}}{L}$ 分别为资本增长率和劳动增长率。公式(2-9)是总产出增长率的一个核算方程。同时该核算方程还进行了规模报酬不变和完全竞争市场的假设,在此基础上,从(2-9)分解出技术进步率和人均资本占有增长率:

$W_K + W_L = 1$,且 $W_K = \frac{\partial Q}{\partial K} \cdot \frac{K}{Q} = \frac{rK}{Q}$,$W_L = \frac{\partial Q}{\partial L} \cdot \frac{L}{Q} = \frac{\omega L}{Q}$,其中,$r$ 为利润率,ω 为工资率,W_K 和 W_L 分别为总产量函数中资本和劳动所得所占的比例。令 $q = Q/L$,$k = K/L$,则由 2-9 式可以推导得出:

$$\frac{\dot{q}}{q} = \frac{\dot{A}}{A} + W_K \frac{\dot{K}}{K} \qquad (2-10)$$

公式(2-10)揭示了人均产出增长率的核算方程。当时索洛构建的增长率测算模型是在希克斯技术中性、规模报酬不变、完全竞争市场一系列假设条件下推导出来的。在实际经济运行中,这些假设存在脱离实际情况的缺陷。例如希克斯技术中性假设描述的是技术变化呈现中性,不倾向于劳动也不倾向于资本,这是不符合实际经济情况的。

由于索洛的增长核算方程假设条件不符合大多数国家经济运行情况,因此有些经济学家根据索洛模型的思路,放宽假设条件,进行了一般模式的拓展。

设定总量生产函数为:$Y = F(X_1, X_2, \cdots, X_n, t)$,在等式两边对时间 t 求导,利用单要素生产增长率的表达式 $\frac{\dot{A}_i}{A_i} = \frac{\dot{Y}}{Y} - \frac{\dot{X}_i}{X_i}$,得到:

$$\frac{\dot{Y}}{Y} = \sum_{i=1}^{n} \frac{e_i}{\sum_{i=1}^{n} e_i} \cdot \frac{\dot{A}_i}{A_i} + \sum_{i=1}^{n} \frac{e_i}{\sum_{i=1}^{n} e_i} \cdot \frac{\dot{X}_i}{X_i} \qquad (2\text{-}11)$$

公式(2-11)中 $e_i = \frac{\partial F}{\partial X} \cdot \frac{X_i}{Y}$ 为 i 要素的产出弹性，λ_i 为 i 要素的单要素生产率，由式(2-11)可得全要素生产率增长率两种形式的测算公式：

$$\frac{\dot{A}_i}{A_i} = \sum_{i=1}^{n} \frac{e_i}{\sum_{i=1}^{n} e_i} \cdot \frac{\dot{\lambda}_i}{\lambda_i} \qquad (2\text{-}12)$$

$$\frac{\dot{A}_i}{A_i} = \frac{\dot{Y}}{Y} - \sum_{i=1}^{n} \frac{e_i}{\sum_{i=1}^{n} e_i} \cdot \frac{\dot{X}_i}{X_i} \qquad (2\text{-}13)$$

公式(2-12)是直接利用单要素生产率增长率求 $\frac{\dot{A}_i}{A_i}$ 的公式，2-13 是利用余值方法求得 $\frac{\dot{A}_i}{A_i}$ 的公式。在这里，e_i 是投入要素的产出弹性，没有对生产函数进行特殊情况的限定，只要具备一个具体的，一阶可导的描述总产量的生产函数就可以。

（3）随机前沿函数方法

指数方法和索洛模型方法都建立在一定生产函数的基础上。生产函数本质上描述的是一定组合要素投入和最大产出之间的关系。通过给定投入要素及其价格，进行要素的最佳组合，以期获得最大产出。这是一种理想的状态，但是在实际经济运行中，存在着投入不足、资源浪费、管理缺失等诸多影响到最大产出的现象，实际的生产过程常常背离了最优状态。因此运用生产函数拟合计算时，会造成全要素生产率计算的偏差。

随机前沿函数方法可以弥补上述缺陷，该方法由 Aigner 等于 1977 年提出，后经众多学者不断完善。这种方法首先确定生产函数的技术前沿面，然后计算生产者与技术前沿面的距离，并将距离分解为技术效率和随机因素，其生产函数模型一般形式为：

$$Y_{it} = F(X_{it}, t) \exp(v_{it} - u_{it}) \qquad (2\text{-}14)$$

公式(2-14)中，Y_{it} 表示生产者 i 时期 t 的产出，X_{it} 为投入的向量，表示各种生产要素；t 表示前沿技术进步趋势；F(.) 为前沿生产函数，表示经济中最优生产技术；$\exp(-u_{it})$ 表示技术效率，v_{it} 为随机误差项。技术效率为产出期望与随机前沿期望的比值：

$$TE_{it} = \frac{E[f(x)\exp(v-u)]}{E[f(x)\exp(v-u)/u=0]} = \exp(-u_{it}) \qquad (2-15)$$

某地区 i 从 s 到 t 期技术效率变化指数为：

$$TE\Delta = TE_{it}/TE_{is}$$

某地区 i 从 s 到 t 期技术前沿面变化指数为：

$$T\Delta = Y_{it}\left[1+\frac{\partial\ln F(X_{is},s)}{\partial s}\right]\times\left[1+\frac{\partial\ln F(X_{is},t)}{\partial t}\right]\times TE_{it} \qquad (2-16)$$

(4)数据包络分析方法

数据包络分析方法(data envelopment analysis，简称 DEA)，是由多学科交叉融汇形成的，涉及经济学、管理学、计算机、数学等众多学科，一般认为是运筹学的一个分支。数据包络分析方法是根据多单元的输入和输出值建立有效的生产前沿面，判断多单元在生产前沿面的位置。生产前沿面是分析单元观测值数据包络面的一部分，利用分析单元的统计数据得到的经验性生产前沿面。该方法建立了非参数的优化模型，通过确定观测单元在生产前沿面的位置，对观测单元效率进行测度，比较分析多单元效率之间差异。

数据包络分析方法建立在有效度量的基础上，经 Koopmans 于 1951 年提出有效度量概念后，Farrell 于 1957 年建立了单一输入和输出单元的有效度量方法。Charnes，Cooper 等运筹学家于 1978 年将有效度量方法从单一单元推广到多个输入和输出单元，并且建立了数据包络分析分析中的 CCR 模型。

假定决策单元 DUM 一共有 n 个，每个决策单元有 m 种输入和 s 种输出，$DUMj$ 的输入和输出向量分别为 $x_j = (x_{1j},x_{2j},\cdots,x_{mj})^T$，$y_j = (y_{1j},y_{2j},\cdots,y_{sj})^T$，$j=1,2\cdots n$.

设 DUM_{jo} 的输入、输出为 (x_{jo},y_{io})，这里简记为 (x_o,y_o)，评价 DUM_{jo} 相对有效性的 CCR 模型为：

$$\begin{cases} \max \dfrac{u^T y_0}{v^T x_0} \\[2mm] s.t.\ \dfrac{u^T y_i}{v^T x_i} \leqslant 1 \\[2mm] u \geqslant 0, v \geqslant 0 \end{cases} \qquad (2-17)$$

其中 $v = (v_1, v_2, \cdots v_m)^T, u = (u_1, u_2, \cdots u_s)^T$ 分别是 m 种输入和 s 种输出的权系数。在此基础上令 $t = \dfrac{1}{v^T x_0}, \omega = tv, \mu = tu$ ，可将规划模型化为等价的线性规划模型：

$$(Pc^2R) \begin{cases} \max \mu^T y_0 = h_0 \\ s.t. \ \omega^T x_j - \mu^T y_j \geq 0, j = 1, 2, \cdots, n \\ \omega^T x_0 = 1 \\ \omega \geq 0, \mu \geq 0 \end{cases} \qquad (2-18)$$

$$(Dc^2R) \begin{cases} \min \theta \\ s.t. \ \sum\limits_{j=1}^{n} x_j \lambda_j + s^- = \theta x_0 \\ \sum\limits_{j=1}^{n} y_j \lambda_j - s^+ = y_0 \\ \lambda_j \geq 0, j = 1, 2, \cdots, n, \theta \in E_1^+ \end{cases} \qquad (2-19)$$

在此基础上，Charnes 和 Cooper 给出了相应的具有非阿基米德无穷小量的模型：

$$\min \theta - \varepsilon \left[\sum_{r=1}^{t} S_r^+ + \sum_{i=1}^{m} S_i^- \right] ST \begin{cases} \sum\limits_{j=1}^{n} \lambda_j x_{ij} + s_i^- = \theta x_{i0} \\ \sum\limits_{j=1}^{n} \lambda_j y_{rj} + s_r^+ = y_{r0} \\ s_i^- \geq 0, s_r^+ \geq 0 \\ \lambda_j \geq 0, j = 1, 2, \cdots, n, \theta \in E_1^+ \end{cases} \qquad (2-20)$$

其中 j 为决策单元 DMU，评价指标体系由 m 个投入和 t 个产出指标构成，分别表示投入消耗和产出效率。设定 x_{ij} 为第 j 个决策单元对第 i 中类型投入的投入量，y_{rj} 为第 j 个决策单元对第 r 种类型产出的产出量，s_r^+ 和 s_i^- 分别为松弛变量，ε 为非阿基米德无穷小量，λ_j，θ，s_r^+，s_i^- 为待估计参数。

CCR 模型的经济意义：①若 $\theta^* = 1$，并且 $s_i^{-*} = s_r^{+*} = 0$ 时，成为 DMU DEA 有效，其形成的有效前沿面为规模收益不变，且 DMU 为规模且技术有效；②若 $\theta^* < 1$ 或者 $s_i^{-*} \neq s_r^{+*} \neq 0$，则认为 DMU 无效或者是技术无效，或者是规模无效，若：$s_i^{-*} = s_r^{+*} = 0$，则技术有效；令 $k = \dfrac{1}{\theta^* \sum \lambda_j^*}$，当 $k = 1$ 时，称

DMU 规模有效,$k>1$ 时,规模收益递增,反之递减。③若 DMU 无效,我们可以通过在保证输出不减少的条件下,使原输入减少;或是在输入不减少的情况下,增加原输出,通过两种方式调整其有效平面上的投影进行效率改善。

在 CCR 模型基础上,进一步变现得到 BCC 模型,如下:

$$\min \theta - \varepsilon \left[\sum_{r=1}^{t} S_r^+ + \sum_{i=1}^{m} S_i^- \right] ST \begin{cases} \sum_{j=1}^{n} \lambda_j x_{ij} + s_i^- = \theta x_{i0} \\ \sum_{j=1}^{n} \lambda_j = 1 ; j = 1,2,\cdots,n \\ s_i^- \geq 0, s_r^+ \geq 0 \\ \lambda_j \geq 0, j = 1,2,\cdots,n, \theta \in E_1^+ \end{cases} \quad (2\text{-}21)$$

BCC 模型表达的意思是:如果在规模报酬不变的约束条件下,则选取 CCR 模型进行整体技术效率值的计算;如果在规模报酬可变的约束条件下,则选取 BCC 模型计算纯技术效率值和规模效率值。当决策单元处于规模报酬递增或递减阶段时,计算出来的整体技术效率值和纯技术效率值不相等。

(5)方法评述

指数法和索洛模型方法都需要设定基本的函数模型,函数模型的设定是测算的基础,在不知道具体函数模型或是函数模型设定存在偏差的情况下,运用指数方法和索洛模型方法降低了估计的准确性。同样,当分析多个投入和产出之间关系时,由于需要判断生产函数的形式和技术的非效率项的分布,采用随机前沿分析方法也容易产生估计的有偏或估计的错误。和其他方法相比较,数据包络分析方法最突出的优点是不需要设定生产函数的具体形式,只需要选取投入和产出的影响因素就可以对决策进行效率分析。数据包络分析方法既可以对多个单产出的效率进行评估,同样也可分析多个投入和多个产出之间的效率关系。数据包络分析方法和其他方法相比,主要优点如下:

第一,该方法不须设定生产函数的具体形式,充分避免了因为函数错误估计带来的误差。

第二,对于复杂的评价系统,包含多层次、多个子系统。多维度指标之间的横向对比是极具挑战性的工作,运用该方法可以规避不同体系指标之间的对比问题。

第三,复杂估计系统内部各个指标之间的权重确定往往决定最后的评估结果。指标权重的确定受人为因素影响很大,数据包络分析方法不必事前确定权重。该方法排除了人为的主观因素,以决策单元的输入和输出的权重为变量,从而使评价结果具有很强的客观性。

第四,决策单元的多个输入和输出关系非常复杂时,运用数据包络分析方法不必确定他们之间的复杂关系,就可以得出每个决策单元综合效率的估计值,并且进一步给出各个决策单元需要调整的投入指标的数量和方向。

2.1.3　全要素生产率的分解

全要素生产率增长来源是经济学长期以来关注的领域。美国经济学家肯德里克将影响全要素生产率增长的因素归纳为六个方面,分别是 R&D 支出、无形资本支出、资源配置、科技创新的扩散程度、内部规模的经济性和外部规模的经济性、人力资本丰富程度。美国经济学家丹尼森将经济增长因素分为两大类,分别是生产要素投入增加和全要素生产率增加,其中生产要素投入分为劳动、资本和土地三个方面;全要素生产率增加分为规模节约、资源配置改善和知识提高三个方面。

影响全要素生产率增长的因素涉及要素质量变动、知识进步、资源配置、政策影响等很多方面,根据已有的文献将全要素生产率的变化分为两个方面,分别是技术进步带来的全要素生产率变化和效率改进带来的全要素生产率的变化,如图 2-1 所示。

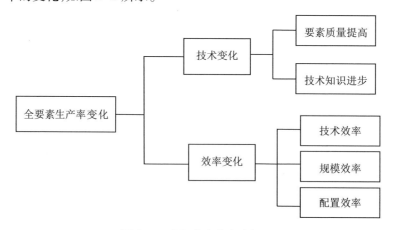

图 2-1　全要素生产率分解图

图 2-1 中全要素生产率的变化可以分解为技术变化和效率变化两个方面。其中技术变化又可以分解为非显性的由技术变化引起的要素质量提高和显性的直接表现为技术知识进步的技术变化。效率变化可以分解为三个方面,技术效率、规模效率和配置效率。经济体的要素配置是否合理,生产规模是否达到最优,经济体运用现有技术水平的能力大小,都会影响到效率的变化,最终带来全要素生产率的差异。因此,将全要素生产率分解为技术变化和效率变化两个方面,技术变化侧重于新技术、新发明、新方法对全要素生产率的提升;效率变化侧重于组织管理水平对全要素生产率的影响。为了更清楚地分析全要素生产率的分解,本书引入距离函数,构建全要素生产率增长模型,进一步分析技术变化和效率变化对全要素生产率的影响。

(1)距离函数①

在进行多个投入和产出之间的经济分析时,一般遵循两种思路:一种是在成本最小化条件下分析投入的变化,另一种是在利润最大化条件下分析产出的变化。但是常用的这两种分析方法,在一系列脱离实际经济假设的前提下,都容易造成估计的失真。距离函数的分析方法可以有效地解决上述问题。1953 年 Malmquist 没有对生产者进行任何的假定,从投入和产出两个角度,利用无差异曲线的移动定义了距离函数。投入的距离函数是在产出给定的条件下,通过投入向量的缩短程度来判断生产技术的有效性。产出距离函数是在投入给定的条件下,通过分析产出向量的扩张程度来分析决策单元的有效性。

假定生产活动中有 m 种投入和 k 种产出,用 m 维向量 X 表示其投入向量,用 k 维向量 Y 代表其产出向量。产出集合 $P(X)$ 表示了在一定技术水平条件下,投入 X 获得的全部产生,可以表达为:

$$P(X) = \{Y: 投入向量\ x\ 可以生产出\ y\}$$

对于任意的投入向量 X,假定产出集合 $P(X)$ 具有如下性质:①$0 \in P(X)$:投入 x 之后没有产出任何产品,即不生产是可能的。②关于产品的可控性:若 $Y \in P(X)$,对 $Y_1 \leqslant Y$,则 $Y_1 \in P(X)$;③$P(X)$ 为有界凸闭集。在 $P(X)$

---

① 本部分内容参考了 Farrell M J. The measurement of productive efficiency[J]. Journal of the Royal Statistical Society. Series A (General), 1957(2):253–290. Shepherd R W. Theory of cost and production functions[M]. Princeton University Press, 2015.

上定义的产出角度的距离函数为 $D_0(X,Y)$,定义为:

$$D_0(X,Y) = Min\{\delta : (Y/\delta) \in P(X)\}$$

根据 $P(X)$ 的性质假定,产出距离函数 $D_0(X,Y)$ 具有如下性质:第一, $D_0(X,Y)$ 是关于 X 的增函数,关于 Y 的非减函数;第二, $D_0(X,Y)$ 是关于 Y 的线性齐次函数;第三,若 $Y \in P(X)$,则 $D_0(X,Y) \leqslant 1$ 。第四, $D_0(X,Y) = 1$ 的充分必要条件,是 Y 在集合 $P(X)$ 的前沿。

(2)一种投入和产出情况下全要素生产率分解

图 2-2 描述了一种投入和一种产出情况下的生产函数。其中曲线 1 和曲线 2 表示了不同时期的生产前沿面,生产前沿面表示在一定技术水平下每一种投入所能达到的最大产出的关系。生产前沿面越高代表生产过程中运用的技术水平越先进,其中从曲线 1 变化到曲线 2,表明了技术变化的作用导致生产前沿面从曲线 1 拓展到曲线 2。

生产前沿面上的点代表生产有效率的点,如图 2-2 所示,A 点在前沿面 1 和前沿面 2 的下方,代表生产无效率的点;B 点和 C 点都在前沿面 1 上,是生产有效率的点。决策单位的无效率程度可以通过无效率点和前沿曲线的距离表示,距离越大,说明无效率的程度越严重。全要素生产率在图中表示为从原点出发的射线的斜率。如果一个经济体从图中的 A 点移动到 B 点,OB 的斜率大于 OA 的斜率,说明全要素生产率获得了改进,同时生产效率也获得了提升。如果经济体从图中的 B 点移动到 C 点,OC 的斜率大于 OB 的斜率,说明全要素生产率获得了提高,但是生产效率保持不变。如果经济体从前沿面 1 上的 B 点移动到前沿面 2 上的 D 点,OD 的斜率大于 OB 的斜率,反映了技术水平显著变化促进了全要素生产率的提高。因此,技术进步和效率改进都是促进全要素生产率提升的原因,两者如果同方向性变化会带来全要素生产率的显著提高;当然在实际经济运行中,全要素生产率的变化也会出现两者方向相反,例如技术进步改善但是生产效率下降,或是生产效率改善但是技术进步下降等。这时全要素生产率的变化取决于两者之间反方向变化程度。

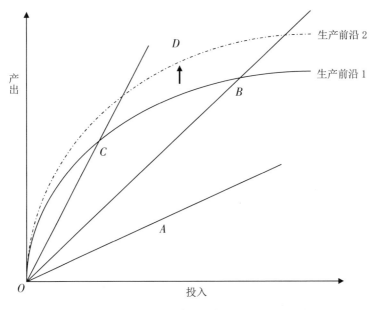

图2-2　单投入和产出情况下全要素生产率的分解

（3）时间变化情况下，全要素生产率的分解

在两种产出情况下，产出距离可以用图2-3表示。给定投入 X，对应两种产出 Y_1 和 Y_2，产出集合 $P(X)$ 在图中表示为生产前沿面曲线与 y_1 轴和 y_2 轴围成的区域。当给定投入量 X 时，A 点代表的产出为 (Y_1A, Y_2A)，其距离函数表示为 $D_0(X, Y_A) = \dfrac{OA}{OB}$。

它表示为在一定的技术水平下，给定投入的情况下，产出可扩大倍数的倒数。

生产可能性曲线上的 B 点和 C 点，已经达到最大产出，所以它们的距离函数值为1，即：$D_0(X, Y_B) = 1$，$D_0(X, Y_C) = 1$。同样对于单一投入和产出的经济系统，在规模报酬不变的假定条件下，平均生产率和最大产出同时获得最大值。同样从投入的角度也可以定义距离函数，本书就不再描述。以此为基础，本书重点研究从产出的角度分析全要素生产率变化的分解因素。

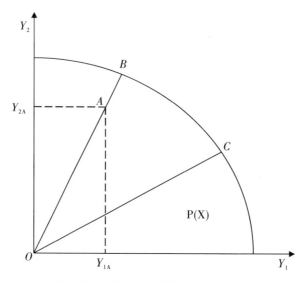

图2-3 产出距离函数与生产可能性集

用(X_s, Y_s)和(X_t, Y_t)分别表示s时期和t时期的投入产向量,用$D_0^s(X_s, Y_s)$表示以s时期技术为参照,s时期的产出距离函数;用$D_0^s(X_t, Y_t)$表示以s时期技术为参照的,t时期的产出距离函数。s时期技术、产出角度的Malmquist生产率指数为:

$$M_0^S(X_s, Y_s, X_t, Y_t) = \frac{D_0^s(X_t, Y_t)}{D_0^s(X_s, Y_s)} \tag{2-22}$$

用Tt、Ts表示时期s、t的生产技术下的生产可能集。假设时期s到时期t发生了技术进步,则有Tt包含Ts。(X_s, Y_s)是Ts技术下的生产可行点,因此有$D_0^s(X_s, Y_s) \leq 1$;而(X_t, Y_t)不是Ts技术下的生产可行点,因此有$D_0^s(X_t, Y_t) > 1$,时期s到时期t发生了技术进步时,$M_0^s(X_s, Y_s, X_t, Y_t) > 1$。在图2-4中的各点,$s$时期技术、产出角度的Malmquist生产率指数为:

$$M_0^S(X_s, Y_s, X_t, Y_t) = \frac{OE}{OC} \Big/ \frac{OA}{OB} \tag{2-23}$$

类似的用t时期技术Tt作参数,给出t时期技术、产出角度的Malmquist生产率指数为:

$$M_0^t(X_s, Y_s, X_t, Y_t) = \frac{D_0^t(X_t, Y_t)}{D_0^t(X_s, Y_s)} = \frac{OE}{OF} \Big/ \frac{OA}{OD} \tag{2-24}$$

由于生产技术的差异，s 和 t 时期的测算结果会出现不同，即 $M_0^s(X_s, Y_s, X_t, Y_t) \neq M_0^t(X_s, Y_s, X_t, Y_t)$，为了避免这一问题，采用几何平均值的方法作为 Malmquist 生产率指数，$M_0(X_s, Y_s, X_t, Y_t)$ 为：

$$M_0(X_s, Y_s, X_t, Y_t) = \left(\frac{D_0^s(X_t, Y_t)}{D_0^s(X_s, Y_s)} \times \frac{D_0^t(X_t, Y_t)}{D_0^t(X_s, Y_s)} \right)^{\frac{1}{2}} = \left(\frac{OE}{OC} \times \frac{OB}{OA} \times \frac{OE}{OF} \times \frac{OD}{OA} \right)^{\frac{1}{2}}$$

$$(2-25)$$

在此基础上根据公式(2-25)可以将全要素生产率分解为技术进步和效率变化两个部分，并将效率变化进一步分解为纯技术效率变化和规模效率变化。具体变化过程如下：

$$M_0(X_s, Y_s, X_t, Y_t) = \left(\frac{D_0^s(X_t, Y_t)}{D_0^s(X_s, Y_s)} \times \frac{D_0^t(X_t, Y_t)}{D_0^t(X_s, Y_s)} \right)^{\frac{1}{2}} = \frac{D_0^t(X_t, Y_t)}{D_0^s(X_s, Y_s)} \times$$

$$\left(\frac{D_0^s(X_t, Y_t)}{D_0^t(X_t, Y_t)} \times \frac{D_0^s(X_s, Y_s)}{D_0^t(X_s, Y_s)} \right)^{\frac{1}{2}}$$

其中：效率变化 $= \dfrac{D_0^t(X_t, Y_t)}{D_0^s(X_s, Y_s)}$，技术变化 $= \left(\dfrac{D_0^s(X_t, Y_t)}{D_0^t(X_t, Y_t)} \times \dfrac{D_0^s(X_s, Y_s)}{D_0^t(X_s, Y_s)} \right)^{\frac{1}{2}}$

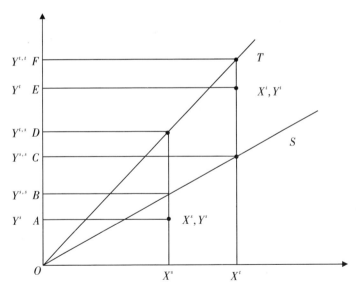

图 2-4 产出角度的 Malmquist 生产率指数

以上的分析表明效率改善和技术提升是导致全要素生产率改进的两个

方面。其中效率改善主要表现为在给定技术水平条件下实际产出和最大产出的比;技术变化表现为生产可能性曲线的移动,向外移动表示技术水平的提高,反之表示下降。当 Malmquist 生产率指数大于 1 时,表明全要素生产率提高;当 Malmquist 生产率指数小于 1 时,表明全要素生产率的降低。

2.2　全要素生产率与城市经济集约增长

2.2.1　城市经济集约增长的内涵及特征

(1)概念辨析:集约与粗放

城市经济高质量增长是集约型的增长方式,在经济学中,"集约"和"粗放"相对应。大卫·李嘉图将这组概念首先用于农业领域的分析。他认为等量的资本和劳动投入不同的土地就是"粗放",而投入同一土地就是"集约"。马克思将这一概念普遍化,在其巨著《资本论》各卷次中多处提到过"粗放"和"集约"问题。马克思对"粗放"和"集约"的论述,不仅限于农业领域,他还将其引申到工业生产活动中。马克思以资本追加方式来划分这组概念,他认为如果"投入与第一个企业并存的另一个独立企业"这种方式称为"外延"(即粗放),如果"用来扩大原有企业"这种方式称为"内涵"(即集约)。

一般说工业中的,"外延"(即粗放)主要表现为生产数量的扩张,"内涵"(即集约)主要表现为生产要素质量的提高。这是工业部门和农业部门相同的地方,同时要注意到不同部门之间的差异。在工业中,土地是生产的场所和场地,土地质量对工业生产活动不起到决定性的作用,土地的区位因素是最重要的影响因素。因此,工业中的"外延(粗放)"和"内涵(集约)"与农业中的"粗放"和"集约"相比,它们之间还是有差异的。土地投入增加在农业生产领域是粗放的因素,资本和劳动的增加被认为是集约的因素,但是在工业生产领域,土地、资本和劳动的增加都表现为"外延型"的特点。

由此可以发现,"粗放"和"集约"这对概念虽然源自农业,却可以扩展到更广泛的领域来应用。从它们的字义上说,"集"与"粗"相对,"约"与"放"相对,"集"者为集中或集成之意,也就是密集、强化的意思。"约"者有双重含义:一是去掉多余或节约之意;二是约束、收缩,即指一定范围。因此,"集约"可以理解为一定范围内(如系统内部)的要素时空配置的优化。从英文词根的角度分析,"粗放"在英文中为 extensive,"集约"在英文中为 intensive。两者的差别在于前缀,一个是 ex,一个是 in,前者是向外,后者是向内,词干都是 tensive,有拉紧、紧张的意思。联系起来看,extensive 是向外用力,intensive 是向内用力;前者是扩大、拓展,外延的意思,后者是密集、深化、内涵的意思①。

(2)城市经济增长的集约性

城市是一个复杂的系统,集约性是现代城市系统最本质的特征。要素集约性是城市存在和发展的基本条件,也是城市功能得以发挥的基础。城市系统的集约性主要表现在以下四个方面。

第一,人口的集约性。城市的发展首先表现为人口从农村向城市的集中。根据托达罗的人口流动模型,劳动力从农村流向城市的动机取决于城乡预期收入差异。差异越大,劳动力转移的数量越多。人口流动模型说明人口向城市集中的过程,是劳动力资源配置效率提高的过程。劳动力是一种生产要素,人口向城市集中的过程,是劳动力资源配置收益最大的过程。随着城市化进程的加快,人口集中程度会越来越高。各种熟练劳动力、技术人才、管理者、企业家大规模汇合,形成了较高效率的地方劳动力市场,不仅使劳动力得到最合理的组织和最有效的使用,而且促进劳动力更富有进取精神。同时由于专业知识和技能的传播与扩散,也加速了近邻地区关联行业劳动者技能的改善。

第二,产业的集约性。城市是第二、三产业的集聚地。城市产业的集中一方面带来了物质和资本在城市中的密集,提高了产业集中度。另一方面也提高了产业的集约化程度,即提高了产业各种要素的利用效率,使得城市成为国家物质财富的主要创造者。

第三,土地利用的集约性。城市是土地利用的一种经济形式,一般来说,城市土地可以容纳的生产投入量及其产生的效益都远远高于农村,说明城市土地利用的集约化程度也大大高于农村,而且城市越大,其集约化程度

① 奚兆永.论经济增长方式的内涵[J].经济研究,1996(5):56.

越高。造成城市土地收益差异的主要原因是在空间位置一定时,土地利用的集约程度受经济投入量的影响比较大。这里的经济投入量,指劳动和资本以直接和间接的形式融入土地,构成土地经济价值的一部分,提高了土地的经济价值。无疑,直接经济投入可以改变土地的集约程度,而间接的经济投入即城市公共投资同样反映到受益范围内的土地经济价值之中。重要的是,间接经济投入通过形成城市的聚集效应,对土地利用的集约度有着十分重要的影响。城市越大,经济投入量也越大,集约优势越明显,土地利用的集约性也应该越强。

第四,知识的集约性。知识的集约性包括科学知识、教育、文化、信息等方面的集约程度。城市是高等院校和科研院所的汇集地,提供了丰富的文化、体育、医疗、教育的基础设施和服务机构。因此,现代城市是科技文化的集中地,是科技成果的产生地,是知识与人才开发地,是各种信息知识的发源地。知识的密集,使城市成为创新的发源地、知识型产业发展的摇篮。

(3)城市经济集约增长的特征

从上述分析可以看出,城市经济集约增长是一个综合的概念,是城市功能要素在空间和规模上的集约利用,是城市系统的全面优化。在分析城市集约型经济增长内涵的基础上,进一步概括其特征如下。

第一,要素集聚是城市经济集约增长的基础。在比较利益、边际收益和规模收益等多种力量作用下,生产要素不断向高收益的地区的集聚。要素集聚是城市发展的重要推动力,城市发展是建立在一定要素集聚基础上的。没有一定数量的要素集聚,城市就无法发挥经济中心的辐射和传导作用。要素集聚使城市经济由分散走向集中,形成了大规模的经济门类之间的协作和分工,并且通过要素集聚带动城市和区域产业结构的调整和转移,促进区域要素资源配置合理化。因此,要素集聚是城市经济集约增长的基础。

第二,结构优化是城市经济集约增长的本质。城市经济增长从粗放型走向集约型的过程,就是城市经济结构和空间结构不断优化的过程。城市的经济结构和空间结构两者相互作用,一种结构的优化会引起其他结构的变化,并促使总体结构发生改变,朝着优化的方向转化。其中要素空间结构的优化对城市整体结构优化起到关键性作用。要素空间结构合理化对城市资源配置的规模、结构、方向的合理化起到加速器作用。要素空间结构合理化不仅在于要素空间布局合理化,要素空间结构优化是要素资源空间重新配置的过程,而且带动了城市整体结构包括产业结构、投资结构和规模结构等的根本转换。

第三,配置效率是城市经济集约增长的核心。城市集约经济增长和粗放增长最显著的区别就在于资源配置效率上。城市经济粗放增长表现为高投入、高消耗、低产出和低质量,是一种以有形资源高投入、资源配置效率低下为特征的增长方式。与经济粗放增长相比,经济集约增长更加关注制度、知识、技术和信息等无形资源对提高城市产出的作用。通过发挥无形资源在经济运行中的主导作用,支配有形资源不断向第二、三产业集中,使得城市整体资源配置效率得到改善。城市增长和发展的关键是效益,这个效益通过效率的途径才能达到,而资源配置效率尤其是城市无形资源配置效率是集约型增长的核心。

2.2.2　全要素生产率和城市经济集约增长关系

城市经济增长是对各种生产要素分配和使用的过程,涉及土地、劳动力、资本、技术、制度、信息等诸多因素。建立城市经济产出函数 $Y = AF(K, L)$,其中 K 表示城市经济增长过程中资本的投入,L 表示城市经济增长过程中劳动的投入,A 为全要素生产率。则城市经济增长率可以表示为 $GY = GA + aGL + bGK$,其中 GY 为城市经济增长率,GA 为全要素增长率,GL 为劳动投入增加率,GK 为资本投入增加率,a 和 b 分别为 GL 和 GK 的系数。根据要素投入和全要素生产率在城市经济增长过程中的贡献度,如果主要由要素投入带来的增长可以被看作粗放型经济增长;如果主要由全要素生产率提高带来的增长可以被认为是集约型经济增长。那么当 $GA > aGL + bGK$ 时,城市经济为高质量的增长;当 $GA < aGL + bGK$ 时,城市经济为粗放型增长。建立在以上分析基础上,本书认为全要素生产率和城市经济集约增长主要有以下几方面关系。

(1)全要素生产率改进是城市经济集约增长的关键和内在要求

全要素生产率的改进表现为 GA 不断呈现正向增长,只有 GA 的不断增加超过 GL 和 GK 之和时,才可以实现城市经济集约增长。并且城市经济集约增长本质要求 GA 起到主要的贡献因素,因此持续正向增加是保证 GA 贡献度不断提高的要求。因此从公式上可以看出,全要素生产率的不断提升改进是城市经济集约增长的关键和内在要求。从全要素生产率改进的含义分析,全要素生产率改进可以来自于技术变化和效率变化两个方面。其中要素质量提高和知识能力增加是全要素生产率技术变化的主要动力;技术效率、规模效率和配置效率的改善会带来全要素生产率效率方面变化。纵观全要素生产率改进的影响因素,涉及的要素质量、知识能力、技术效率、配置效率、规模效率等都是城市经济高质量增长的必备要件,因此全要素生产率的改进成为城市经济集约增长的关键。同时城市经济集约增长在要素集聚基础上不断提高城市的配置效率和实现城市的结构优化,在这样的过程中,城市的知识水平不断提升,要素质量不断改善,城市的技术效率、规模效率和配置效率也都趋于合理,因此城市经济集约增长必然带来全要素生产率的改进。

（2）全要素生产率差异是城市经济集约增长差异的体现

全要素生产率作为"余值"的形式是可以被测度的,根据公式 $GA = GY - aGL - bGK$。在经济运行过程中,不同等级的城市、不同区位的城市、不同资源禀赋的城市、不同空间结构的城市呈现出差异化的全要素生产率变化特点。在城市全要素生产率纷繁芜杂的现象背后,其本质是城市经济增长方式的差异。例如,城市 A 全要素生产率持续下降,是其长期坚持生产要素大量投入和扩张的粗放式经济增长方式的体现。在全要素生产率改进的城市中,也呈现不同的集约经济发展模式。例如城市 B 全要素生产率改进主要来自产业结构的调整,在产业结构调整过程中,主导产业的选择带动了城市产业结构的合理化和高级化,促进了城市参与区域产业分工,形成了城市的产业网络体系。因此 B 城市全要素生产率的改进是结构优化驱动的城市集约经济发展模式的本质体现。城市 C 全要素生产率改进主要来自于政府规控能力提高,政府通过一系列制度安排,调动了微观主体技术引进和技术创新的积极性,形成了良性互动的城市知识能力提高氛围。C 城市全要素生产率的改进是知识能力提高驱动的市集约经济发展模式的本质体现。因此城市 A、B、C 之间全要素生产率差异表象背后,是其选择不同城市经济增长方式的结果。

（3）全要素生产率改善的最终目标是实现城市经济集约增长

通过全要素生产率的不断增加，实现 GA 的贡献度超过 aGL 和 bGK 之和。全要素生产率改善是途径，通过全要素生产率的改善最终是为了实现城市经济的集约增长。我们改善全要素生产率不是单一为了增加 GA 的贡献度，其目的是为了提高城市资源的利用效率和城市质量，实现城市持续、健康、和谐地增长和发展。实现城市经济集约增长是全要素生产率改善努力的方向。全要素生产率的改善要通过效率变化和技术变化双重驱动，单一方面的驱动都会造成改进的拖累。我国城市全要素生产率的改进主要呈现技术变化的单因素驱动，效率变化的水平效应削弱了技术变化的追赶效应，造成全要素生产率改善幅度不高。效率变化的滞后反映了城市要素资源配置能力和组织管理水平不高。通过效率变化的提高带来城市经济运行中规模效率、资源配置效率的改善；通过技术变化效率的提高促进技术、信息、知识在城市经济中的运用。通过效率变化和技术变化双向驱动带来全要素生产率显著改善，最终实现要素利用效率和配置效率双重提高的城市经济集约增长。

（4）城市经济集约增长是具有城市特征的全要素生产率提高过程

全要素生产率改善的努力目标是为了实现城市经济的集约增长；但是城市经济集约增长不仅仅是为了提高全要素生产率。城市集约经济是一个复杂系统，包括诸多方面，特别是反映了城市经济增长的规模收益递增和空间集聚的特殊性，这在全要素生产率测度过程中是没有体现的。无论是索洛模型中的总量生产函数，假定了技术进步是希克斯中性，还是随机前沿方法中设定方程规模报酬不变，城市经济增长中要素规模报酬递增和空间集聚的特性都没有凸显出来。因此，城市经济集约增长是具有城市特征的全要素生产率提高过程。在全要素生产率改善过程中，促进了区域劳动力市场的完善，中间投入品市场共享，知识信息的外溢，带来了地方化经济和城市化经济发展。分工和专业化加深，以及不同专业化分工之间相互协调带来了产业效率和城市规模收益的提高。规模收益递增是城市不断发展的动力，如果城市经济不存在规模收益递增，城市的要素空间集聚就不复存在。因此，规模收益递增和空间集聚是城市区别于一般经济体的特殊性，城市经济集约增长过程可以看作具有规模收益递增和空间集聚的全要素生产率提高过程。

2.3 基于全要素生产率的城市经济集约增长模型

2.3.1 基于全要素生产率的城市经济集约增长模型构建

本书建立城市经济增长函数为 $Y = F(A, K, L)$，其中 A 为城市的全要素生产率，K 和 L 为城市经济运行中投入的资本和劳动要素，Y 为城市在一定时间内的总产出。城市经济集约增长模型定义为，在一定时间内投入要素 K 和 L 数量不增加的情况下，依靠 A 的不断提升，带来城市产出增长的过程。其揭示了在资本和劳动等资源约束的条件下，依靠全要素生产率改善，实现城市经济集约增长。

本书从投入产出的角度定义城市全要素生产率，将城市定义为一个生产单元，城市的全要素生产率等于在一定时间内涉及全要素生产率的总产出和关于全要素生产率总投入的比值。用公式表达为：

$$城市全要素生产率 A = 总产出 ÷ 总投入 \qquad (2-26)$$

根据相关研究成果，本书将影响城市全要素生产率提高的因素分为四个方面，分别是知识程度提高、结构优化、集聚效应和制度安排，如图2-5。

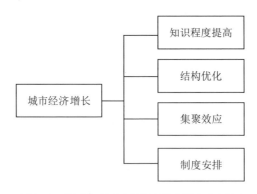

图2-5　城市经济集约增长影响因素分解图

城市经济集约增长模型主要依靠全要素生产率不断提升，实现全要素生产率的贡献度大于资本和劳动的贡献度，最终实现城市要素利用效率和资源配置效率的显著提高。影响城市经济高质量增长的因素很多，本书从城市经济增长方面将动力来源分为知识程度提高、结构优化、集聚效应和制度安排四个方面,现将这些因素进行简要分析。

影响城市经济集约增长的第一个因素是知识程度的提高。知识程度的提高是城市经济集约增长的最根本条件。其中技术、人力资本、物化资本都可以看作知识的载体。人力资本具有通过创造能力、学习能力完成有意义工作的能力,这种能力是人的智力、知识和技能的核心体现,其中知识和技能是进行科技创新活动的源泉。通过对人力资本投入的增加,人力资本的不断积累就会加速知识的获取和积累。知识的获取和积累又推动基础性研究与应用性技术研究的不断进步,构建新技术产生的知识基础,促进新技术产生的母体和平台不断完善。在这一过程中,知识程度的提高对城市经济增长的贡献通过新技术运用和开发、人力资本的优化表现得越来越明显。

影响的第二个因素是结构优化。结构主义理论指出,不同发展水平和发展阶段的经济具有不同的经济结构。这说明一个城市在经济发展过程中的不同历史转折时期要经历一个经济结构转换和主导产业部门置换的过程,这就是结构转化规律。城市经济增长模式由粗放向集约转变的过程,这个过程也是城市经济结构优化的过程。集约型的城市经济增长方式很大程度上依赖城市结构的优化。一个城市产业结构、投资结构、规模结构、技术结构的根本转换,一个富有效率和效益的城市整体结构与集约型增长模式相适应,才能保证城市持续稳定向前发展。

影响的第三个因素是集聚效应。聚集效应是影响城市集约化发展的空间因素。生产要素向最大化效应的区位推动,本质上是要素在丰裕度、比较利益作用下空间配置效率的一种体现。集聚效应是城市集约化发展的主要推动力。城市是要素集聚的产物,可以分为量的集聚和质的集聚。量的集聚表现为经济门类的增多和经济活动规模的扩大,它以规模经济为基本特征;质的集聚表现为经济门类之间协作、组合程度的提高和经济效益的改善,它以集约经济为基本特征[①]。要素集聚使城市经济由分散走向集中,由粗放走向集约,通过各个经济部门之间的专业化协作,提高了城市经济要素投入效率和全要素生产率。

影响的第四个因素是制度安排。长期以来,主流经济一直忽视制度在

---

①　冯云廷.城市经济学[M].大连:东北财经大学出版社,2011:119.

经济发展中的作用。把制度看作经济增长的既定前提条件,但是随着以科斯、诺斯为代表的新制度学派的兴起,对主流经济学的传统观点带来了很大的挑战。新制度学派认为,有效率的制度安排促进经济增长和发展,无效率的制度安排则会抑制甚至阻碍经济增长和发展。在技术不变的条件下,通过制度创新同样可以显著促进经济发展。在集约型的城市经济发展中,制度安排同样也起着重要的作用。如果缺乏有效率的制度安排,或是提供了不利于生产要素集聚的制度安排,即使发生了结构转换和知识程度提高的现象,也不一定能促进城市经济集约化发展。

在对城市经济集约增长影响因素分类的基础上,结合公式(2-26)分析城市经济高质量增长模型产出最大化的条件。根据对模型的界定,在要素投入数量限制的条件下,要实现城市总产出的最大化,只有通过城市全要素生产率最大化实现。

假定一段时间内,城市经济运行中共有 i 种要素对全要素生产率产生影响,I 为一段时间内对影响全要素生产率因素的总投入量;O 为一段时间内对影响全要素生产率因素的总投产出量。

若 n 种影响到全要素生产率因素的投入量之间无重复计算,则各要素投入之和等于 Δt 时间段内要素的总投入量,即:

$$I = \sum_{i=1}^{n} i_i \tag{2-27}$$

若上述 n 种要素的产出贡献量之间无重复计算,则各要素产出贡献量之和等于 Δt 时间段内要素的总产出量,即:

$$O = \sum_{i=1}^{n} o_i \tag{2-28}$$

假定 O 和 I 是已经通过某种折算方法折算到某一时点的可比数值,则根据公式(2-26),定义城市全要素生产率 A 为:

$$A = \frac{O}{I}, \quad 相应地有 A_i = \frac{o_i}{i_i}(i = 1, \cdots, n)$$

其中 A_i 为影响因素 i 带来的全要素生产率。

由公式 2-27 和公式 2-28 可知:

$$A = \frac{\sum_{i=1}^{n} o_i i_i}{\sum_{i=1}^{n} i_i} \tag{2-29}$$

即城市全要素生产率等于各种影响 TFP 因素效率的加权平均值。令：

$A_{max} = max\{A_1, A_2 \cdots A_n\}$，$A_{min} = min\{A_1, A_2 \cdots A_n\}$，则有加权平均值的性质有：

$$A_{min} \leqslant A \leqslant A_{max} \qquad (2-30)$$

当且仅当 $A_1 = A_2 = \cdots = A_n$ 时等式成立。

在城市要素投入数量不增加的情况，城市经济增长产出最大化等同于通过全要素生产率产出最大化实现。根据前面的推导可得：

$$\max O = \sum_{i=1}^{n} A_i \cdot i$$

$$s.t. \sum_{i=1}^{n} i_i = I \qquad (2-31)$$

这是一个在约束条件下求最大化问题，构建拉格朗日函数可得：

$$L = \sum_{i=1}^{n} A_i \cdot i + \lambda(I - \sum_{i=1}^{n} i_i) \qquad (2-32)$$

对 i 进行一阶求导可得：

$$\frac{\partial L}{\partial i_i} = A_i - \lambda = 0 \quad (i = 1, 2, \cdots n)$$

由公式 2-30 和 2-32 可知，基于 TFP 城市集约型经济增长产出最大化的必要条件是：

$$A_1 = A_2 = \cdots = A_n = \lambda \qquad (2-33)$$

根据图 2-5 对城市经济高质量增长影响因素的分析，其中知识程度提高、结构优化、集聚效应和制度安排是全要素生产率效率改进的主要因素，这四个方面分别用字母 K、S、G、Z 代替，则在一段时间内，全要素生产率的总产出和总投入根据以上四个方面可以表示为：

$$O = O_K + O_S + O_G + O_Z$$

$$I = I_K + I_S + I_G + I_Z \qquad (2-34)$$

若 A_K、A_S、A_G 和 A_Z 分别为知识程度提高、结构优化、集聚效应和制度安排带来的全要素生产率，则根据公式 2-33 可知，基于 TFP 城市集约型经济增长产出最大化的条件是：

$$A_K = A_S = A_G = A_Z \qquad (2-35)$$

2.3.2 基于全要素生产率的城市经济集约增长模型的内涵

（1）该模型本质上是城市集约经济增长方式的体现

城市集约化增长是一个综合的概念，它是城市质量的反映，包括经济发展水平、城市运转效率、用地结构、生活质量、环境质量、基础设施等诸多方面。按照资源和要素的使用程度划分，可以分为"粗放型"的城市经济增长方式和"集约型"的城市经济增长方式。"粗放型"的增长方式以资源无限供给为假定条件，"集约型"增长方式则假定资源有限供给；"粗放型"的增长动力来自于要素投入的不断增加，"集约型"增长动力来自提高要素使用和配置效率。和"粗放型"增长相比，"集约型"增长在诸多方面表现出差异的特点。在增长的源泉方面，从主要依靠劳动、资本、土地等要素投入的增长逐步转变为依靠全要素生产率的提高，城市的技术水平、人力资本和组织管理能力获得实质性的改善。在增长机制方面，微观主体在资源配置中处于主导地位，产业的自主成长，产业体系的发展由增加投入为主的外延性扩张转向以技术创新为主的内涵扩展。在路径方面，经济增长方式从依靠要素无限投入扩张转向经济高度集聚、产业结构不断优化、规模报酬递增驱动的可持续性增长。通过分析城市集约型增长方式的特点，可以看出本书建立的基于 TFP 的城市经济增长模型本质上是城市集约增长方式的一种体现。基于 TFP 的城市经济增长模型充分考虑了城市资源有限性的逻辑前提和经验事实，在城市资源要素投入数量不增加条件的约束下，分析知识程度提高、结构优化、集聚效应和制度安排带来的面向全要素生产率驱动的城市经济优化路径。该路径强调城市全要素生产率多方面因素的协调发展，注重城市整体效益的提高和知识进步的作用，着眼于城市的可持续发展。该模型把城市经济增长的源泉从传统要素投入增长转变为全要素生产率提高驱动，城市经济增长的路径从外延性扩张转变为知识程度提高、结构优化、要素集聚和有效率制度安排多方面协调促进的内涵性扩展。

（2）该模型反映了城市经济增长的特殊性

规模报酬递增和空间因素是城市经济区别于一般经济增长方式的两个主要特征。本书建立的基于 TFP 的城市经济高质量增长模型体现了城市经济运行中规模报酬递增和空间因素的影响。从规模报酬递增方面来看，研究国民经济范围内的经济增长一般建立在新古典模型和总量生产函数技术上。新古典模型建立在要素边际收益率递减的基础上,将技术进步定义为外生希克斯中性的技术进步,将递增的规模经济排斥在经济增长模型之外,很少关注由规模经济引起的经济增长。作为新古典经济学的理论基础和主要分析工具的总量生产函数,从20世纪50年代开始就引起了经济学家的广泛争议和批评,对总量生产函数的质疑主要集中在生产函数的可加性。经过综合考虑,本书放弃了新古典模型和总量生产函数,没有给出城市经济增长的具体函数模式,从全要素生产率投入产出的角度,建立了全要素生产率和城市经济增长之间的一般关系模型。该模型突出体现了规模报酬递增这一城市经济增长中的重要特征。城市经济本身能够增长就是由城市的地方化经济和城市化经济两方面的外部性所决定的。将规模报酬递增引入城市经济增长模型是区别一般经济增长模型的一个特色。从空间因素方面来看,一般性的经济增长理论往往是去除空间因素后进行动态分析,但是城市经济增长模型必须考虑空间方面的因素。城市具有空间集聚性的特征,城市集聚经济是一种外部经济,是一种通过规模经济和范围经济来提高效率和降低成本的系统力量。本书构建的基于TFP的城市经济集约增长模型体现了城市经济集聚的空间特征。通过引入集聚效应,分析集聚对城市全要素生产率提高的作用。集聚的效应主要体现在"空间彼此接近的经济主体间发生的相互作用和相互学习,是新增长模型中溢出效应的主要来源"(Lucas,1998)。一个城市如果不以集聚为基础,要发挥经济中心的辐射、传导作用是根本不可能的。要素集聚使城市经济从分散趋于集中,带来了城市全要素生产率的提高,并且通过聚集后产生的能量向外释放,带动城市的产业结构、投资结构、技术结构等多方面资源配置的合理化,为新一轮经济增长质量的提高提供更大的能量。

(3)该模型说明了无形资源的配置效率是增长的核心

传统的经济理论最初将经济资源分为土地、劳动和资本三种类型,并认为这三种要素的总量和要素之间的比例关系是决定一个地区经济发展规模和比较优势的关键。传统上被广泛关注和开发利用的主要是实物形式的资源,它们看得见、摸得着,可以被称为有形资源。而在基于TFP的城市集约型经济增长模型中,更多关注的是没有独立形态,不容易被直观把握的资源,可以被称为无形资源。粗放型的城市经济增长方式是以实物性资源的数量扩张作为城市产出总量增长的主要推动力量。集约型的城市增长方式是城市无形资源有效利用作为提高城市产出总量的关键。在城市的发展过程中,无形资源是有形资源的重要补充,无形资源对城市资源配置具有有效激活效应,使城市资源配置效率得到改善。本书构建的基于 TFP 的城市经济集约增长模型中,城市的知识程度、结构优化能力、要素集聚能力以及有效制度供给能力都是一个城市的无形资源。从它们的效率入手,分析通过无形资源效率的改进带动城市经济的可持续增长。在城市经济运行中,有形资源向第二、第三产业集中,向收益率高地区流动,背后是密集的无形资源在发挥着关键的作用。城市增长和发展的关键是效益,这个效益通过效率的途径才可以达到,其中无形资源配置效率是城市经济集约增长的核心。

2.3.3 基于全要素生产率的城市经济集约增长模型的现实含义

(1)该模型揭示了城市经济增长是一个多目标决策过程

第一,该模型说明实现城市集约型经济增长需要多目标的协调发展。城市集约型经济增长影响因素是一个多目标、多层次的体系,涉及城市经济、社会、环境等诸多方面,诸多子系统的价值取向存在差异性,有时候甚至存在冲突。孤立地去寻求单一目标最大化,短时间内虽能迅速见效,但也是饮鸩止渴,需要承担沉重代价。并且单一效率驱动带来的产出增加,最终也会受到其他效率滞后的制约。因此实现城市集约型经济增长需要考虑各个因素之间的结构优化,权衡取舍关系,实现各个驱动因素之间的交互作用和协调平衡。

第二,该模型说明城市经济增长在选择驱动要素时要结合自身所处的经济发展阶段。从宏观上看,城市的发展是由经济发展驱动的,因此,城市的发展必然遵循经济发展的逻辑和秩序,通过研究可以发现,经济增长方式决定了城市发展方式。相关研究表明,中国的经济在改革开放以前全要素对经济增长的贡献可以忽略不计,中国经济增长主要归因于要素投入的增加;改革开放以后关于中国经济增长来源的研究结果差异较大,主要集中在测度全要素生产率贡献份额方面,但是基本达成一致的是改革开放以后,由于农业制度创新、国有企业改革以及财政金融领域等一系列制度安排促进了资源的充分利用和优化配置[①]，其中劳动力从农业转移到非农产业所创造的资源重新配置效率被认为是全要素生产率的重要构成部分[②]。因此，城市在选择经济发展驱动要素时需要和经济增长方式结合。

第三，该模型说明城市经济增长在选择驱动目标时要结合城市自身资源禀赋特征。城市自身资源禀赋可以分为有形资源禀赋和无形资源禀赋，每个城市发展所依赖的土地、山水、空间、文化、制度、知识等资源存在很大的差异，各个城市在选择自身增长驱动模式时受到资源禀赋的约束，需要结合资源禀赋的比较优势，选择集约型经济增长驱动的具体因素。

（2）该模型描述了城市集约型经济增长是一个效率追赶过程

第一，微观主体对效率的追求没有止境。企业和个人是最典型的微观主体。在西方经济理论中，个人同时作为消费者和劳动者参与经济活动。消费者在预算约束下追求最大化效用，劳动者在时间约束下追求消费和闲暇带来的最高效用。与此类似，企业在成立之初就以利润最大化为追求目标。总之，经济学的分析基础理论即为约束条件下的最大化。无论消费者追求效用最大化还是企业追求利润最大化的过程，最终都需要通过要素效率改进来实现。个人、企业、政府通过各种创新活动，例如通过人才引进、技术进步、制度安排等活动，提高城市经济的全要素生产率，形成影响全要素生产率因素 A_K、A_S、A_G 和 A_Z 效率追赶局面，形成了一个效率彼此超越没有终点的永续的过程。微观主体通过对效率不懈的追求，带动了各种影响因素效率 A_K、A_S、A_G 和 A_Z 之间的竞争，在这一过程中通过全要素生产率的提高带来了城市集约型经济的增长。

第二，效率高的要素不会停止自身改进。在各个要素追赶的过程中，效率高的要素不会停止增长等待其他要素的追赶。例如，在一段时间内某个城市经济运行中知识程度提高带来的效率最高，也就是 A_K 的值最大，集聚效应带来的效率值最低，也就是 A_G 的值最低。那么这个城市在经济运行过程中会设法改进集聚效应的效率，不断提高 A_G 的数值。但是，在这个过程中知

①　王志刚，龚六堂，陈玉宇.地区间生产效率与全要素生产率增长率分解（1978—2003）[J].中国社会科学，2006（2）：55-66.

②　蔡昉.中国经济增长如何转向全要素生产率驱动型[J].中国社会科学，2013（1）：56-58.

识程度提高的优化也不会停止,在集聚效应改善的过程中,知识程度提高的效率也获得进一步的改善。因此该模型说明在全要素生产率提高的城市集约经济增长的路径中,城市经济运行在短边效率改善的过程中,优势效率也获得了不断地提升。

第三,效率低的要素提高空间大。在基于 TFP 的城市经济集约增长模型中,也存在着企业生产函数中边际生产力递减的规律,在多种全要素生产率"组合式"投入的过程中,效率低的要素投入数量较少就可以获得更多的边际产出,而效率高的要素在继续增加投入,只能带来较小的边际产出增加。例如。在一段时间内,某个城市的 A_K 大于 A_G,即该城市的知识程度提高效率好于要素集聚,那么分别对 i_K 和 i_G 进行一单位的投入,获得的 $\Delta o_K > \Delta o_G$。该模型说明在城市经济增长过程中,效率低的要素存在"改进红利",低效率要素具有更强的效率提升空间和产出增长能力。

(3)该模型说明城市集约型经济增长是一个动态均衡过程

第一,传统经济增长模型中,增长过程是一个短期均衡序列,即经济从一个均衡位置移动到另一个均衡位置。但是在基于 TFP 的城市集约型经济增长模型中,经济增长表现出短暂的动态均衡。通过公式(2-32)可知,城市经济增长均衡只有在知识提高、结构优化、集聚效应和制度安排四个方面的效率相等时才出现,也就是当 $A_K = A_S = A_G = A_Z$ 时,才出现经济增长的均衡点。但是这个均衡是很难达到的,非均衡将是运行中的常态。因为通过前面的分析可以看出,各个效率之间存在追赶效应,当出现短暂的均衡时,会被某个效率的提升打破。因此该模型揭示了城市经济运行中从均衡到打破再到均衡的过程,这个过程中各种要素的效率不断改善,促进了城市经济增长质量的变化。

第二,城市经济发展的不同阶段,各种要素作用的强度不一样。例如,在城市发展的初期,城市经济运行中可能主要是结构优化起主导作用,这时候主要关注于 A_S 的改善,就可以带来全要素生产率驱动的城市经济增长;随着城市规模的不断扩大,要素集聚效应对城市经济发展的作用日渐凸显,城市经济运行中主要集中于 A_G 的改善。在城市发展初期 A_S 的平衡被城市规模扩大后 A_G 的平衡打破,但是要素的增长都存在惯性,在 A_S 改善的同时,A_G、A_K、A_Z 也会沿着固有的方向持续下去,使城市经济增长呈现动态均衡过程。

第三,城市和城市之间相互作用,不断打破现有均衡。城市不是孤立存在的,在一定的经济区域内存在不同等级的城市,城市和城市之间通过地域分工带来了劳动、资本、信息技术等要素的流动。城市之间相互作用,会带来城市要素影响因素之间的变化。例如 A 城市目前处于均衡状态,但是在和 B 城市之间协作分工时,通过要素流动获得溢出效应,促进了 A 城市知识程度提高,带了 A_K 的改进,打破了 A 城市相对均衡状态。城市和城市之间经济合作和功能分工的加强,也导致城市经济增长呈现动态平衡。

(4)该模型揭示了效率瓶颈的存在

第一,效率瓶颈的存在具有客观性。经济增长理论的发展历史在一定程度上就可以看作是不断打破效率瓶颈的过程。Smith 用分工去解释增长,Harrod 用储量和投资去解释经济增长,Solow 用技术进步去解释增长,内生增长理论用知识和人力资本去解释,这说明对经济增长不同原因的解释是与当时的时代背景紧密联系的。Lewis(1955)在其《经济增长理论》导言中曾提到:"……当然,在某个地方和某个时候,某一个阻碍增长的因素更为突出……有的时候需要把注意力集中在一个问题上而排出其他大多数的问题。不过这只能是一个暂时的策略,因为倘若一个人成功地克服了一个瓶颈难题,结果常常却又有其他难题会突出起来……"本模型说明在城市经济运行过程中,总有某一方面的效率最低,这个最低的效率限制了城市全要素生产率的提高,成为效率瓶颈,但一个效率瓶颈被消除后还会出现新的效率瓶颈制约,整个城市经济过程,就是不断发现和消除效率瓶颈的过程。

第二,发现效率瓶颈存在试错过程。在城市经济增长过程中,每一个时间段内的效率瓶颈并不是明显的和容易发现的。一个城市的效率瓶颈和城市资源禀赋、发展阶段、区域经济发展等因素紧密相关,并且呈现动态变化性。因此在寻找效率瓶颈的过程中,可能得到似是而非的结果,需要支付效率试错带来的时间和经济成本。由于发现效率瓶颈的复杂性和曲折性,导致一定时间内效率最低的要素有存在的可能性,也说明了在城市经济运行过程中,效率瓶颈存在的客观性。

第三,消除效率瓶颈的困难性。效率瓶颈一旦形成,由于已有制度、思想观念等要素的阻碍,容易形成一定的"黏性",发现和消除效率瓶颈过程中的困难使得效率瓶颈的消除变得缓慢,使得经济增长很难脱离效率瓶颈的路径,表现出一定的路径依赖性。

2.4　本章小结

本章在阐述全要素生产率内涵的基础上,比较了指数法、索洛模型方法、随机前沿函数方法和数据包络分析方法对全要素生产率的测度,指出数据包络分析方法具有无须估计决策单元的生产函数、不须事先确定各种指标之间权重、不须确定多个投入产出之间关系的优点。将全要素生产率的变化可以分解为技术变化和效率变化两个方面。其中技术变化又可以分解为要素质量提高和技术知识进步。效率变化可以分解为三个方面:技术效率、规模效率和配置效率。通过建立距离函数对全要素生产率变化进一步量化。

集约增长模式是以资源供给有限为前提条件,通过不断提高要素利用效率和重新配置资源而提高城市增长质量的一种增长模式。它强调城市功能的协调发展,注重城市整体效益的提高和技术进步的作用。全要素生产率和城市集约型经济增长联系紧密,主要体现在全要素生产率改进是城市经济集约增长的关键和内在要求;全要素生产率差异是城市经济集约增长差异的体现;全要素生产率改善的最终目标是实现城市经济集约增长;城市经济集约增长是具有城市特征的全要素生产率提高过程。

将城市经济集约增长影响因素分为知识程度提高、结构优化、集聚效应和制度安排四个方面,从投入产出方面分析全要素生产率,建立模型得出基于 TFP 的城市经济集约增长产出最大化的条件是 $A_K = A_S = A_G = A_Z$。该模型反映了城市经济增长具有规模报酬递增和空间因素的特殊性,体现了无形资源的配置效率是增长的核心,揭示了城市经济集约增长方式的要求。该模型说明城市经济集约增长是一个多目标决策过程,在效率瓶颈制约下,通过效率追赶实现动态均衡过程。

全要素生产率区域差异与城市经济增长的时空变化

在理论分析框架的基础上,本章从时空演化的角度对全要素生产率区域差异和城市经济增长进行现状描述。我国区域经济的不平衡发展,导致了区域全要素生产率呈现差异性的变化特征。全面系统地分析全要素生产率区域差异的情况,有助于掌握我国全要素生产率变化的总体规律和城市经济增长的时空特点,发现全要素生产率改进的主要动力,为缩小区域差距,实现城市经济增长动力转换提供事实支持。

本章从时间维度首先分析了2003—2012年我国总体和年度TFP的增长情况,然后分析了我国东部、中部、西部、东北部四大板块全要素生产率之间的增长差异,在此基础上分析了281个地级市全要素生产率的变化特征,并且结合我国的区域规划政策分析了长三角、珠三角、京津冀、辽中南和中原经济区五大经济区全要素生产率变化特征。本章建立了"城市—经济区—板块—总体"多层次的分析体系,较为系统地分析了全要素生产率的区域差异,更为全面地反映了不同区域不同城市全要素生产率和城市经济增长的时空演化特征。

3.1 研究方法及数据处理

3.1.1 研究方法

本书采用数据包络分析中的 Malmquist 指数模型对我国全要素生产率的区域差异进行现状描述和分析。数据包络分析方法是一种非参数评价方法,20 世纪 80 年代由 A. Charnes,W. W. Cooper 和 Rhodes(1978)①最先提出,该方法以相对效率为基础,用于评价多个决策单元在多个投入产出下技术效率的有效性问题。该方法研究的基本思路是将研究对象设为多个决策单元,每个决策单元具有同样的输入和输出指标,通过对每个决策单元自身输入和输出的分析,计算出各个决策单元的综合效率,进一步分析各个决策单元的效率高低,指出非有效决策单元效率低下的原因和程度,为各个决策单元改进投入规模和投入方向提供决策依据。

Malmquist 生产率指数最先由 Caves,Christensen, Diewert②(1982)运用到测算生产率变化的领域,这一方法当时对生产率的测度产生了很大的影响,但是在 Malmquist 提出了很长一段时间内,却少有人对该方法进行进一步的拓展。直到 Färe R. (1994)③利用拓展的 DEA 模型构造出了农业生产的最佳前沿面,测算了农业生产的效率,至此这种非参数的线性规划方法受到广泛关注,Malmquist 已经成为测度生产率的一个重要方法,被大量运用到公共基础设施、金融、教育、医疗等各个领域,进行效率差异、投入改进等方面的研究。

本书运用 Malmquist 指数分析我国城市全要素生产率的时空差异问题,每一个地级市是一个决策单元,向量 $X = (x_1, x_2, x_3 \cdots x_n)$ 表示城市经济活动

① Charnes A, Cooper W W, Rhodes E. Measuring the efficiency of decision making units[J]. European journal of operational research, 1978(6):429-444.

② Caves D W, Christensen L R, Diewert W E. The economic theory of index:numbers and the measurement of input, output, and productivity[J], Econometrica, 1982(1):1393-1414.

③ Färe R, Grosskopf S, Norris M, et al. Productivity growth, technical progress, and efficiency change in industrialized countries[J]. The American economic review, 1994:66-83.

的投入量,向量 $Y = (y_1, y_2, y_3 \cdots y_n)$ 表示城市经济活动的产出量, $P(x)$ 表示生产的可能集。根据 Shephard（1970）和 Fare（2004）的方法,则第 t 期城市经济活动 (x_t, y_t) 相对于 t 期生产可能集 $P(x)$ 的产出距离函数可表示为:

$$D_0(x, y) = \inf\{\delta : (x, y/\delta) \in P(x)\} \tag{3-1}$$

其中 x 和 y 分别表示投入变量和产出变量, δ 表示 Farrell[①] 指出的面向产出的效率指标, $P(x)$ 表示生产可能集合。如果 y 位于生产可能性前沿面上,那么产出距离函数值等于1;反之,如果 y 位于 $P(x)$ 外面,则产出距离函数值大于1。

t 期的 Malmquist 指数可以表示为: $M_0^t = \dfrac{D_0^t(x_{t+1}, y_{t+1})}{D_0^t(x_t, y_t)}$,其中 (x_{t+1}, y_{t+1}) 和 (x_t, y_t) 分别表示第 $t+1$ 和 t 时期城市经济活动的投入和产出向量。其中 $D_0^t(x_{t+1}, y_{t+1})$ 和 $D_0^t(x_t, y_t)$ 分别表示第 $t+1$ 和 t 时期同前沿面技术相比较得到的输出距离函数。

为了避免因时期选择问题导致的结果差异, Farrell 以两个时期 Malmquist 指数的几何平均值作为 Malmquist 指数,具体表述为:

$$M_0(x_t, y_t, x_{t+1}, y_{t+1}) = \sqrt{\frac{D_0^t(x_{t+1}, y_{t+1})}{D_0^{t+1}(x_{t+1}, y_{t+1})} \times \frac{D_0^t(x_t, y_t)}{D_0^{t+1}(x_t, y_t)}} \tag{3-2}$$

Fare 在后续的研究中又一进步将 Malmquist 生产率指数分解为效率变化和技术变化,其中效率变化可以分解为纯技术效率变化和规模效率变化,由此得到的 Malmquist 生产率指数形式为:

$$M_0(x_t, y_t, x_{t+1}, y_{t+1}) = \frac{S_0^t(x_t, y_t)}{S_0^t(x_{t+1}, y_{t+1})} \times \frac{D_0^t(x_{t+1}, y_{t+1}/VRS)}{D_0^t(x_t, y_t/VRS)} \times \sqrt{\frac{D_0^t(x_{t+1}, y_{t+1})}{D_0^{t+1}(x_{t+1}, y_{t+1})} \times \frac{D_0^t(x_t, y_t)}{D_0^{t+1}(x_t, y_t)}}$$

$$\tag{3-3}$$

公式(3-3)中第一项表示规模效率的变化,第二项表示纯技术效率的变化,第三项表示技术变化。规模效率用于测算城市经济活产出和投入之间的比例是否合适,是否达到产出最优,该值越大说明城市经济活动中要素投入规模越合适。纯技术效率变化指在使用技术稳定的城市经济生产过程

①　Farrell M J. The measurement of productive efficiency [J] Journal of the Royal Statistical Society, 1957, 120 (3) :253-290.

中,已有技术能力的发挥程度,这个指标可以分析各个城市运用现有技术水平获得最大化城市经济产出的能力,主要体现城市在经济活动的组织管理水平、资源配置、协调分析能力。技术变化指标体现在生产技术前沿面在产出增加方向上的移动,主要体现了新技术、新工具、新制度等创新要素对城市经济活动全要素生产率的改进。计算出的这些效率的数值如果大于1,表示城市经济活动效率的改进;如果小于,则表示城市经济活动效率的下降;如果等于1,则说明经济活动的效率没有变化。

运用 Malmquist 指数测算城市全要素生产率具有以下优点:

第一,Malmquist 指数以 DEA 模型为基础,研究多样本、多投入产出之间复杂系统的效率问题。在分析多个投入和产出数据时,不必计算多个要素的综合效率,避免了运用传统方法时因为多指标量纲不一致产生的度量问题。

第二,估计结果的客观性。传统的方法在分析绩效评价时,一般需要在各个指标之间设立权重,Malmquist 指数无须提前设立各个指标之间的权重,克服了因为评价者主观因素设立权重导致的效率评价结果失真。

第三,估计过程的合理性。面对庞大的多投入、多产出复杂系统,准确描述出各个因素之间的函数关系是一件几乎不可能的工作,运用 Malmquist 指数描述各个地级市经济活动全要素生产率不需要给出这些变量之间复杂的函数关系表达,在估计过程中尽最大可能反映要素之间关系。鉴于以上的优点,本书采用 Malmquist 指数测算我国城市全要素生产率的时空差异。

3.1.2 数据来源及处理

全要素生产率区域差异的数据取自中经网统计数据库中的"城市年度库",选取了 2003 年至 2012 年近 10 年的"市辖区"数据。选取 2003 至 2012 年样本主要有这几方面考虑:①2003 年以前关于我国全要素生产率计算分析的文章较多,现有文章多研究 1978 年至 2000 年初我国全要素生产率变动情况;②伴随着 2008 年金融泡沫的破灭,全球经济进入后危机时代,我国经济增长的动力和 20 世纪 80、90 年代经济体制改革时期相比出现差异;③中共十八大报告明确提出"实施创新驱动发展战略",把科技创新放在国家发展全局的核心地位,因此研究 2000 年以后面临着资源约束、人口红利削减等新形势下我国城市全要素生产率区域差异具有重要意义。

在对地级市样本选取过程中,采用样本期间最优和样本个体最优的原则,同时也充分考虑了样本数据的缺失性。首先,剔除了各个年份大量缺失的样本城市,以保证样本数据的连续性和可靠性。其次,考虑到2000年以前晋中、鄂尔多斯、亳州等57个城市大量数据缺失不全,大面积补全可能破坏样本数据的变化趋势,因此将样本时间推移到2000年以后。再次,在时间范围内,部分地级市数据出现缺失,采取平滑指数方法将缺失数据补齐。例如,2005年双鸭山市、梧州市、防城港市,2007年云浮市城市产出数据缺失,2004年贵港市、2007年长春市固定资产投资总额出现缺失,2012年宜昌市、重庆市单位从业人员数据出现缺失,以上缺失的部分均采用指数平滑方法,缺失的 t 时期数据分别根据其临近 $t-1$ 和 $t+1$ 时期数据进行指数平滑方法补全。最后,在地级市样本数据选取过程中还存在行政区划问题。例如,2011年巢湖市撤销,原管辖区调整至合肥、芜湖和马鞍山。湖北襄樊市于2010年12月更名为襄阳市,云南思茅市于2007年更名为普洱市,其数据年份只有2003—2006年,甘肃的陇南市、宁夏的中卫市从2004年开始建市,之前数据也存在大量缺失。考虑到数据的完整性和准确性,将巢湖市、襄樊市、思茅市、陇南市和中卫市5个城市剔除。最终,本书结合国家层面的经济发展战略将样本时间区间确定为2003—2012,剔除大量样本数据连续不全的地级市,形成的数据范围为2003—2012年中国281个地级市的数据。

本书采用资本和劳动力作为Malmquist指数的投入变量,以城市GDP作为Malmquist指数的产出变量,各个变量的处理如下:

(1)产出变量城市GDP

统计年鉴中的城市GDP是以当年价格计算的,在纵向对比时采用含有不同年份价格的GDP不能较为准确地反映各个城市在不同年份GDP的变化,因此需要消除价格因素的影响。本书的研究期是2003—2012年,选取2003年为基期,由于缺乏城市缩减指数,采用城市所在省份的缩减指数代替,各省GDP缩减指数由《中国统计年鉴》所提供的历年各省真实和名义GDP计算而得到。通过计算把其他年份换算成以2003年不变价格计算的城市生产总值。

（2）劳动力投入变量

城市劳动力投入量很难界定，科学度量一个城市单位时间内劳动力的投入量具有很大难度，城市经济活动劳动投入具有众多的种类，劳动力质量参差不齐。在参考众多文献基础上，本书采用从业人员作为城市经济活动劳动力投入变量，该指标指年满 16 周岁及以上，从事一定社会劳动并取得劳动报酬或经营收入的人员数，包括城市单位从业人员、私营和个人从业人员之和。

（3）资本投入变量

很多经济问题都需要对资本投入进行度量，因此关于资本投入量的测算一直是经济学领域关注的热点。其中 Goldsmith[①] 运用永续盘存法估计了美国的年度资本存量，我国很多学者在测算经济增长率时也较多地运用了这一方法（张军，2004；王小鲁 2009；孙广生 2012；等），相关文献表明永续盘存法是估算地区资本存量相对有效的一种方法，其计算公式为：

$$K_{it} = K_{it-1}(1 - \delta) + I_{it}/p_t \tag{3-4}$$

其中 δ 为资本折旧率，p_t 是以 2003 年为基期计算的固定资产价格指数，对于基年资本存量本书借鉴 Young[②] 采用的基年固定资产投资总额除以 10% 作为初始资本存量的方法，其中的折旧率采用 Hall 和 Jones[③] 计算世界主要国家资本存量中采用的 6% 的数值。目前我国没有公布固定资产的平减指数，参考城市 GDP 平减指数的计算办法，地级市的固定资产平减指数采用城市所在省份的 GDP 平减指数代替。

表 3-1　变量的统计值描述

变　　量	观测值	最小值	最大值	均　　值	标准差
城市生产总值（亿元）	2810	12.22	199453700	2316816.2	8087377
劳动力投入（万人）	2810	0.81	700.5	26.04	51.238
资本投入（万元）	2810	302	72807192	3366109.4	6554890

①　Goldsmith R W. A perpetual inventory of national wealth［M］. Studies in Income and Wealth, Volume 14. NBER, 1951:5-74.

②　Young A. Gold into base metals:Productivity growth in the People's Republic of China during the reform period［J］. NBRE working paper 7856. 2000.

③　Hall R E, Jones C I. Why do some countries produce so much more output than others? ［J］ The Quarterly Journal of Economics, 1999(1):83-116.

3.2 总体变化情况分析

表3-2给出了我国281个地级市2003至2012年城市全要素生产率的变动情况,在研究期内全要素生产率平均改进了2.4%。从全要素生产率的来源看,技术变化效率增加了7.4%,技术效率下降了4.7%,其中纯技术效率和规模效率双双下降,分别降低了2%和2.8%。数据显示在2003年至2012,我国全要素生产率获得提高,改进动力主要来源于技术的改进,而不是技术效率。技术效率的全面下降对全要素生产率的进一步提高起到了阻碍作用。2003—2012年我国全要素生产率改进主要基于技术变化带来的促进作用,在一定程度上说明我国实行技术引进和技术革新对全要素生产率的拉动作用。技术效率的利用程度在研究期内出现下降,并且其两个分解纯技术效率和规模效率都出现退步,说明我国目前城市经济增长还属于粗放式投入阶段,在现有的技术水平条件下,投入要素的资源配置效率没有实现最优化。经济增长中规模效应不显著,大量的要素投入没有实现规模效应,在城市经济增长中出现了规模不经济的结果,大量资金被配置到效率不高的项目,城市内部存在一定的内部机制和治理问题。我国全要素生产率的持续提高不仅要依靠技术进步的带动,也要在现有技术水平下发掘要素配置和组织管理的潜能,依靠技术进步和技术效率的双向驱动,实现区域经济增长质量化的提高。

表3-2　城市 Malmquist 指数变化及分解(2004-2012)

年份	技术效率变化	技术变化	纯技术效率变化	规模效率变化	全要素生产率变化
2004	0.308	−0.204	0.133	0.154	0.041
2005	0.108	−0.069	0.013	0.093	0.032
2006	−0.015	0.01	0.008	−0.023	−0.005
2007	−0.228	0.33	−0.117	−0.126	0.027
2008	−0.072	0.13	0.003	−0.075	0.048
2009	0.067	−0.116	0.046	0.021	−0.056

续表3-2

年份	技术效率变化	技术变化	纯技术效率变化	规模效率变化	全要素生产率变化
2010	−0.073	0.099	0.026	−0.096	0.019
2011	0.037	0.062	−0.046	0.086	0.101
2012	−0.381	0.637	−0.204	−0.223	0.013
平均	−0.047	0.074	−0.02	−0.028	0.024

说明:表3-2中数据由公式3-3计算整理得出,其中正号表示增加,负号表示减少。

从表3-2可以看出全要素生产率历年的变动情况。2004年全要素生产率增加4.1%,其中技术效率改进了30.8%,技术变化下降了20.4%,纯技术效率和规模效率全部获得改进,分别提升13.3%和15.4%。2005年全要素生产率提升了3.2%,其中技术效率是改进的主要源泉,技术效率改进了10.8%,技术变化效率继续恶化,下降了6.9%,纯技术效率和规模效率保持良好增长,分别提升1.3%和9.3%。2006年全要素生产率下降了0.5%,主要源自技术效率下降了1.5%,技术进步获得改进,提升了1%,其中纯技术效率改进了0.8%,规模效率下降了2.3%。2007年全要素生产率改进了2.7%,技术变化发挥了主要带动作用,提高了33%,技术效率进一步下降,达到22.8%,其中纯技术效率和规模效率分别下降11.7%和12.6%。2008年全要素生产率改进了4.8%,技术进步增加了13%,技术效率下降了7.2%,其中纯技术效率改进了3%,规模效率下降了7.5%。2009年全要素生产率下降了5.6%,主要源自技术变化下降了11.6%,技术效率增加了6.7%,其中纯技术效率和规模效率双双增加4.6%和2.1%。2010年全要素生产率增加1.9%,技术变化是增加的主要原因,技术变化改善了9.9%,技术效率下降了7.3%,其中纯技术变化改进了2.6%,规模效率下降了9.6%。2011年全要素生产率改进了10.1%,主要源自技术变化和技术效率的双双改进,两者分别贡献了6.2%和3.7%,其中纯技术效率下降了4.6%,规模效率增加了8.6%。2012年全要素生产率增加1.3%,其中技术变化大幅提升,增加了63.7%,技术效率下降了38.1%,纯技术效率和规模效率分别下降了20.4%和22.3%。

从图 3-1 可以看出全要素生产率及其分解变量均呈现"V"形变化,全要素生产率的波动相对稳定,2006 年下浮 0.5%,2009 年达到谷底下降 5.6%,其余年份均保持良好的增长势头。技术变化效率的波动最为剧烈,表现为大幅地上升和下降,在研究期内只有三年份出现了下降,分别是 2004、2005 和 2009,其余年份均保持强劲的增长态势。技术效率的变化非常频繁,在研究期内从 2006 年到 2008 年一路下降,2008 年以后呈现摆动式的增加和下降。规模效率的变动情况和技术效率的变动基本相同,曲线的拐点年份和技术效率变动曲线保持一致,就是上升和下降的幅度略有不同,可以看出规模效率是导致技术效率摆动频繁的主要原因。纯技术效率在研究期内大体保持上升趋势,只有在 2007、2011 和 2012 年份出现下降,其余年份均保持增长状态。

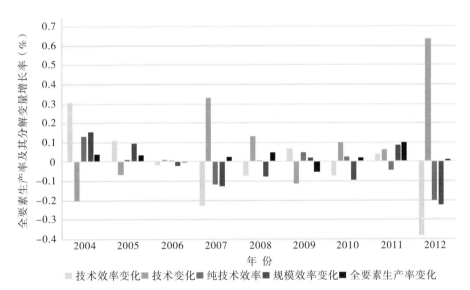

图 3-1 我国全要素生产率及其分解变动情况(2004-2012)

从总体和历年变化趋势可以得出我国全要素生产率和城市经济增长出现以下四个方面的典型特征。

第一,全要素生产率增幅变缓,城市集约经济增长动力不足。在研究期内,本书估算的全要素生产率平均增幅为 2.4%,除 2006 和 2009 年全要素生产率出现下降外,其余年份均获得改善,但是改善的幅度在逐渐缩小,全要素生产率驱动经济增长的动力不足。2000 年以前全要素生产率保持

4.1%、3.2%、2.7%和4.8%的增幅,2000年以后全要素保持1.9%、1.3%的增幅,明显呈现出增幅变缓的趋势。本书的这一研究结果和刘秉镰(2009)[①]结果较为一致,其测算的我国196个地级市在1990—2006年全要素生产率的改进值为2.8%。对比其他研究结果,发现2003年以后全要素生产率的增幅和2003年以前相比明显下降。金相郁(2006)[②]估算了中国41个主要城市在1990—2003年城市全要素生产率获得了8.3%改善。高春亮(2007)[③]分析得出1998—2003年我国216个城市全要素生产率获得7%改善。和现有研究成果比对可以发现,2003年以后我国全要素生产率增长幅度变化放慢,全要素生产率驱动的集约型经济增长动力不足。

第二,技术变化是全要素生产率增长的主要动力。从均值可以看出,全要素生产率的变化主要来自技术进步的推动。历年变化趋势也可以清楚发现,自2007年以后技术变化为全要素生产率的改进提供了重要的动力。该分析结果和大多数人的研究结果呈现一致,刘秉镰(2009)、金相郁(2006)、高春亮(2007)的研究结果都表明全要素生产率的改进主要来自技术进步而不是技术效率。但是也有少量的研究指出全要素生产率的改进来自技术效率,例如邵军(2010)[④]计算了1999—2006年我国187个地级市的全要素生产率,发现在研究期内技术效率是全要素生产率改进的主要原因。关于全要素生产率的计算,所选研究期和投入产出指标都具有很大影响,时间跨度和统计口径存在差异,分析结果也会出现不同。本书结果和大多数研究结论一致,认为技术变化是全要素生产率增长的主要动力。

第三,全要素生产率增长为单因素驱动。从全要素生产率均值可以发现全要素生产率依靠技术变化的单因素驱动。从历年变动发现,除2011年实现了技术效率和技术变化的双因素驱动,其余年份均是依靠技术效率或

① 刘秉镰,李清彬.中国城市全要素生产率的动态实证分析:1990-2006:基于DEA模型的Malmquist指数方法[J].南开经济研究,2009(3):139-152.

② 金相郁.中国城市全要素生产率研究:1990-2003[J].上海经济研究,2006(7):14-23.

③ 高春亮.1998—2003城市生产效率:基于包络技术的实证研究[J].当代经济科学,2007(1):83-88.

④ 邵军,徐康宁.我国城市的生产率增长、效率改进与技术进步[J].数量经济技术经济研究,2010(1):58-66.

是技术变化的单因素驱动,其中依靠技术变化因素的年份居多。从全要素生产率的计算公式可以看出,其增长源泉主要依靠技术效率和技术进步,两者之间的关系不是此消彼长,而是促进共长。依靠单因素驱动的全要素生产率增长模式会造成增长的不稳定和不可持续,改变技术进步和技术效率之间的互相遏制的关系,实现双向驱动的全要素生产率增长模式是我国在面临自然资源恶化、人口红利削减、国际贸易萎缩局面下促进经济增长方式转型的必由之路。

第四,技术效率的水平效应削弱了技术变化的追赶效应。我国全要素生产率单一驱动模式的一个重要原因就在于,技术效率的水平效应落后于技术变化的追赶效应。这一现象在技术变化显著的年份尤其突出,在研究期内技术变化在 2007 年和 2012 年出现大幅度的提升,这两个年份都出现了技术效率的大幅下降,而且是纯技术效率和规模效率同时大幅下降,拖累了技术变化带来的提升作用,降低了全要素生产率的增幅。这说明在我国目前经济运行中,一方面技术引进、技术转移和技术研发带来了技术变化效应;另外一方面,在城市化进程不断加快的过程中,大量资金、劳动力等要素向城市转移,加速了城市土地规模、投资规模的不断扩大,城市内部的产业结构、管理水平、人力资本以及相关的制度安排并没有发生变化,城市的经济增长仍然停留在粗放式的要素投入拉动,技术变化的追赶效应被技术效率水平效应下降所制约。技术创新带来的全要素生产率提高被粗放式投入牵绊,稀释了技术进步对全要素生产率的改进。

3.3 板块差异情况分析

在分析了全国全要素生产率均值和历年变化的基础上,结合我国的区域规划发展战略,将全国划分为东部、中部、西部、东北四大板块。具体划分如下:东部包括北京、天津、河北、上海、江苏、浙江、福建、山东、广东、海南 10 个省市区,共涵盖地级市 89 个,占观测样本城市的 31.7%。中部包括山西、安徽、江西、河南、湖北、湖南 6 个省区,共涵盖地级市 81 个,占观测样本城市的 28.8%。西部包括重庆、四川、贵州、云南、西藏、陕西、甘肃、青海、宁夏、新疆、内蒙古、广西 12 个省市区,共涵盖地级市 83 个,占观测样本城市的

29.5%。东北包括辽宁、黑龙江、吉林 3 个省,共涵盖地级市 36 个,占观测样本城市的 12.8%。将全国划分为东部、中部、西部、东北四大板块,可以进一步对比不同区域内全要素生产率和城市经济增长的变化差异。

表 3-3　全国东部、中部、西部、东北四大板块全要素生产率及其分解

区　　域	技术效率变化	技术变化	纯技术效率变化	规模效率变化	全要素生产率变化
东部(89)	−0.024	0.103	−0.0181	0.004	0.062
东北(36)	−0.051	0.058	−0.023	−0.027	0.003
西部(83)	−0.034	0.026	−0.001	−0.033	0.022
中部(81)	−0.051	0.077	−0.019	−0.031	0.035
全国均值	−0.047	0.074	−0.02	−0.028	0.024

说明:表 3-3 中数据由公式 3-3 计算整理得出,其中正号表示增加,负号表示减少。

从表 3-3 可以看出 2003—2012 年我国的东、中、西、北部均获得了全要素生产率的改进。其中东部地区全要素生产率改进最为显著,平均获得 6.2% 的增长;中部地区改进名列第二,全要素生产率获得 3.5% 的提升;西部地区的改进名列第三,全要素生产率获得 2.2% 增长,增长幅度略低于 2.4% 的全国平均水平;东北地区改进最为缓慢,在研究期内仅获得 0.3% 的效率改进。其中技术变化是各个区域全要素生产率改进的主要动力,东部地区技术变化改进名列第一,获得 10.3% 的效率提升;中部地区名列第二,实现了技术变化效率 7.7% 的增幅;东北地区名列第三,获得技术变化 5.8% 的改善,低于全国 7.4% 的均值;西部地区获得 2.6% 的改进,名列第四。在技术效率变化方面,四大区域的技术效率均呈现下降的趋势。其中东部地区技术效率平均下降了 2.4%,是四大区域内下降最为缓慢的;西部地区技术效率下降了 3.4%,低于全国技术效率平均 4.7% 的下降水平;东北地区和中部地区技术效率下降幅度一样,5.1% 的下降水平,高于全国均值。纯技术效率和规模效率的双重影响是导致技术效率下降的主要原因。其中纯技术效率四个区域均呈现下降水平;西部地区的纯技术效率下降幅度最小,仅实现了 0.1% 的下降;其余三个地区的纯技术效率变化幅度基本一致,均维

持在2%左右的降幅。规模效率变化方面,除东部地区实现规模效率0.4%增幅以外,其余地区均呈现规模效率的下降。其中东北地区的规模效率下降幅度为2.7%,低于全国2.8%的平均下降水平;西部和中部的下降水平分别为3.3%和3.1%,均高于全国的平均水平。

东部地区的89个城市,在2003—2012年全要素生产率改善了6.2%,明显高于全国281个城市的整体改善情况,说明东部地区的整体改善优于全国平均水平。东部地区全要素生产率的改善得益于技术变化的贡献,技术变化平均获得10.3%的显著改善,与此同时技术效率变化下降了2.4%,拖累了全要素生产率的进一步提高。东部地区中有21个城市的全要素生产率出现了下降,其余68个城市的全要素生产率均获得改进,改进的城市占东部地区城市的76.4%。在技术效率变化方面,除沧州、徐州、南通、盐城、扬州、宿迁、日照、菏泽、清远和东莞10个城市的技术效率变化获得改进外,其余城市的技术效率变化均出现下降,下降的城市占东部地区城市的88.7%。技术变化方面,东部地区的89个城市全部获得技术变化的提高。

东北地区的36个城市,在2003—2012年全要素生产率改善了0.3%,远远低于全国281个城市的整体改善2.4%的水平,在全国四个区域内增长幅度最小。东北地区全要素生产率的改善得益于技术变化的贡献,技术变化平均获得5.8%的改善,与此同时技术效率变化下降了5.1%。东北地区全要素生产率、技术效率变化、技术变化都低于全国的平均水平。东北地区中有20个城市的全要素生产率出现了上升,改进的城市占北部地区城市的55.5%。在技术效率变化方面,除辽源和松源2个城市的技术效率变化获得改进以外,其余34个城市的技术效率变化均出现下降,下降的城市占北部地区城市的94.4%。技术变化方面北部地区的36个城市全部获得技术变化的提高。

西部的83个城市,在2003—2012年全要素生产率改善了2.2%,略低于全国281个城市整体改善2.4%的水平,在全国四个区域内增长名列第三。西部地区全要素生产率的改善同样来源于技术变化的推动,技术变化平均获得2.6%的改善,与此同时技术效率变化下降了3.4%。西部地区技术变化落后于全国的平均水平,技术效率变化优于全国均值。其中57个城市的全要素生产率出现了上升,改进的城市占西部地区城市的68.7%,技术效率变化改进的城市有 13 个,技术效率变化下降的城市占西部地区城市的 84.3%。技术变化除来宾市以外,其余 82 个城市均实现技术变化的改进。

中部的 81 个城市,在 2003—2012 年,全要素生产率改善了 3.5%,高于于全国 281 个城市的整体改善 2.4% 的水平,在四大区域内全要素生产率的增加幅度名列第二。中部地区全要素生产率的改善也来源于技术变化的推动,技术变化平均获得 7.7% 的改善,与此同时,技术效率变化下降了 5.1%。中部地区技术变化高于全国的平均水平,技术效率变化低于全国均值。其中 51 个城市的全要素生产率出现了上升,改进的城市占中部地区城市的 68.7%。技术效率变化改进的城市有朔州市、吕梁市、马鞍山市、宿州市、池州市、新余市、鹰潭市、娄底市,其余城市的技术效率变化均出现下降,技术效率变化下降的城市占中部地区的 90.1%,技术变化 81 个城市均呈现增长。

图 3-2 显示全要素生产率的变动从东、中、西、东北四个区域上看呈现了一定的波动性,总体上东部地区的全要素生产率要好于其他地区,东部地区仅在 2009 年出现全要素生产率的下降,其余年份均实现全要素生产率的增加,增加幅度最大的三个年份是 2012 年(18.4%)、2011 年(8.1%)和 2006 年(6.9%)。中部地区全要素生产率的改进高于全国平均水平,在 2006 年出现了 3.2% 的下降,2009 年出现 6.8% 的下降,其余年份均出现了提升,增加幅度最大的三个年份是 2008 年(6.2%)、2011 年(15.6%)、2010 年(9%)。西部地区的全要素生产率增长幅度落后于全国平均地区,除在 2009 和 2010 年呈现 6.8% 和 4% 的下降幅度以外,其余年份均呈现增长状态,增加幅度最大的三个年份分别是 2011 年(11.6%)、2005 年(9.4%)和 2004 年(6.3%)。东北地区的全要素生产率增长幅度远远落后于全国平均水平,2006 年、2007 年、2009 年和 2012 年四个年份均出现全要素生产率的下降,增长幅度最大的年份出现在 2011 年,实现了 18.1% 的增长。

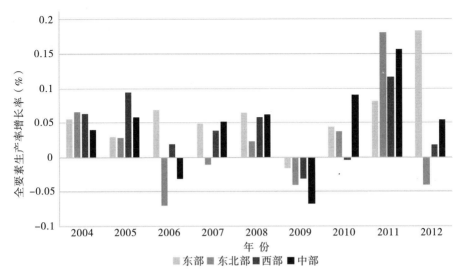

图3-2 我国东、中、西、北地区全要素生产率增长情况(2004-2012)

图3-3反映的是技术效率在我国四大区域的变化差异。技术效率描述的是在投入要素为约束条件下实现城市最大经济产出的能力,或是在给定产出约束下实现城市经济投入最小的能力。从图3-3技术效率的曲线变化趋势可以发现,技术效率在四大区域的变化趋势基本保持一致,这一趋势在2006年以后呈现加强的态势。其中东部地区的技术效率在2007年(-16.7%)、2008年(-4.5%)、2010年(-5.3%)和2012年(-25.4%)四个年份出现下降,其余年份呈现增长态势,增幅变动最大的年份出现在2004年(17.3%)。北部地区的技术效率在2006年(-6.1%)、2007年(-26.4%)、2008年(-8.9%)、2010年(-4.6%)、2012年(-39.6%)五个年份出现下降,增幅变动最大的年份出现在2004年(53.7%)。西部地区的技术效率实现了小幅改进,增幅为0.4%,在2007年、2008年、2010年、2012年四个年份出现下降,其余年份呈现增长态势,增幅变动最大的年份出现在2004年(38.7%)。中部地区的效率出现下降,下降的幅度低于全国平均水平,在2006年(-3.9%)、2007年(-23%)、2008年(-6.2%)和2010年(-2.8%)出现下降,增幅最大的年份出现在2004年(38.3%)。

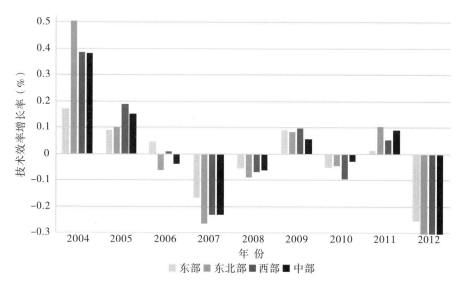

图3-3　我国东、中、西、东北地区技术效率增长情况(2004—2012)

图3-4表明了2003—2012年我国技术变化呈现波动变化的趋势,其中2004—2007呈现技术变化上升的状态,2007—2009呈现快速下降,2009年以后技术效率实现"V"字形反弹增加,在此期间我国不同区域的技术变化也呈现差异。其中东部地区的技术变化显著,远远高于全国的平均水平,特别是从2006年以后,东部地区的技术变化保持持续的增长势头,仅在2009年出现11.9%的下降,触底反弹保持了高速增长,增幅最大的年份出现在2012年,达到58.7%。北部技术效率也呈现平均增长状态,自2004年开始连续三年下降,2007年开始持续增长,2009年下降,而后一路增长,增幅最大的年份出现在2012年,达到69.8%。西部地区的技术效率总体也保持增长状态,除2004年、2005年、2009年三个年份出现下降以外,其余年份均保持增长状态,增幅最大的年份也出现在2012年,达到57.2%。中部地区的技术变化仅次于东部地区,除2004、2005、2009三个年份出现下降以外,其余年份均保持增长状态,增幅最大的年份和其他地区一样也在2012年,达到81.4%。

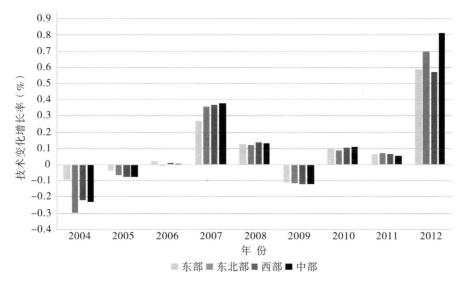

图3-4　我国东、中、西、东北地区技术变化增长情况(2004—2012)

图3-5 显示了我国纯技术效率的波动情况,从 2004 年开始我国纯技术效率开始下降,在 2006 年实现技术效率的小幅增长,自 2011 年开始又呈现出技术效率下降的趋势。在整体的变化趋势下,各个区域也呈现自身的特点。其余年份呈现增加状态,增幅最大的年份为 2009 年,实现了 5.8% 的增长。北部地区的纯技术效率在 2006 年、2007 年、2008 年、2012 年四个年份出现下降,其余年份呈现增加状态,增幅最大的年份为 2004 年,实现了29.6% 的增长。西部地区的纯技术效率在 2007 年、2011 年、2012 年三个年份出现下降,其余年份呈现增加状态,增幅最大的年份为 2004 年,实现了18.2% 的增长。中部地区的纯技术效率在 2006 年、2007 年、2011 年、2012年四个年份出现下降,其余年份呈现增加状态,增幅最大的年份为 2004 年,实现了 19.5% 的增长。

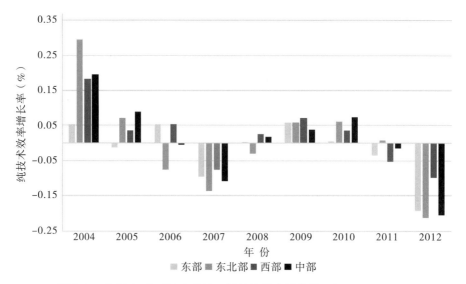

图 3-5　我国东、中、西、东北地区纯技术效率增长情况 (2004—2012)

图 3-6 显示了我国规模效率的地区变动情况。和其他曲线相比,规模效率变化的地区差异表现得更加明显,曲线整体呈现规模效率下降的趋势。其中东部地区的规模效率在 2004 年、2005 年、2009 年、2011 年四个年份呈现增加状态以外,其余年份均出现下降,增幅最大的年份出现在 2004 年,达到 12.1%,下降最快的年份出现在 2012 年,达到 7.6%。北部地区规模效率除在 2007 年、2008 年、2010 年、2012 年出现下降以外,其余年份都实现了增长,增幅最大的年份出现在 2004 年,达到 23.1%,下降最快的年份出现在 2012 年,达到 22.9%。西部地区的规模效率在 2006 年、2007 年、2008 年、2012 年出现下降,其余年份呈现增长,增幅最大的年份出现在 2004 年,达到 18.6%,下降最快的年份出现在 2012 年,达到 22%。中部地区的规模效率在 2005 年、2007 年、2008 年、2010 年出现下降,其余年份呈现增长,增幅最大的年份出现在 2004 年,达到 17.7%,下降最快的年份出现在 2012 年,达到 22%。

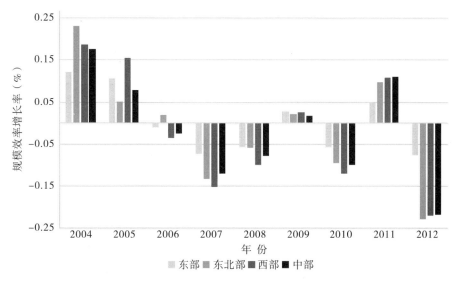

图3-6 我国东、中、西、东北地区规模效率增长情况(2004—2012)

综合区域的均值和要素分解的结果,可以得出我国四大区域全要素生产率和城市经济增长的一些特征描述,主要有以下三个方面。

第一,我国东、中、西、北四大板块的全要素生产率全部获得提升,四大区域经济增长的动力主要来自技术变化的改进,技术变化带来的生产可能边界的扩展成为全要素生产率提升的动力,技术效率的下降拖累了全要素生产率的进一步提升。东、中、西、北四个区域的全要素生产率的改进都是依靠技术变化的单因素驱动,缺少技术效率提升的双因素驱动机制。单一因素驱动的全要素生产率增长模式存在增长可持续性的隐患,带来城市经济增长结构失衡、质量下降等问题。

第二,综合区域分析结果,可以发现东部地区的全要素生产率改善最为显著(6.2%),其次为中部地区(3.6%)和西部地区(2%),东北地区(0.3%)的全要素生产率改善最为落后。从全要素生产率综合改进程度可以看出我国四大区域全要素生产率之间存在差异,东部和其余地区的差距进一步扩大,中部和西部之间的差距在缩小,东北成为全要素生产率改进最慢的地区。国家为了进一步缩小地域之间的差异,实现区域经济的均衡发展,实施了一系列区域经济发展战略,例如"西部大开发""东北老工业基地振兴""中部崛起"。但是从本书的分析结果来看,东部地区仍是全国全要素生产率增长最快的地区,中西部赶上东部的增长速度还具有很大的距离,东北地区老工业基地由于能源衰竭、结构转型等问题成为全要素生产率增速最慢的板块,同时我们也应该看到,由于一系列区域发展战略的实施,我国中部和西部之间在全要素生产率增长速度方面的差距正在缩小。

第三,从全要素生产率的分解指标来看,东区地区城市经济增长一枝独秀,在技术变化和技术效率方面名列第一。在技术变化方面,四个区域的改进程度分别为东部(10.3%)、中部(7.7%)、东北(5.8%)和西部(2.6%);在技术效率方面,四个区域的下降程度分别是东部(2.4%)、西部(3.4%)、中部(5.1%)和东北(5.1%)。东部地区在技术变化和技术效率方面都远远好于其他地区,进一步加剧了东部地区和其他地区的差异。在技术变化方面,西部地区名列第四,说明技术扩散具有一定的路径依赖,单纯的技术引进而缺乏相应人力资本的改善,是西部地区技术变化效率提升缓慢的一个重要原因。各个区域的纯技术效率和规模效率基本上是下降状态,说明我国城市经济增长方式还处于依靠要素投入的粗放式增长阶段。转变经济增长方式,提升全要素生产率对经济增长的贡献度,是我国城市经济运行中急需解决的问题。

3.4　主要城市变化情况分析

在分析了我国四大区域全要素生产率变化差异的基础上,为了揭示各个城市经济增长之间差异,本书进一步分析微观层面上所选的281个城市在2003—2012年全要素生产率的变化情况,分析在研究期内有多少城市的全要素生产率获得改善、全要素生产率提升的动力是什么、技术效率和技术变化效率改进效果如何,进一步分析样本城市全要素生产率变化特征,揭示全要素生产率在各个城市之间的差异变化。

如表3-4所示,全要素生产率改进的城市有194个,占研究城市的69.9%,说明在2003—2012年我国大多数城市的全要素生产率获得改进,单纯依靠要素投入的增长方式有所改进。其中最大改进的城市获得75.1%的增幅,下降最大的城市达到了11.4%的降幅,样本的离散程度较大,说明城市之间的全要素生产率改进存在很大的差异,个体和区域分布不均。技术变化方面,280 个城市都取得了技术变化方面的改进,占研究城市的99.6%,这一结果也说明2003—2012 技术变化是全要素生产率改进的主要动力。技术效率变化方面大多数城市没有取得改善,只有 33 个城市获得提高,改进的城市占研究城市的 11.7%。纯技术效率变化方面也呈下降趋势,其中108 个城市的纯技术效率获得提升,占研究城市的 38.4%。规模效率变化方面只有 65 个城市获得改善,其余城市均呈现下降趋势,改善的城市占研究城市的 23.1%,其中规模效率变化的离散程度变化最小,说明我国大多数城市都没有达到规模效应,在城市化进程加速的过程中,城市的边界不断扩大,大量资金、劳动力被投入城市经济运行中,造成了一定程度的资源浪费,要素配置效率低下。

表 3-4　281 个城市全要素生产率均值基本统计特征

指　标	最小值	最大值	均值	标准差	大于 1 的城市个数	效率改善的城市比重
技术效率变化	0.845	1.124	0.953	0.042	33	11.7%
技术变化	0.996	1.593	1.074	0.046	280	99.6%
纯技术效率变化	0.853	1.137	0.98	0.048	108	38.4%
规模效率变化	0.827	1.061	0.972	0.036	65	23.1%
全要素生产率变化	0.886	1.751	1.024	0.065	194	69.9%

　　为了更加清晰地了解城市全要素生产率的差异情况,按照全要素生产率的改进或下降分为两个大类,再根据相关分解指标,进一步分析我国城市全要素生产率的分布情况。

　　从表 3-5 可以看出,在全要素生产率改进的 194 城市中,全部城市实现了技术变化效率的改进,只有 33 个城市实现了技术效率的改进,占改进城市的 17%。同时实现技术效率和技术变化改善的城市不足全要素生产率改善城市的 20%。这个结果进一步证明技术效率的改进是我国全要素生产率持续改进的短板。进一步分析技术效率改进的城市,其中大多数城市是通过纯技术效率改进实现技术效率的提升,只有 42.4% 的城市是通过规模效率改进实现的,两者同时实现改进的城市只有 12 个。说明我国大多数城市的管理水平和资源配置效率存在问题,单纯依靠技术革新促进城市全要素生产率略显乏力,需要纯技术效率和规模效率的双重改进,如何提升城市的管理水平、资源配置效率、自主创新能力是当前城市运行中的突出问题。

表3-5　全要素生产率改善城市分布情况

指　标	个数	所占比例	指　标	个数	所占比例
技术效率改进	33	17%	纯技术效率改进	31	93.9%
技术变化改进	194	100%	规模效率改进	14	42.4%
技术效率和技术变化同时改进	33	17%	纯技术效率和规模效率同时改进	12	36.4%

如表3-6所示,在全要素生产率下降的87个城市中,87个城市都因为技术效率指标拖累,只有1个城市因为技术变化下降导致,技术效率和技术变化同时下降的城市只有1个。重点分析技术效率下降的248个城市中,其中纯技术效率下降的城市有171个,占技术效率下降城市的68.9%,规模效率下降的城市有197个,占技术效率下降城市的79.4%,两者同时下降的城市有120个,占技术效率下降城市的48.4%。说明在2003—2012年,我国城市主要因为技术效率的下降导致了全要素生产率的降低,其中规模效率和纯技术效率的双重下降,是导致技术效率后退的重要原因。

表3-6　全要素生产率下降城市分布情况

指　标	个数	所占比例	指　标	个数	所占比例
技术效率下降	87	100%	纯技术效率下降	171	68.9%
技术变化下降	1	1.1%	规模效率下降	197	79.4%
技术效率和技术变化同时下降	1	1.1%	纯技术效率和规模效率同时下降	120	48.4%

综上所述,2003—2012年我国281个地级城市的全要素生产率获得改善,改善程度为2.4%,全要素生产率的改善主要来源于技术进步的带动作用,技术效率的下降拖累了全要素生产率的进一步提高。其中大多数城市

的纯技术效率和规模效率出现恶化,成为城市经济运行中迫切需要关注的问题。通过对全要素生产率改进和下降城市分类并进行分析,让我们能够掌握我国城市全要素生产率的总体情况,进一步明确全要素生产率增长的来源和分布特征。

3.5 主要经济区变化情况分析

3.5.1 主要经济区范围的界定

(1)长三角地区的界定

目前关于长三角的相关概念有很多,例如长三角经济区、长三角城市群、长三角经济区等。关于长三角地区范围的界定大体可以分为国家规划和地方政府区域合作组织两个层面,这两个层面关于长三角地区城市的界定存在一定差异。在国家规划文件方面,《长江三角洲地区区域规划》中明确指出,长三角地区包括江苏和浙江全省以及上海市,经济区内包含以下城市:南京、苏州、无锡、常州、镇江、扬州、泰州、南通、杭州、宁波、湖州、嘉兴、绍兴、舟山、台州、上海[①]。该文件划定了长三角地区的核心区,一共包括16个城市。在地方政府区域合作组织方面,地方政府在长三角地区开展的经济合作可以追溯到20世纪90年代,1992年设立了"长江三角洲十四城市协作办(委)主任联席会",所含城市包括上海市、南通市、无锡市、宁波市、舟山市、苏州市、扬州市、杭州市、绍兴市、南京市、常州市、湖州市、嘉兴市、镇江市。这14个城市和泰州市于1997年成了"长江三角洲城市经济协调会"(以下简称协调会)。协调会于2003年8月将浙江省台州市接纳为会员城市,协调会成员增至16个城市,与国家规划中的长三角核心区城市保持一致。此后协调会又于2010年3月将盐城市、淮安市、金华市、衢州市、合肥市、马鞍山市纳入长三角经济区范围。2013年4月又将芜湖市、连云港市、徐州市等8个苏浙城市吸纳进来,区域内城市数量增加至30个。考虑到地

---

① 中华人民共和国中央人民政府网站:国家发展改革委关于印发长江三角洲地区区域规划的通知 http://www.gov.cn/zwgk/2010-06/22/content_1633868.htm。

方政府合作层面城市数量的不稳定性,本书对长三角地区的区划范围采取国家区域规划的16个城市,具体包括上海市、南京市、无锡市、常州市、苏州市、南通市、扬州市、镇江市、泰州市、杭州市、宁波市、嘉兴市、湖州市、绍兴市、舟山市和台州市。

(2)珠三角地区的界定

涉及珠三角地区的概念也很多,有"大珠三角""泛珠三角""(小)珠三角"等。1994年开始提出"珠三角"的概念,最初包含的城市为广州、深圳、佛山、珠海、东莞、中山、江市7个城市和惠州、清远、肇庆3个城市的部分地区,随后惠州、肇庆全部被包括进来,形成了由9个城市组成的珠三角地区。2009年1月国家发改委正式公布的《珠江三角洲地区改革发展规划纲要(2008–2020年)》指出的规划范围与"小珠三角"范围相一致,要求以此为核心区辐射"泛珠江三角洲区域",同时加深与港、澳的合作。与此相对应的还有"大珠三角",包括小珠三角和香港、澳门。此外还有"泛珠三角"的概念,它主要指"包括珠江流域地域相邻、经贸关系密切的福建、江西、广西、海南、湖南、四川、云南、贵州和广东9省区,以及香港、澳门2个特别行政区",也即著名的"9+2"经济区[①]。本书分析的珠三角地区遵照国家发展规划中的珠三角核心区,包括9个城市,分别是广州市、深圳市、珠海市、佛山市、江门市、肇庆市、惠州市、东莞市和中山市。

(3)京津冀地区的界定

京津冀地区是在京津唐工业基地基础上发展起来的,北京、天津、唐山三市及其沿线形成了京津冀的雏形。早在1986年,京津冀地区环渤海的15个城市就发起成立环渤海地区市长联席会,2004年国家开始启动京津冀地区规划编制工作。2010年8月《京津冀都市圈区域规划》上报国务院,区域发展规划按照"8+2"的模式制订,包括北京、天津两个直辖市和河北省的石家庄、秦皇岛、唐山、廊坊、保定、沧州、张家口、承德8地市。2014年2月习近平主持召开京津冀三地协同发展座谈会,2014年3月李克强在政府工作报告中将"加强环渤海及京津冀地区经济协作"作为2014年重点工作。本

---

① 百度百科:珠江三角洲,http://baike. baidu. com/view/33354. htm? fromId = 283638。

书对京津冀区域的划分按照发改委上报国务院中的"8+2"模式,涉及北京市、天津市、石家庄市、唐山市、秦皇岛市、保定市、张家口市、承德市、沧州市和廊坊市10个地级市。

(4)辽中南地区

该区域位于环渤海地区的北翼,包括辽宁省中部和南部的部分地区。该区域整合了辽宁沿海带、沈阳经济区、辽宁中部城市群资源,2010年12月国务院印发了《全国主体功能区规划的通知》,其中明确将辽中南地区定位为国家层面的优化开发区域。根据已有文献,辽中南地区包含沈阳市、大连市、鞍山市、抚顺市、本溪市、丹东市、营口市、辽阳市、盘锦市、铁岭市,共计10个地级市。

(5)中原经济区的界定

中原经济区是在中原城市群的基础上发展起来,2003年河南省提出中原城市群,以郑州为中心,以开封为副中心,涵盖洛阳、新乡、焦作、许昌、漯河、平顶山、济源、长葛等地区性中心城市为节点构成的紧密联系圈。此后,中原经济区在中原城市群的基础上不断发展,2012年11月国务院正式批复的《中原经济区规划》明确指出,中原经济区是以全国主体功能区规划明确的重点开发区域为基础、中原城市群为支撑、涵盖河南全省、延及周边地区的经济区域;规划范围包括河南省全境,河北省邢台市、邯郸市,山西省长治市、晋城市、运城市、安徽省宿州市、淮北市、阜阳市、亳州市、蚌埠市和淮南市凤台县、潘集区,山东省聊城市、菏泽市和泰安市东平县。

3.5.2 经济区全要素生产率总体描述

表3-7描述了在2003—2012年我国京津冀、长三角、辽中南、珠三角以及中原经济区全要素生产率情况。五个经济区的全要素生产率都获得了改进,其中珠三角全要素生产率取得4.83%的改进,名列第一;中原经济区取得4.41%的增长,名列第二;长三角获得3.38%的全要素生产率改进,名列第三;京津冀获得2.8%改进,名列第四;辽中南取得1.07%的进步,名列第五。其中珠三角、长三角、中原经济区、京津冀的全要素生产率改进都好于全国平均水平。在全要素生产率改进来源方面,各个经济区都是来自于技术变化的改善。其中京津冀地区获得3.3%提升,长三角地区获得23.6%改

进,辽中南地区增加 7.7%,中原经济区获得 12.6% 的技术变化增加,珠三角地区技术变化为 13.9%,在技术变化方面长三角技术变化的提升幅度最为显著,其余依次是辽中南地区、中原经济区、京津冀地区。在技术效率变化方面,五个区域的技术效率呈现下降水平。其中京津冀下降 0.5%,长三角下降 14.1%,辽中南下降 1.4%,中原经济区下降 0.8%,珠三角下降 2.8%。长三角地区技术效率变化的下降幅度最大,中原经济区下降的幅度最小。纯技术效率变化方面,除中原经济区获得 1.4% 的改善以外,其余地区均呈现纯技术效率的下降。京津冀地区下降 5.8%,长三角地区下降 5.9%,珠三角地区下降 2.4%。规模效率变化方面,京津冀地区和辽中南地区获得了效率的改善,分别提升 6.3% 和 1.4%,其他地区的规模效率出现下降现象,其中长三角下降 5.7%,中原经济区下降 2.4%,珠三角下降 0.3%。

表 3-7　经济区全要素生产率及其分解情况

指　　标	京津冀	长三角	辽中南	中　　原	珠三角
技术效率变化	−0.005	−0.141	−0.014	−0.008	−0.028
技术变化	0.033	0.236	0.077	0.126	0.139
纯技术效率变化	−0.058	−0.059	−0.037	0.014	−0.024
规模效率变化	0.063	−0.057	0.014	−0.024	−0.003
全要素生产率变化	0.028	0.0338	0.0107	0.0441	0.0483

说明:表 3-7 中数据由公式 3-3 计算整理得出,其中正号表示增加,负号表示减少。

3.5.3　经济区全要素生产率变化特征

从表 3-8 可以看出各个经济区全要素生产率的变动趋势。各个地区的全要素生产率呈现波动状态,其中珠三角的全要素生产率提高幅度明显优于其他地区,中原经济区自 2006 年以后全要素生产率获得大幅增加,保持了迅猛的增长态势。京津冀和长三角地区的全要素生产率增幅比较平缓,整体呈现稳定的发展态势。辽中南地区的全要素生产率明显低于全国的平均增长水平,在五个经济区内名列最后。

表3-8 经济区全要素生产率变动情况(2004—2012)

年份	京津冀	长三角	辽中南	中原	珠三角
2004	0.0163	0.085	−0.056	0.032	0.03
2005	0.0265	0.039	0.028	0.0567	0.146
2006	−0.007	0.019	0.0074	−0.032	0.109
2007	0.0129	0.047	0.0264	0.113	0.001
2008	0.056	0.039	−0.0114	0.139	0.097
2009	−0.066	−0.032	−0.029	−0.089	−0.031
2010	0.015	0.037	0.036	0.057	0.053
2011	0.11	0.0685	0.091	0.081	0.029
2012	0.0322	0.002	0.004	0.039	0.001

说明:表3-8中数据由公式3-3计算整理得出,其中正号表示增加,负号表示减少。

在分析整体变化趋势的基础上,深入每个经济区,分析具体年份的增幅情况。从图3-8可以看出,珠三角地区的全要素生产率整体呈现增长状态,只有在2009年出现3.1%的下降,其余年份都呈现增长态势,其中增幅最大的三个年份出现在2005年(14.6%)、2006年(10.9%)和2008年(9.7%)。中原经济区的全要素生产率自2006年以后保持了强劲的增长势头,总体增长水平达到4.4%,其中全要素生产率在2006年和2009年呈现下降,其余年份均保持增长,增长最快的三个年份出现在2008年(13.9%)、2007年(11.3%)和2011年(8.1%)。长三角地区的全要素生产率呈现稳定的增长状态,只有在2009年出现下降,其余年份都保持良好的增长,其中增幅最快的三个年份出现在2004年(8.5%)、2011年(6.85%)和2007年(4.7%)。京津冀地区的全要素生产率增长也较稳定,在2006年和2009年出现0.7%和6.4%的下降,其余年份呈现增长,增长最快的三个年份出现在2011年(11%)、2008年(5.6%)和2012年(3.22%)。辽中南地区的全要素生产率也呈现增长,但是增长幅度非常缓慢,其在2004年、2008年、2009年三个年份出现下降,其余年份呈现增长,增长最快的三个年份出现在2011年(9.1%)、2010年(3.6%)和2005年(2.8%)。

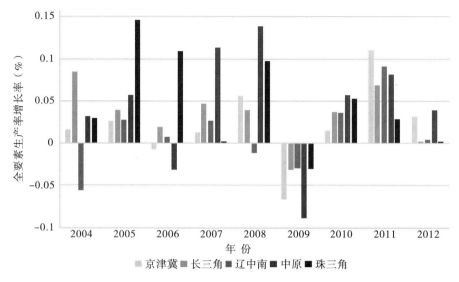

图 3-7　经济区全要素生产率变动趋势图(2004—2012)

在技术效率变化方面,如表 3-9 所示,五个经济区都呈现技术效率的下降,并且下降的幅度在不断增大,从 2007 年以后经济区的技术效率的变化趋势基本保持一致,整体都呈现后退局面。其中京津冀经济区的整体下降水平最为缓慢,中原经济区紧随其后,辽中南地区的下降速度名列第三,珠三角地区在 2007 年以后下降幅度加快,整体下降幅度名列第四,长三角经济区名列第五。其中京津冀、辽中南、珠三角和中原经济区的下降速度都好于全国的平均下降水平。

表 3-9　经济区技术效率变化情况(2004—2012)

年份	京津冀	长三角	辽中南	中　原	珠三角
2004	0.287	0.059	0.224	0.407	0.144
2005	0.158	−0.002	0.122	0.155	0.153
2006	−0.019	−0.009	−0.006	−0.038	0.087
2007	−0.215	−0.096	−0.206	−0.202	−0.232
2008	−0.068	−0.064	−0.121	−0.002	−0.035
2009	0.057	0.091	0.089	0.037	0.094
2010	−0.083	−0.068	−0.077	−0.023	−0.033
2011	0.0372	−0.005	0.007	0.033	−0.028
2012	−0.3725	−0.277	−0.262	−0.436	−0.398

进一步分析各个经济区技术效率的变化情况。从图 3-8 中可以看出，京津冀地区的技术效率呈现先增加后下降的变化趋势，其中技术效率在2004 年、2005 年、2009 年和 2011 年出现上升，上升幅度最大的年份出现在2004 年，达到 28.7% 的增加，其余年份呈现下降，下降最大的年份出现在2012 年，下降幅度达到 37.2%。京津冀技术效率变化整体下降水平为0.5%，由于全国 4.7% 的下降水平，在五个经济区中下降幅度最低。中原经济区的技术效率变化曲线呈现折线型，其中技术效率在 2004 年、2005 年、2009 年和 2011 年四个年份出现增加，增长最快的年份出现在 2004 年达到40.7%，其余年份出现下降，下降最大的年份为 2012，达到 56.4%。辽中南经济区的技术效率变化也呈下降趋势，其中技术效率在 2004 年、2005 年、2009 年和 2011 年出现增加，其余年份出现递减，下降幅度最大的年份出现在 2012 年，达到 26.2%。珠三角地区的技术效率曲线在连续三年增长后，一路下滑，平均保持了 2.8% 的整体降幅。其中 2007 年、2008 年、2010 年、2011 年和 2012 年都呈现下降趋势，最大降幅出现在 2012 年，达到 39.8%。长三角地区的技术效率增长乏力，只有在 2004 年和 2009 年实现了小幅增长，其余年份都呈现下降状态，最大降幅出现在 2012 年，达到 27.7%。

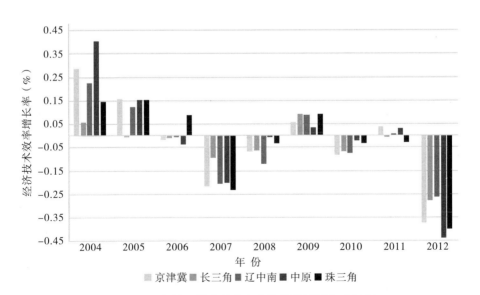

图 3-8　经济区技术效率变化趋势图(2004—2012)

在技术变化方面,如表3-10所示,五个经济区的技术变化都呈现递增趋势,特别是在2009年以后几个经济区的技术变化显著。从总体增长趋势来看,长三角以23.6%的平均增幅名列第一,珠三角名列第二,保持了13.9%的技术变化效率增加,中原经济区(12.6%)、辽中南地区(7.7%)和京津冀地区(3.3%)也保持了良好的增长的势头。其中除京津冀地区以外,其他四个经济区的增长幅度均好于全国7.4%的平均增长率。

总体呈现增长的状态,各个经济区技术变化效率也呈现差异性,如图3-10所示。长三角经济区的技术变化保持了稳定高速的增长状态,在研究期内只有2009年出现11.3%的下降,其余年份均呈现效率改善,增加速度最快的三个年份出现在2012年(52.3%)、2007年(16%)和2008年(11.1%)。珠三角经济区的技术变化呈现"V"字形上升的趋势,在2004年、2009年出现下降,区域年份保持增长状态,增长速度最快的年份出现在2012年,达到80.5%。中原经济区的技术变化效率起步较低,但是增长势头最为迅猛,在2004年、2005年和2009年出现下降,其余年份保持了高速的增长,在快速提升的2007年和2012年,中原经济区凭借40%和91%的增长率在同年份内增长速度最快。辽中南经济区对的技术变化效率和其他经济区相比比较稳定,在2004年、2005年和2009年三个年份出现下降,其余年份保持增长,增长最快的年份出现在2012年,保持了44.5%的增长速度。京津冀地区的技术变化效率最为缓慢,连续两年技术变化效率出现下降,而后逐年保持小幅增长状态,增长幅度最快的年份出现在2012年,保持了69.7%的增长速度。

表3-10　经济区技术变化情况(2004—2012)

年份	京津冀	长三角	辽中南	中　原	珠三角
2004	−0.205	0.026	−0.216	−0.258	−0.085
2005	−0.1127	0.068	−0.083	−0.085	0.007
2006	0.0116	0.029	0.0132	0.006	0.021
2007	0.333	0.16	0.309	0.4001	0.329
2008	0.133	0.111	0.1228	0.142	0.138
2009	−0.116	−0.113	−0.112	−0.121	−0.114
2010	0.107	0.112	0.127	0.092	0.09
2011	0.0694	0.073	0.085	0.048	0.059
2012	0.697	0.523	0.445	0.91	0.805

说明:表3-10中数据由公式3-3计算整理得出,其中正号表示增加,负号表示减少。

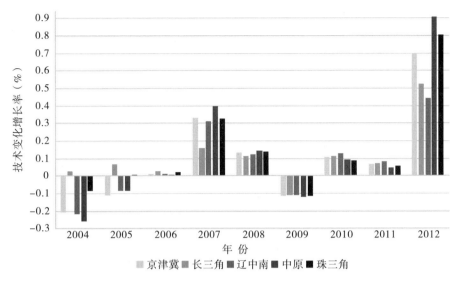

图 3-9　经济区技术变化趋势图(2004—2012)

在纯技术效率变化方面,如表 3-11 所示,五大经济区都呈现总体递减的趋势,在 2007 年触底后实现小幅增长,在 2010 年以后又继续下降。只有中原经济区保持了平均 1.4% 的小幅增长,成为五大经济区里唯一实现纯技术效率改善的区域。珠三角区域以 2.4% 的下降幅度名列第二,辽中南下降幅度为 3.7%,名列第三,位居后两位的分别是京津冀地区(5.7%)和长三角地区(5.8%),除中原经济区超过全国平均 0.2% 下降水平以外,其余地区的下降水平均滞后于全国平均水平。

表 3-11　经济区纯技术效率变化情况(2004-2012)

年份	京津冀	长三角	辽中南	中原	珠三角
2004	0.039	0.058	0.022	0.213	0.053
2005	0.064	−0.112	0.035	0.151	0.008
2006	−0.028	−0.011	0.014	−0.031	0.093
2007	−0.152	−0.043	−0.1594	−0.076	−0.168
2008	0.0012	−0.032	−0.063	0.068	−0.007
2009	0.033	0.068	0.093	0.031	0.085
2010	−0.033	−0.041	−0.047	0.089	−0.015
2011	0.0171	−0.031	−0.051	−0.057	−0.057
2012	−0.214	−0.104	−0.178	−0.263	−0.207

说明:表 3-11 中数据由公式 3-3 计算整理得出,其中正号表示增加,负号表示减少。

各个经济区纯技术效率的变化也呈现明显的差异性。如图3-9所示，中原经济区纯技术效率的起步好于其他地区，并且在2008年和2010年保持了一枝独秀的增长状态，增长年份在各个经济区里位居第一，在2006年、2007年、2011年和2012年四个年份出现下降，最大降幅出现在2012年，达到26.3%。珠三角地区的纯技术效率变化频繁，在2004年、2005年、2006年取得连续增长以后，连续两年下降，在2009年小幅增长后继续下滑，其中纯技术效率下降最显著的年份出现在2012，达到20.7%。辽中南地区的纯技术效率自2003年开始连续3年小幅增加，从2007年以后持续下降，下降幅度逐年扩大，其中降幅最大的年份出现在2012年，达到17.8%。京津冀的纯技术效率曲线相对平缓，其中2004年、2005年、2008年、2009年、2011年出现小幅增加，其余年份呈现下降，下降最大的年份出现在2012年达到21.4%。长三角地区的纯技术效率变化落后于其他经济区，只有在2004年、2009年实现增长，其余年份都呈现下降趋势，下降最快的三个年份出现在2005年（11.2%）、2012年（10.4%）和2010年（4.1%）。

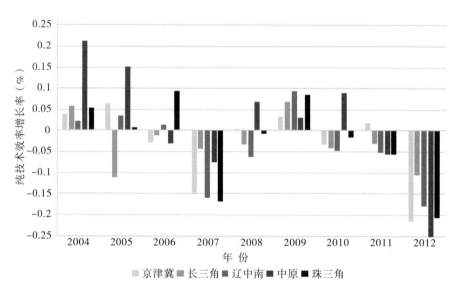

图3-10　经济区纯技术效率变化趋势图（2004—2012）

在规模效率变化方面，如表3-12所示，各个经济区基本呈现下降趋势，特别是从2005年以后一路下降，并且下降的幅度有所增加。虽然整体出现下降，但是京津冀地区和辽中南地区仍旧保持了6.3%和1.4%的增长幅度，珠三角地区总体保持0.3%的降幅,中原经济区和长三角地区实现了2.4%和5.7%的降幅。除长三角地区以外,其他四个区域的规模效率均高于全国水平。

表3-12　经济区规模效率变化情况(2004—2012)

年份	京津冀	长三角	辽中南	中　原	珠三角
2004	0.245	0.004	0.215	0.177	0.095
2005	0.092	0.135	0.116	0.023	0.162
2006	0.013	0.002	−0.016	−0.006	0.001
2007	−0.0998	−0.054	−0.0494	−0.115	−0.071
2008	−0.067	−0.033	−0.0577	−0.066	−0.028
2009	0.0287	0.0228	−0.007	0.006	0.009
2010	−0.048	−0.028	−0.031	−0.103	−0.017
2011	0.0224	0.0278	0.059	0.097	0.032
2012	−0.179	−0.171	−0.0992	−0.23	−0.214

进一步分析各个经济区规模效率变化的差异,从图3-11可以看出,京津冀地区的规模效率从2004年开始连续三年获得增加,自2007年开始连续两年小幅下降,从2008年开始下降和增长交替出现。增长最快的年份出现在2004年,达到24.5%;下降最快的年份出现在2012年,达到17.9%。辽中南地区的规模效率变化相对平缓,整体保持了1.4%的小幅增长,其中增长最快的年份出现在2004年,达到21.5%;下降最快的年份出现在2012年,下降了1%。珠三角规模效率呈现递减的变化,其中2004年、2005年、2006年连续三年保持小幅的增长状态,自2007年开始增长和下降几乎交替出现,最快下降年份出现在2012年,达到21.4%。中原经济区的规模效率变化曲线表现为大幅度的提升和大幅度的下降,其中2004年获得17.7%的效率改进,2006年、2007年、2008年、2010年和2012年出现效率的下降,规模效率下降最快的年份出现在2012,达到23%。长三角地区的规模效率提升最为缓慢,其中在2004年、2005年、2006年、2009年、2011年获得改进,最大改进幅度为13.5%,其余年份都出现效率下降,下降最快年份出现在2012年,达到17.1%。

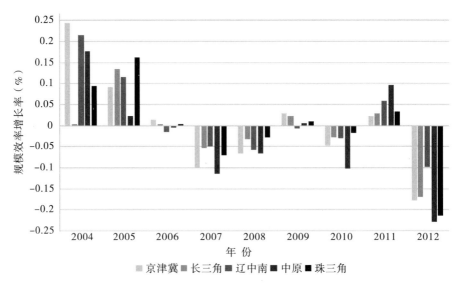

图 3-11　经济区规模效率变化趋势图(2004—2012)

在分析经济区总体变化和动态变化的基础上,可以发现京津冀、长三角、珠三角、辽中南和中原经济区在全要素生产率增长方面的一般特征,主要有以下四个方面:

第一,五大经济区是我国全要素生产率提升的主要地带。五大经济区全要素生产率获得持续改进,其中技术变化是区域内全要素生产率改进的主要动力,技术效率仍旧呈现下滑。经济区的全要素生产率改进情况优于全国平均水平,对全国经济的长期持续快速发展发挥了重要的带动作用,经济区凭借网络发展体系、产业基础、竞争优势,成为全国全要素生产率提升的主要地带,充分发挥了经济区自身要素集聚、效率改进、协作分工的优势。

第二,经济区全要素生产率的改进和城市经济增长表现出很强的政策路径依赖。经济区的设立本身就是中央政府区域经济政策的产物。改革开放以来,我国区域经济发展取得了令人瞩目的成绩,"东部快速发展""西部大开发""振兴东北老工业基地""中部崛起""京津冀一体化"等一系列区域经济政策获得了成功的验证。以中原经济区为例,国家自 2004 年开始提出"中部崛起"发展战略,中原城市群的概念由此诞生,此后在 2010 年以河南省为主导开始谋划中原经济区的发展规划,2011 年 9 月,国务院批复了《关于支持河南省加快建设中原经济区的指导意见》,2012 年 11 月,国务院正式批复《中原经济区规划》。与国家出台中原经济区关键性政策文件的时间相对应,中原经济区的全要素生产率增长表现了良好的契合性。2003 至 2004 年中原经济区全要素生产率获得 3.2% 的改进,从 2010 年开始连续三年分别获得 5.7%、8.1% 和 3.9% 的效率提升,在五个经济区内位于珠三角、长三角之后,名列第三。经济区全要素生产率提升政策路径依赖性强,说明经济区内部效率提升机制尚不健全,经济增长模式有待进一步升级调整。

第三,经济区之间分工弱化,阻碍了全要素生产率的改进和城市经济高质量增长。五大经济区的全要素生产率改进都来自于技术变化的单因素驱动,技术效率的下降,阻碍了全要素生产率的改进。五大经济区的技术效率变化、纯技术效率变化、规模效率变化基本都呈现下降状态,说明经济区内地方政府为了创造政绩、追求经济总量的膨胀,不管实际条件,尽其所能招商引资,在一些附加值高、利润大、周期短的领域进行激烈竞争,造成了严重的低水平重复建设、盲目引进、盲目配套,各个经济区之间产业结构趋同严重。结果是浪费了大量的资源,造成各个经济区之间无法进行区际分工,阻碍了全要素生产率的进一步改进。

第四,出口导向型发展模式带来全要素生产率增长的波动和城市经济增长的不稳定。我国的珠三角和长三角在出口导向战略下实现了区域经济的快速增长,同时也是受金融危机影响程度最深的地区。2009 年珠三角和长三角地区的全要素生产率下降了 3.2% 和 3.1%,技术变化下降 11.3% 和 11.4%。出口导向型发展模式在本币低估和保护政策下实现了出口产品的增长,造成了技术创新和产品创新驱动不足,导致全要素生产率受外界因素影响严重。这种发展模式缺乏可持续性,在金融危机爆发后,外部需求变化对中国经济产生了严重的影响,进一步深化了发展内源性经济的重要性。

3.6　本章小结

本章首先运用数据包络分析中的 Malmquist 指数分析了我国全要素生产率 2003—2012 年总体和年度的增长情况,然后分析了我国东部、中部、西部、东北部四大板块之间全要素生产率和城市经济增长的差异,在此基础上分析了 281 个地级市全要素生产率和经济增长的特点,并且结合我国的区域规划政策分析了长三角、珠三角、京津冀、珠三角和中原经济区五大经济区全要素生产率和城市经济增长变化特征。

全国总体和分年度全要素生产率的变化趋势形成了以下四个方面认识。第一，全要素生产率增幅变缓，城市经济高质量增长动力不足。2000年以前全要素生产率保持4.1%、3.2%、2.7%和4.8%的增幅，2000年以后TFP保持1.9%、1.3%的增幅，明显呈现增幅变缓的趋势。第二，技术变化是全要素生产率增长的主要动力。技术效率提高对全要素生产率改善不明显，制约了全要素生产率的进一步提升。第三，全要素生产率增长为单因素驱动。依靠单纯因素驱动的全要素生产率增长模式造成城市经济增长的不稳定和不可持续，改变技术变化和技术效率之间的互相遏制的关系，实现双向驱动的全要素增长模式是我国在面临自然资源恶化、人口红利削减、国际贸易萎缩局面下促进经济增长方式转型的必由之路。第四，技术效率的水平效应削弱了技术变化的追赶效应。技术效率的水平效应落后于技术变化的追赶效应。城市的增长仍然停留在粗放式的要素投入拉动，技术变化的追赶效应被技术效率水平效应下降所制约。技术创新带来的全要素生产率提高被粗放式投入牵绊，稀释了技术进步对全要素生产率的改进。

我国东、中、西、东北四大板块全要素生产率和城市经济增长的分析得出了以下基本结论：第一，我国东、中、西、东北四大板块的全要素生产率都呈现改进局面，其中技术变化是四大板块城市经济增长的主要动力。第二，东部地区是全要素生产率改善最为显著的地区，东部地区在技术变化和技术效率方面的改善都远远好于其他地区。第三，东部和其余地区的差距进一步扩大，中部和西部之间的差距在缩小，北部成为全要素生产率改进最慢的地区。

对我国长三角、珠三角、京津冀、辽中南和中原经济区全要素生产率和城市经济增长变化的分析得出了以下四方面的结论：第一，五大经济区是全国全要素生产率提升的主要的地带。五大经济区全要素生产率获得持续改进，其中技术变化是区域内城市经济增长的主要动力，技术效率仍旧呈现下滑。第二，经济区全要素生产率的改进表现出很强的政策路径依赖。区域政策对全要素生产率改进效果明显，说明经济区内部效率提升机制尚不健全，经济增长模式有待进一步升级调整。第三，经济区之间分工弱化，阻碍了城市集约经济增长的进一步改进。地方政府为了追求政绩,人为造成了经济总量的膨胀,结果是浪费了大量的资源,造成各个经济区之间无法进行区际分工,阻碍了全要素生产率的进一步改进。第四,出口导向型发展模式带来全要素生产率和城市经济增长的波动。出口导向模式造成了技术创新和产品创新驱动不足,导致全要素生产率受外界因素影响严重,增长缺乏可持续性,应进一步深化内源驱动增长模式。

4

全要素生产率区域差异与城市经济增长的地域分异

空间异质性是区域经济中客观存在的事实,已有文献较少以空间视角对全要素生产率的差异进行分析。本章在第三章时空演化特征分析的基础上,关注区域单元之间的空间影响和空间外部性,从空间分异的角度力求更为全面地对全要素生产率区域差异和城市经济增长进行现状描述。

Tobler(1970)指出:"地球上的所有地理区位是彼此联系的,彼此邻近的区位与较远的区位相比有更强的相互联系。"[1]Anselin(1988)指出:"几乎所有的空间数据都具有空间依赖性或空间自相关的特征。"[2]本章在分析我国全要素生产率时空变化特征的基础上,采用空间权重矩阵和空间自相关分析方法,从全国总体和经济区两个方面分析全要素生产率的区域差异与城市经济增长的空间分异。首先分析了全国281个地级城市全要素生产率和经济增长的空间分布特征,然后分析了省域层面的全要素生产率空间结构和空间关联性,在此基础上重点分析了长三角、珠三角、京津冀、辽中南和中原经济区各个地区内全要素生产率与经济增长的空间分布特征和空间关联性。

①　Tobler W R. A computer movie simulating urban growth in the Detroit region[J].
Economic geography, 1970(2):234–240.

②　Anselin L. Spatial econometrics:methods and models[M]. Springer, 1988.

4.1　研究方法与数据来源

本书采用空间数据探索性分析方法(exploratory spatial data analysis,简称 ESDA)分析我国全要素生产率的空间差异。空间数据探索分析方法可以将统计学数值信息和图形图表相结合,形成空间信息进行分析和鉴别。运用空间数据探索分析方法重点研究数据的空间依赖性和空间异质性,描述数据的空间分布结构,分析空间异质现象。ESDA 方法中常用的分析工具有空间权重矩阵和空间自相关指数(Moran's I)。

(1)空间权重矩阵

为了揭示区域单元之间的空间关系,需要将邻近单元之间的概念进行量化处理。在空间数据探索性分析方法中,将"邻近"定义为和观测单元边界有交合的区域。邻近区域中的观测值会对观测单元的结果产生影响。在空间数据探索性分析中一个有争议的问题就是如何确定和描述空间上的"邻近"关系。空间权重矩阵是描述空间邻近关系常用的一个方法。

空间权重矩阵(spatial weights)常用的建立规则有基于邻接和基于距离两种方法。传统的方式是依靠观测单元之间的空间排列,即当观测单元之间有公共边界时,就认为观测单元之间是相邻的,可以表达为:

$$w_{ij} = \begin{cases} 1 & \text{如果观测单元 } i \text{ 和观测单元 } j \text{ 有公共边界} \\ 0 & \text{如果观测单元 } i \text{ 和观测单元 } j \text{ 没有公共边界} \end{cases}$$

或给定距离,观测单位在彼此给定距离之内,即:

$$w_{ij} = \begin{cases} 1 & \text{如果 } d_{ij} \leqslant \delta \\ 0 & \text{如果 } d_{ij} > \delta \end{cases}$$

w_{ij} 是观测单位 i 和 j 之间的空间权重矩阵,d_{ij} 是 i 和 j 之间的地理距离,δ 是距离的判断值。

Cliff 和 Ord(1981)扩展了简单的二元邻近概念,构建了包括两个观测单元之间相互作用的模型。建立了空间权重的综合观测方法,其建立的空间权重可以表示为:

$$w_{ij} = d_{it}^{-a} \beta_{ij}^{b}$$

该空间权重矩阵表示两个观测单元之间的距离和公共边界的相对长度

之间的函数关系。其中 β_{ij} 是观测单元 i 和观测单元 j 之间的公共边界比例，a 和 b 是参数。运用这一方法计算的空间权重矩阵局限在相邻的观测单元之间，无法分析非相邻的观测单元之间的相互作用关系。更一般地，空间权重矩阵的表达应反映观测单元 i 和 j 之间存在相互作用的度量。涉及空间相互理论和势的概念，即 $w_{ij} = d_{it}^{-a}$ 或者 $w_{ij} = \exp(-\beta d_{ij})$。在上述这些空间权重中，两个观测单元之间的空间相互作用强度和单位之间距离成反比例。

空间数据探索性分析在经济区域内引入空间权重矩阵，通常定义一个二元对称的空间权重矩阵来表达研究区域内 N 个观测单元之间的空间邻近关系。

$$\begin{bmatrix} w_{11} & w_{12} & \cdots & w_{1n} \\ w_{12} & w_{22} & \cdots & w_{12} \\ \cdots & \cdots & \cdots & \cdots \\ w_{n1} & w_{n2} & \cdots & w_{nn} \end{bmatrix}$$

我们用 $(n*n)$ 矩阵来表示 n 个观测单元之间的空间关系，这个空间权重矩阵表达了 n 个观测单元之间的空间相互作用。其中空间权重矩阵的对角线元素 w_{nn} 设置为 0，然后把空间权重矩阵进行标准化，使得行元素的和为 1。通过 W 中的每一个元素 w_{ij} 被它的行元素 $\sum_j w_{ij}$ 相除得到新的空间权重 w_{ij}'，并且其值在 0 和 1 之间，因为行 i 和行 j 的和不一定相对，因此即使最初的空间权重矩阵是对称的，其行标准化后的空间权重矩阵也不一定是对称的。

（2）空间自相关分析

物理学第一定律（Tobler,1979）揭示了事物之间的相关性和距离成反比，据此我们尝试分析城市全要素生产率的空间相关性，本书采用空间自相关 Moran's I 指数进行检验，其计算公式为：

$$\text{Moran's I} = \frac{N \sum_{i=1}^{N} \sum_{j=1}^{N} W_{ij}(TFP_i - TFP)(TFP_j - TFP)}{\left(\sum_{i=1}^{N} \sum_{j=1}^{N} W_{ij} \right) \sum_{i=1}^{N} (TFP_i - TFP)^2} \quad (i \neq j)$$

其中 TFP_i 和 TFP_j 分别是 i 和 j 地区全要素生产率的观测值，TFP 是全要素生产率的平均值，W_{ij} 是空间权重矩阵，N 为区域观测单元数量。W_{ij} 表示二进制的邻近地区 i 和 j 之间空间权重矩阵，采用 Anselin（2003）的 K 值最邻近空间矩阵计算。

计算出的 Moran's I 的取值变化在 0 和±1 之间, 当 Moran's I = 0 时, 表示空间不相关, 当 Moran's I 为正时表示存在空间正相关, 当 Moran's I 为负时, 表示存在空间负相关。将 Moran's I 的散点图分成四个象限, 可以更加直观地表现出各个观测点之间的空间依赖关系。其中第一象限是 L-L 区域, 表示全要素生产率高的区域被其他全要素生产率高的区域包围; 第二象限是 L-H 区域, 表示全要素生产率低的区域被周围效率高的区域包围; 第三象限是 L-L 区域, 说明自身全要素生产率低且周围的区域全要素生产率也低; 第四象限是 H-L 区域表现的是自身全要素生产率高的地区被周围全要素生产率高的地区包围。

对于 Moran's I 的计算结果, 需要进一步检验, 常用的方法是渐进正态分布和随机分布, 其标准化形式为:

Moran's I 系数的 z-score 等于:

$$Z(d) = \frac{Moran'sI - E(Moran'sI)}{\sqrt{\text{var}(Moran'sI)}}$$

标准化的 Moran's I 的期望值等于:

$$E_N(\text{Moran's I}) = \frac{-1}{n-1}$$

在常用正态分布的空间数据假设条件下, Moran's I 系数的方差 $VAR_n(\text{Moran's I})$ 的表达式为:

$$VAR_n(\text{Moran's I}) = \left[\frac{1}{w_0^2(n^2-1)}(n^2 w_1 + n w_2 + 3 w_0^2)\right] - E_n^2(Moran's I)$$

如果 Moran's I 的正态统计值 Z 值大于生态分布函数在 1% 和 5% 水平下的临界值, 说明全要素生产率在空间上具有明显的正向空间依赖性, 说明邻近地区和观测值之间出现相似的空间特征。

其中全要素生产率来自于本书第三章用数据包络分析计算出的全要素生产率增加值, 空间分析软件采用 Arcgis 9.3 和 Geoda。

4.2　全要素生产率与城市经济增长的空间格局分析

4.2.1　空间结构分析

　　将计算出的我国 281 个地级市 2004—2012 年全要素生产率整体改进数值的大小分成三类,全要素生产率小于 1 的设为效率下降;在 1 和 1.024 之间的设为效率改进;大于 1.024 的设为效率显著提高。其中效率下降的城市有 87 个,占样本城市的 31%;效率改进的城市有 62 个,占样本城市的 22%;显著改进的城市有 137 个,占样本的 47%,我国大部分城市在 2004—2012 年取得了全要素生产率的提高。

　　在地域分布方面,我国集约经济增长效率显著提高的城市集中分布在我国南部、东部一带,效率改进和效率下降的地区主要集中在中部、西部和东北部。其中西藏、新疆、青海三个省区由于地级市时间序列数据缺失比较严重,在一定程度上影响了西部地区的分析结果。

　　在空间依赖性方面,我国地级市经济增长具有较强的空间关联性,经济增长效率显著改进的地区在空间上密集连续分布,在城市群中集中分布于长三角、珠三角地区,形成了效率显著改进的城市连绵区。效率改进和效率下降的城市也呈现空间集聚的分布特点,主要表现在两个方面,一方面效率下降的城市体现了一定区域内的集聚。例如广西壮族自治区的钦州、北海、防城港、来宾、玉林、梧州等城市的全要素生产率都呈现整体的下降;黑龙江省鸡西、牡丹江、双鸭山、佳木斯、绥化、伊春、黑河也成为全要素生产率下降的集中区域;湖北和安徽之间邻近的城市也呈现效率下降的聚集区域,荆门、荆州、鄂州、黄冈、六安等城市形成两省交界地带效率提升缓慢区域。另一方面效率改进缓慢的城市体现了在主要经济区外围的集聚分布。例如京津冀经济区的唐山、秦皇岛、石家庄、张家口,形成效率递减的外围圈;长三角地区的泰州、台州、镇江、湖州、宝成等城市也在效率快速改进的区域外围形成效率下降的区域;珠三角地区的珠海、汕头、贺州、肇庆、江门、阳江等城市围绕深圳、广州周围的核心增长区域形成效率降低的集聚区。

　　在分析了 281 个地级市全要素生产率总体改进的基础上,进一步分析在不同年份全要素生产率的空间分布特征。考虑到地级市数据过于庞杂,为了便于挖掘全要素生产率动态空间分布的特征,按照各个地级市的归属省份,显示省域层面全要素生产率的空间变化。

2003—2012 年我国大部分省市区处于全要素生产率改进的状态,只有黑龙江、广西、海南的全要素生产率出现下滑,效率改进中等的有云南、贵州、湖北、安徽、河南、宁夏、广西、青海、辽宁,占我国省市区的 29%,省域省份的全要素生产率都获得了显著改进,显著改善省份占我国省份的 61.4%。从空间分布的区域看,显著改善的省份主要集中在我国的东部区域,改善一般的集中在我国中部和西南。在空间分布特征方面,省域层面的全要素生产率更清晰地显示出全要素生产率的空间关联性。例如,全要素生产率显著改进的江苏、福建、江西、广东、浙江、湖南形成效率改进地区集中连片分布,效率改善一般的河南、湖北、安徽和甘肃、青海、宁夏也都表现为空间上相邻连续分布。

在分析了省域层面全要素生产率总体分布的基础上,进一步分 2004、2007 和 2011 年三个年份全要素的动态变化。2004 年我国全要素生产率整体处于改进状态,其中江西、贵州、广西、重庆处于全要素生产率下降的状态,占全国省市区的 12.5%;黑龙江、辽宁、山西、陕西、河南、广东是全要素生产率改进效果一般的省份,占全国省份和地区的 19.4%;其余区域表现为全要素生产率的显著提高,占全国省市区的 68.1%。省份的全要素生产率在空间上仍表现明显的集聚特征,效率显著改进的省份大片连绵出现,效率后退和改进一般的省份也呈现临界集中的特征。

2007 年全国全要素生产率整体改进的局面没有变化,但是效率下降和效率改进一般的区域比 2004 年小幅增加。其中效率下降的地区集中在黑龙江、吉林、安徽、重庆、云南、新疆,占全国省市区的 19.3%;效率改进一般的区域集中分布在辽宁、山东、山西、陕西、湖北、贵州和甘肃,占全国省市区的 22.6%;其余区域的全要素生产率显著提高,占全国省市区的 58.1%。2007 年省域层面全要素生产率的分布特征仍旧表现出强烈的空间集聚特点,效率下降的地区集中分布在我国的东北地区,效率改进一般的地区分布在我国的中部。

2011 年我国全要素生产率仍旧呈现效率整体改进的局面。和 2007 年相比,效率显著改进的地区明显增加。其中效率下降的地区集中在内蒙古和贵州,占全国省市区的6.5%;其余地区都是全要素生产率显著改进的区域,高达93.5%。2011年全要素生产率的空间分布也呈现空间集聚特征,效率改进显著的地区连绵分布。

综合以上分析可以得出我国全要素生产率省域层面的分布特征,主要集中在两个方面:第一,我国全要素生产率体现了集聚的空间分布特征。不同年份的全要素生产率空间分布都显示出强烈的空间集聚特点。效率显著改进地区集中分布在我国东南沿海、长江流域、环渤海地区,这些地区形成大面积的效率显著改进集中区;效率改进一般的区域主要分布在我国中部省份,集中在山西、陕西、河南;效率下降的省份集中性不是特别明显,主要集中在东北地区的黑龙江。第二,我国全要素生产率体现了路径依赖的时间分布特征。主要表现为在不同年份,效率显著改进的地区和效率改进一般的地区都呈现路径依赖的特点。例如,在选取的三个年份中,北京、天津、河北、江苏、浙江、福建、青海和甘肃都呈现全要素生产率显著提高;山西、陕西、辽宁和河南都呈现全要素生产率改进一般的局面。这种时间上路径依赖的特征进一步加剧了空间集聚的分布特征,全要素生产率空间和时间分布呈现一种"马太效应",效率落后的地区很难实现跳跃式增长,进入效率显著提高的阵营。落后地区全要素生产率在空间和时间上的改进都存在一定的制约屏障,依靠传统要素投入带动全要素生产率的改善遇到很大障碍,需要引入新的增长模式,突破时间和空间上的路径依赖。

4.2.2 空间关联性分析

通过分析我国全要素生产率空间结构特征,可以判断全要素生产率存在空间关联性。本部分通过对全要素生产率的空间自相关进行分析,进一步明确这种空间关联性的强弱和各个省域所处的空间关联位置。

计算2004年我国全要素生产率的空间自相关莫兰指数(Moran's I),得到Moran's I为0.028,通过了5%水平下的显著性检验,说明我国全要素生产率存在正向的空间关联。Moran's I的散点图主要分布在第一象限。大部分区域处于H-H区域,这个区域包含了黑龙江、吉林、内蒙古、辽宁、北京、天津、河北、甘肃、宁夏、山西、陕西、河南、山东、湖北、安徽、江苏、湖南、江西、上海、浙江、广东,占我国省域面积的 67.7%;处于 L-H 区域的省份和地区有西藏、重庆、贵州、广西、福建、海南,占我国省域面积的 19.4%;处于 H-L 区域的省份有新疆、青海、四川、云南,占我国省域面积的 12.9%。

计算 2007 年我国全要素生产率的空间自相关莫兰指数(Moran's I),得到 Moran's I 为 0.0345,通过了 5% 水平下的显著性检验,2007 年全要素生产率空间正相关性显著。Moran's I 的散点图仍旧主要分布在第一象限的 H-H 区域。我国区域大面积处于 H-H 的区域,和 2004 年相比,H-H 区域显著增加,包含了黑龙江、吉林、内蒙古、辽宁、北京、天津、河北、甘肃、宁夏、山西、陕西、河南、山东、湖北、安徽、江苏、湖南、江西、上海、浙江、广东、重庆、贵州、广西、福建、海南、青海,H-H 区域上升为 87.1%;H-L 的区域有四川、云南;L-L 的区域为新疆,L-H 的区域为西藏。

2011 年我国全要素生产率的空间自相关莫兰指数(Moran's I)为 0.0368,通过了 5% 水平下的显著性检验,说明 2011 年全要素生产率存在正的空间依赖性。和 2007 年相比 H-H 区域小幅调整,H-L 区域显著增加,L-H 和 L-L 区域没有出现。Moran's I 的散点图主要分布在第一象限,H-H 区域包含了黑龙江、吉林、内蒙古、辽宁、北京、天津、河北、甘肃、宁夏、山西、陕西、河南、山东、湖北、安徽、江苏、湖南、江西、上海、浙江、广东、重庆、贵州、广西、福建、海南、西藏,H-L 区域为新疆、青海、四川和云南,占全国区域的 12.9%。

2012 年全要素生产率空间自相关莫兰指数(Moran's I)为 0.036,通过了 5% 水平下的显著性检验,说明 2012 年全要素生产率存在正的空间依赖性。Moran's I 的散点图主要集中在第一象限,其中的 H-H 区域包含了黑龙江、内蒙古、辽宁、北京、天津、河北、甘肃、宁夏、山西、陕西、河南、山东、湖北、安徽、江苏、湖南、江西、上海、浙江、广东、重庆、贵州、广西、福建、海南、四川;H-L 区域包含了吉林、青海、云南;L-L 区域为新疆;L-H 区域为西藏。

结合以上分析,综合概括我国全要素生产率空间依赖特征,主要集中在以下几个方面:第一,我国全要素生产率呈现空间正相关,城市集约经济增长具有正向外部性。计算 Moran's I 指数均大于 0,且通过了 5% 水平的显著性检验,说明全要素生产率空间集聚特征明显。Moran's I 散点图集中分布在第一象限,我国中东部地区基本上处于 H-H 区域,说明在我国中东部形成了全要素生产率显著提高的大面积区域,城市集约经济增长能力显著提高的省份和地区集中、毗邻、连绵出现。第二,我国全要素生产率的正相关逐渐加强,城市之间空间相互影响联系紧密。通过测算空间自相关,发现2003—2011 年 Moran's I 的数值逐渐增加,说明全要素生产率的正相关性不断加强。H-H 区域的面积逐年呈增加状态,自身提高显著和周围显著改善的地区的空间集聚性正在不断加强。第三,我国全要素生产率和城市经济增长的时空格局趋于稳定。我国全要素生产率 H-H 区域基本固定,每年只有个别城市进行调整,例如 2011 年西藏发生变化,进入 H-H 地区;2012 年吉林调整至 H-L 区域,没有发生大面积的空间结构改变。高效率区域和效率改进区域基本呈现相对稳定的时空格局。说明在高效率集聚区和效率改善的外围区域内部形成了强大的累积循环反馈回路。全要素生产率和城市经济增长形成时间和空间上的稳定性,中心和外围区域之间缺少中心高效区的扩散和外溢,造成外围区域陷入低效率的路线锁定①。

4.3 全要素生产率与城市经济增长的空间分异分析

4.3.1 长三角地区

长三角是我国目前经济发展水平最高,综合实力最强的区域之一。本书在分析了长三角地区全要素生产率时间变化特征的基础上,重点研究长三角地区城市经济增长的空间结构和空间作用关系。

2004 年长三角区域内整体呈现改进状态。其中湖州处于效率下降的区域;南通、镇江、嘉兴、宁波、台州效率改进一般;上海、苏州、无锡、常州、南京、扬州、杭州、绍兴的全要素生产率获得了显著改进,显著改进地区占到长三角地区的 50%。

2006 年全要素生产率和 2004 相比效率明显改进的地区数目在减少,只有上海、台州、泰州、杭州四个城市实现了全要素生产率的大幅提升;大多数城市保持效率的一般改进,实现全要素生产率一般改进的城市有扬州、南

---

① 高詹. 区域物流效率空间结构与效应分析[J]. 兰州学刊, 2014 (1):137-140.

京、镇江、常州、无锡、湖州、嘉兴、绍兴和宁波,占到长三角地区面积的62.5%。南通和宿迁的全要素生产率比上一个年度实现了下降。2006年长三角地区的全要素生产率整体呈现小幅改进的局面。

2010年全要素生产率整体比2006年获得改进,主要表现在显著提升的城市在增多。显著改进的区域集中在上海、嘉兴、湖州、无锡、常州、南京、泰州、宁波和台州,显著改进的城市占到区内城市数目的56.3%;苏州和绍兴的全要素生产率获得了一般性的提高;南通、扬州、镇江、杭州的全要素生产率和上一年度相比实现了下降。整个长三角地区在2010年全要素生产率呈现显著改进的状态。

2012年全要素生产率和2010年相比呈现两级突出的特点,主要表现在效率显著提高的城市大幅增加和效率下降的城市也迅速增多,其中效率显著改进的城市有上海、苏州、无锡、常州、南京、杭州、宁波,占到区域内城市数量的50%;效率下降的城市有南通、镇江、湖州、嘉兴、绍兴、台州、泰州;扬州呈现效率一般改进。2012年区域内全要素生产率改进状况显著。

通过分析长三角地区全要素生产率的空间结构可以初步推断,各个地区之间的全要素生产率存在空间关系,下面通过计算2004年、2006年、2010年和2012年长三角地区全要素生产率的空间自相关以及Moran's I指数的散点图,进一步确定长三角地区全要素生产率的空间相关性。

2004年长三角地区全要素生产率的Moran's I为0.164,通过5%水平下显著性检验,说明长三角地区全要素生产率存在空间正相关性。长三角的全要素生产率表现为显著的H-H集聚,其中H-H集聚的区域集中在上海、苏州、南通、无锡、常州、镇江、南京、杭州、绍兴;H-L集聚分布在扬州、泰州、湖州、宁波、台州;L-H的地区为嘉兴,长三角2004年的全要素生产率没有出现L-L区域。

2006年长三角地区全要素生产率的Moran's I为0.127,通过5%水平下显著性检验,说明长三角地区全要素生产率存在空间正相关性。其中H-H集聚的区域集中在上海、苏州、南通、无锡、常州、镇江、南京、杭州、绍兴;H-L集聚分布在扬州、泰州、湖州、宁波、台州;L-H的地区为嘉兴。和2004年相比全要素生产率空间分布结构没有发生变化,但是莫兰(Moran)指数呈下降趋势,说明区域内集聚程度呈现减弱的发展趋势。

2010 年长三角地区全要素生产率的 Moran's I 为 0. 106,通过 5% 水平下显著性检验,长三角地区全要素生产率仍呈现空间正相关性。对比 2004 和 2006,长三角地区的全要素生产率空间结构发生了很大的变化。其中 H−H 集聚的区域呈现稳定状态,集中在上海、苏州、南通、无锡、常州、镇江、南京、杭州、绍兴;H−L 集聚分布区调整为泰州、湖州、宁波、台州;扬州和嘉兴为别调整为 L−H 和 L−L 地区。

2012 年长三角地区的全要素生产率的 Moran's I 为 0. 102,通过 5% 水平下显著性检验,长三角地区全要素生产率仍呈现空间正相关性。2012 年全要素生产率集聚的空间结构与 2004 和 2006 年的空间结构保持一致,H−H 集聚的区域集中在上海、苏州、南通、无锡、常州、镇江、南京、杭州、绍兴,H−L 集聚分布在扬州、泰州、湖州、宁波、台州,空间结构没有发生变化。但是莫兰指数比两个年度都有所下降,说明长三角地区的全要素生产率逐渐呈现发散趋势。

通过对比长三角地区全要素生产率空间结构和空间依赖关系,可以概括长三角地区城市经济增长空间分布的四个特征。

第一,长三角经济区中上海作为核心城市的集聚能力减弱,经济扩散特征日益明显。在 2004 年、2006 年、2010 年和 2012 年的分析中,上海均处于全要素生产率显著改善的地区,并且稳定在 H−H 集聚区,说明上海在长三角地区具有很强的集聚作用。但是莫兰指数从 2003—2012 年呈现下降趋势,说明长三角地区的集聚力趋于递减,一定程度上反映了上海作为中心城市在长三角地区经济发展中的扩散效应。

第二,多中心逐渐形成。从 2004 年、2006 年、2010 年和 2012 年的空间结构图和依存关系的分析中,可以发现长三角地区的多中心网状发展格局正在形成。杭州、南京、无锡等城市发展迅速,在研究期内全要素生产率增长迅速,稳定处于 H−H 区域。从莫兰指数逐年递减可以判断,上海逐渐呈现扩散特征的情况下,杭州、南京和无锡等城市吸收了上海的扩散效应,获得了全要素生产率的快速提升。长三角地区多中心发展的格局比较明显,上海、南京、杭州形成相对稳定的"一主两副"多中心全要素生产率空间分布格局,随着这些中心城市集聚和扩散效应不断传播,长三角地区内的无锡、宁波以及外围区的温州等城市有望成为新兴的副增长中心。

第三，长三角地区的经济增长呈现双轴线辐射，辐射重心北偏。从 2004 年、2006 年、2010 年和 2012 年的空间结构图和莫兰指数分布图中可以清楚看出长三角地区全要素生产率呈现双轴线辐射的空间结构。两个轴线主要集中"上海—苏州—无锡—南京"和"上海—杭州"。两个轴线地区的全要素生产率大多呈现显著提升，且处于 H-H 区域。长三角地区的两个轴线辐射呈现北偏趋势，"上海—苏州—无锡—南京"轴线的辐射强度逐渐增加，表现在苏南和苏中区域中的南京、镇江、无锡、苏州、常州等城市全要素生产率的提高。"上海—杭州"的轴线辐射趋弱，表现在浙江东北的城市湖州、嘉兴、杭州、绍兴、宁波和舟山的全要素生产率提升相对缓慢。

第四，长三角双轴线遮蔽的地区发展受阻。与双轴线地带发展迅速形成鲜明对比的是，在双轴线遮蔽地带，全要素生产率改进缓慢或呈现下降。双轴线遮蔽地区主要有湖州、嘉兴、扬州、泰州、南通、宁波、台州等城市。这些城市位于双辐射轴的遮蔽地带，全要素生产率在空间和时间上存在低效率依赖，难以突破自身所处的格局。

4.3.2　珠三角地区

珠三角地区位于我国的东南沿海，广东省中南部，地处珠江出海口，毗邻港澳，与东南亚地区隔海相望。珠三角地区是我国经济发展的重要引擎，据本书测算，珠三角地区的全要素生产率在我国主要经济区中位列第一。珠三角地区是我国南部地区对外开放的门户，具有辐射带动华南、华中和西南地区经济发展的作用。本书在测算珠三角地区全要素生产率均值和年度变化的基础上，进一步分析珠三角地区城市经济增长的空间分异情况。

2004 年全要素生产率显著提高的地区为广州、深圳、佛山、东莞、中山，显著提高的城市占区内城市的比重为 56%，效率改进速度一般的城市为肇庆，其中惠州、珠海、江门的全要素生产率处于下降趋势。珠三角区域整体呈现全要素生产率改进的趋势。

2006 年全要素生产率显著改进的地区为广州、东莞、中山、深圳；效率改进一般的城市为惠州、佛山、珠海和江门市；肇庆的全要素生产率处于下降趋势。和 2004 年相比，珠三角的全要素生产率空间结构表现为显著提高的区域在逐渐缩小，效率改进一般区域在不断扩大。珠三角地区全要素生产率总体呈现提高趋势。

2010 年全要素显著提高的区域为广州、惠州、东莞、深圳、肇庆;效率改进一般的区域为佛山和中山;效率下降的城市为江门和珠海。和 2006 年度相比,全要素生产率的空间格局主要表现为要素显著提高区域的西扩和东移,促进了惠州和肇庆全要素生产率的显著改进。珠三角地区的全要素生产率总体依然呈现改进趋势。

2012 年全要素生产率显著提高的地区集中在广州、深圳、东莞、惠州;效率改进一般的区域为佛山、中山、珠海、肇庆;江门市表现为全要素生产率的下降。和 2010 年相比,全要素生产率的空间结构表现为显著提升区域的收缩和改进一般区域的扩大。整个珠三角地区在 2012 年表现为全要素生产率的逐渐改善。

通过对比分析 2004 年、2006 年、2010 年和 2012 年四个年份珠三角地区全要素生产率的空间结构,可以初步推断各个年份的全要素生产率存在一定的空间依赖关系,本书通过计算相关年份的莫兰指数和其散点图进一步分析珠三角地区全要素生产率空间的依存关系。

计算 2004 年珠三角地区全要素生产率的 Moran's I 为 0.153,通过 5% 水平下显著性检验,说明珠三角地区全要素生产率呈现空间正相关性。H–H 区域为肇庆、广州、佛山地区,体现了全要素的高高集聚;H–L 为中山、东莞、深圳;惠州位于 L–H 集聚;江门位于 L–L。2004 年珠三角地区的全要素生产率集聚特征比较分散,H–H 集聚主要位于广州-佛山-肇庆一带。深圳-东莞-中山核心区呈现了 H–L 集聚。

计算 2006 年珠三角地区全要素生产率的 Moran's I 为 0.183,通过 5% 水平下显著性检验,说明珠三角地区全要素生产率呈现空间正相关性。其中 H–H 区域为广州、惠州、东莞、深圳、中山。H–L 区域为江门,L–L 区域为佛山、肇庆;珠海位于 L–H 区域。和 2004 年相比,主要体现在 H–H 区域的扩大,深圳-东莞-中山一带从 H–L 区域调整为 H–H 区域。在 H–H 区域不断增加的同时,L–L 区域发生位置的变化,从珠三角西南部的江门变化为西北部的肇庆和佛山。

计算 2010 年珠三角地区全要素生产率的 Moran's I 为 0.33,通过 5% 水平下显著性检验,说明珠三角地区全要素生产率的空间正相关性在不断增强。H—H 区域位于惠州、东莞；L—L 区域有佛山、中山、珠海和江门；肇庆属于 H—L 区域；广州和深圳属于 L—H 区域。和 2006 相比最大的变化在广州和深圳两个双核心城市首次从 H—H 区域调整为 L—H 区域，H—H 区域的面积进一步缩小，L—L 的位置再次调整，移至西南区域，并且面积呈现扩大趋势。

计算 2012 年珠三角地区全要素生产率的 Moran's I 为 0.341，通过 5% 水平下显著性检验，说明珠三角地区全要素生产率空间正相关性非常显著。

综合以上分析，可以发现珠三角地区城市经济增长空间结构方面的四个基本特征，主要表现在以下几点：

第一，珠三角地区城市经济增长呈现双核心模式。广州和深圳市是珠三角地区全要素生产率提高的两个增长极。在分析的 2004 年、2006 年、2010 年和 2012 年四个年份中，广州和深圳的全要素生产率都处于显著提高的状态，并且珠三角全要素生产率改进区域呈现出以两个中心为核心的扩散状分布。在分析的四个年份中，两个中心覆盖的区域大多位于 H—H 集聚区。珠三角地区表现出了显著的双极驱动增长模式。

第二，珠三角地区城市经济增长的空间结构体现出"中心—外围"特点。整个珠三角地区全要素生产率可以分为四个层次，第一个层次是广州和深圳为双中心的核心层，这个层次表现为双中心极化和扩散的驱动效应；第二层次是东莞、中山、佛山、珠海等城市组成的紧密联系层，这个层级表现为与核心层联系最为紧密的地区，也是核心层扩散效应最先承接的区域。第三层次是江门、惠州、肇庆等城市组成的次紧密联系层。这个区域内的城市接受核心层的溢出效应要小于第二个层次区域，和广州、深圳的联系也不如第二个层次的城市紧密。第四个层次是外围层，是除以上区域以外的整个泛珠三角区域。珠三角的"中心—外围"全要素生产率空间结构表现为各个层次之间的全要素生产率呈现递减状态。

第三，珠三角地区城市经济增长的空间结构呈现不稳定状态。珠三角地区的全要素生产率呈现明显的"中心—外围"结构。核心层和紧密联系层相对稳定，次紧密层和外围层的效率分布呈现出变化的特征。在 2004 年、2006 年、2010 年和 2012 年四个年份的分析中，发现广州—深圳核心层一直处于效率显著提高的区域，第二层次的紧密联系层中东莞、中山、佛山效率提高水平也趋于稳定。但是第三层次中惠州、肇庆的全要素生产率则呈现变化状态。2004 年惠州呈现效率下降,肇庆处于效率一般改进;2006 年两个城市发生了逆转性变化;2010 年两个城市呈现效率的显著提高;2012 年惠州呈现出效率的显著改进,肇庆处于效率一般改进。说明珠三角地区外围圈层尚处于调整和变化状态,各个城市都在努力探寻自身提升全要素生产率的途径。

第四,双中心中的深圳增长极呈现正溢出趋缓的趋势。和广州增长极比,深圳增长极更具有外向型"窗口"作用,是粤港澳合作、泛珠江三角洲区域合作、中国-东盟合作的关键性枢纽。通过对比四个年度的全要素生产率增长情况,发现深圳的全要素生产率空间关联性处于变化状态。2004 年深圳处于 H-L 集聚区域;2006 年深圳调整为 H-H 区域;2010 年变为 L-H 区域;2012 年为 H-L 区域。深圳全要素生产率空间关联性的不断调整,造成其辐射区域的正向溢出呈现下降的趋势,在一定程度上反映了国际经济风险对深圳全要素生产率的冲击。

4.3.3　京津冀地区

京津冀地区位于我国环渤海心脏地带,是我国北方的经济核心区。京津冀协同发展,对促进环渤海地区发展,带动北方腹地发展具有重要的战略意义。本书在分析京津冀地区全要素生产率总体和分年度发展基础上,从空间视角入手,分析京津冀地区城市经济增长空间结构特征和各个地区之间的空间依存关系。

2004 年京津冀地区全要素生产率显著改善的区域为北京、天津、廊坊、秦皇岛;保定效率改进一般;全要素生产率下降的区域有张家口、承德、唐山、沧州、石家庄。京津冀地区 2004 年整体效率改进缓慢,大多数城市呈现效率下降。从空间分布看,全要素生产率也呈现出毗邻效应,效率显著改进的区域和效率下降的区域毗邻连片出现。

2006 年京津冀地区全要素生产率显著提高的区域为北京、天津、廊坊、保定、秦皇岛;效率改进一般的区域为承德、唐山、石家庄、沧州;张家口呈现出效率下降的趋势。对比 2004 年的全要素生产率可以发现,京津冀地区全要素生产率总体呈现改进状态,表现为显著提高和改进一般的区域都在不断扩大,效率下降的地区在不断缩小。其中效率显著改进的区域仍呈现比邻簇拥分布特征。

2010年京津冀地区全要素生产率显著改进的区域为北京、天津、廊坊;效率改进一般的区域为唐山、秦皇岛、沧州;效率下降的区域为承德、张家口、保定、石家庄。和2006年相比,京津冀地区的全要素生产率呈现下降趋势,主要表现在显著提高区域的缩小和效率下降地区的进一步扩大。全要素生产率的比邻效应仍十分显著,效率改进区域和效率下降区域都呈现大面积连片出现。

2012年京津冀地区全要素生产率显著改进的区域为北京、天津、廊坊、保定、沧州;效率改进一般的城市为唐山、秦皇岛;张家口、承德、石家庄呈现效率下降的趋势。和2010年相比,京津冀地区的全要素生产率获得改善,主要变化在显著提高区域向西扩大,效率下降区域进一步缩小。其中效率显著提高区域仍呈现空间集聚特点。

通过分析以上四个年度京津冀地区全要素生产率空间结构分布情况,可以推测全要素生产率在京津冀地区具有一定的空间集聚特征,本书采用莫兰指数及其散点图进一步分析相关年份全要素生产率的空间依赖关系。

2004年京津冀地区全要素生产率的Moran's I为0.046,通过5%水平下显著性检验,说明京津冀地区的全要素生产率存在空间依赖关系,表现为空间正相关。

2006年京津冀地区的全要素生产率的Moran's I为0.032,通过5%水平下显著性检验,说明京津冀地区的全要素生产率整体呈现空间正相关,但是Moran's I指数下降,说明整体的空间集聚呈现下降的趋势。

2010年京津冀地区的全要素生产率的Moran's I为0.04,通过5%水平下显著性检验,说明京津冀地区的全要素生产率整体呈现空间正相关,Moran's I小幅增加,说明整个京津冀地区的全要素生产率空间集聚呈现增强。

2012年京津冀地区的全要素生产率的Moran's I为0.17,通过5%水平下显著性检验,说明京津冀地区的全要素生产率整体呈现空间正相关,Moran's I增加显著,反映了整个京津冀地区的全要素生产率空间集聚进一步增强。

通过分析 2004 年、2006 年、2010 年和 2012 年四个年份京津冀地区全要素生产率的空间结构和空间依存关系,可以概括京津冀地区城市经济增长空间特征方面的四个事实。

第一,京津冀地区的城市经济增长呈现"京—津"双核驱动。在分析的四个年份中北京和天津都处于全要素生产率显著提高的区域。"京—津"双核的空间结构比较稳定,带动了腹地地区全要素生产率的提高。以"京—津"为核心增长轴带动了河北中部廊坊、沧州、保定等地区全要素生产率的明显改进。

第二,在"京—津"双核模式下,天津的影响力在减弱。虽然天津在分析的四个年份中全要素生产率都获得了显著提高,但是天津的影响力不如北京,呈现下降趋势。在分析的四个年份中,天津 2004 年处于 H–L 区域;2006 年位于 L–H 区域;2010 年位于 L–L 区域;2012 年位于 L–H 区域,没有一个年份处于 H–H 区域。说明天津全要素生产率的改进主要体现为自身要素的集聚,例如天津市内塘沽、大港、汉沽等滨海小城镇的崛起,促进了天津滨海新区的快速发展。天津对周边城市辐射的影响力要比北京小,天津的辐射性主要表现在对天津域内小城镇的带动作用。

第三,"京—津"双核模式中小城市快速发展,大城市发展相对落后。北京和天津是京津冀区域内两个超大级城市,在京津冀全要素生产率呈现双核驱动模式下,"京—津"核心增长轴附近的中小城市全要素生产率显著提高。廊坊、沧州、秦皇岛、保定等中小城市全要素生产率改善明显,在分析的四个年份中,这些城市的全要素生产率获得显著提高或一般提高。与此相对,京津冀区域中大城市全要素生产率提高缓慢,例如石家庄、唐山、承德、张家口,在分析的四个年份中,大多呈现全要素生产率下降的趋势。

第四,京津冀地区"两带"辐射日渐明显。京津冀地区以"京—津"核心增长轴,逐渐呈现出"北京—保定—石家庄"和"北京—唐山—秦皇岛"两带辐射。由于张家口和承德地处河北省西北山地地区,区位原因导致在承接"京—津"核心增长轴辐射时处于劣势。从分析的四个年度的全要素生产率可以看出,张家口、承德经常呈现全要素生产率下降的趋势,因此"京—津"核心向西北辐射阻力较强,呈现出向东西沿"北京—保定—石家庄"和"北京—唐山—秦皇岛"两带辐射。两带辐射能否持续加强主要取决于京津冀协调发展的紧密程度,京津冀城市之间的深度合作,将促进两带辐射持续增强。

4.3.4 中原经济地区

河南省及其毗邻的晋东南、鲁西南、冀南、皖北城市群所组成的中原经济区承东启西、贯通南北,是连接京津冀、长三角地区、珠三角地区的重要枢纽①。在分析中原经济区全要素生产率总体和分年度变化的基础上,本书进一步分析中原经济区城市经济增长的空间结构和空间依赖关系。

2004 年中原经济区全要素生产率显著提高的区域为洛阳、郑州、许昌、漯河、周口、淮北、邢台;效率改进一般的区域为聊城、衡水、运城、晋城、淮南、平顶山、南阳、菏泽、亳州、蚌埠、信阳;其余地区呈现效率下降。其中效率改善的城市占到中原经济区城市总数的 62%。效率显著改善的区域集中分布在河南省中部,效率下降的区域集中分布在河北省的南部和河南省的北部。

2006 年中原经济区全要素生产率显著提高的区域为郑州、新乡、洛阳、开封、菏泽、濮阳、邢台、长治;全要素生产率一般改善的地区为三门峡、晋城、蚌埠、亳州、阜阳;其余地区呈现出全要素生产率的下降。和 2004 年相比,本年度全要素生产率空间分布呈现显著提高区域逐渐东扩北移趋势;全要素生产率下降区域大面积增加,呈现以显著提升带为轴线的南北大面积分布;全要素生产率一般改善的城市呈现零星分布。

2010 年中原经济区全要素生产率显著改进的区域为郑州、开封、平顶山、许昌、漯河、菏泽;效率下降的地区为邢台、焦作、驻马店、亳州、蚌埠;其余为效率改善一般的地区。和 2006 年相比,本年度全要素生产率空间分布呈现三个趋势。一是全要素生产率显著提高的区域向河南省中部城市收缩;二是全要素生产率改进一般的城市呈现南北大面积分布;三是效率下降的城市逐渐减少,呈现零星分布。

2012 年中原经济区全要素生产率显著提高的区域为郑州、开封、新乡、

---

① 高詹.中原经济区城市物流效率时空测度与比较研究[J].商业研究,2013 (12):171-177.

许昌、漯河、洛阳、焦作、晋城、邯郸和南阳;效率改善一般的区域为周口、濮阳、济源;其余城市呈现全要素生产率下降的趋势。和2010年相比,本年度全要素生产率呈现的空间结构特征主要集中在三个方面:第一,全要素生产率显著提高的区域呈现扩大趋势,逐渐辐射到河北省南部和陕西省东部;第二,全要素生产率下降的区域围绕显著提升区域呈现外围环绕分布;第三,效率改善一般的城市在减少,主要呈现零星分布。

从以上分析2004年、2006年、2010年和2012年四个年度全要素生产率空间结构可以看出,中原经济区全要素生产率存在一定的空间依赖关系。本书运用Moran's I及其散点图,进一步测度分析中原经济区在相关年份全要素生产率的空间特征关系。

2003—2004年中原经济区全要素生产率的Moran's I为0.164,通过5%水平下显著性检验,说明中原经济区的全要素生产率整体呈现空间正相关,具有空间集聚的特点。其中H-H区域集中在郑州、平顶山、许昌、漯河、周口、阜阳、亳州、淮北、蚌埠和邢台;H-L区域分部在聊城、菏泽、运城、南阳、济源、焦作;L-H区域分布在洛阳、商丘、驻马店;其余为L-L区域。从中可以看出2004年中原经济区的全要素生产率主要呈现H-H和L-L集聚,其中H-H集聚主要分布在河南省中东部,并且辐射到安徽省的西部地区;L-L分布集中在河南省北部,辐射到河北省的南部城市。

2005—2006年中原经济区全要素生产率的Moran's I为0.109,通过5%水平下显著性检验,说明中原经济区的全要素生产率整体呈现空间正相关,但是莫兰指数呈现下降,表明全要素生产率的空间集聚特征呈减弱趋势。其中H-H区域为郑州、开封、新乡、衡水、濮阳、菏泽、长治;H-L区域为蚌埠、亳州、阜阳、信阳、三门峡、晋城;L-H区域为邯郸、安阳、鹤壁和商丘;其余为全要素生产率下降的地区。和2004年相比,2005—2006年度莫兰指数的空间分布呈现了三个方面改变:第一,效率显著改善的H-H区域呈现北移,并延伸到河北省南部和山东省西部;第二,效率下降的L-L地区南移,蔓延到山西省东部和河南省南部;第三,H-L区域集中连片分布在安徽省西部。

2010年中原经济区全要素生产率的Moran's I为0.086,通过5%水平下显著性检验,说明中原经济区的全要素生产率整体呈现空间正相关,莫兰指数呈现进一步下降,表明中原经济区全要素生产率的空间集聚特征进一步呈减弱趋势。其中分布在 H-H 区域的有邯郸、聊城、安阳、长治、郑州、许昌、平顶山、漯河、三门峡、南阳;L-L 区域的有鹤壁、新乡、开封、济源、焦作、运城、蚌埠、亳州、信阳;H-L 区域的有周口、阜阳、菏泽、淮北;其余为 L-H 区域。和 2006 年相比,2010 年度莫兰指数的空间分布呈现出以下特点:第一,H-H 集聚的地区呈现出两个块状分布,一个位于中原经济区的北部,另一个位于中原经济区的西南部。两个 H-H 区域没有临界出现,导致了莫兰指数的进一步下降。第二,L-L 集聚区域北移,面积进一步缩小。L-L 区域北移,在两个 H-H 区域之间呈现连片分布。第三,L-H 和 H-L 区域都呈现零星分布。

2012 年中原经济区全要素生产率的 Moran's I 为 0.267,通过 5% 水平下显著性检验,说明中原经济区的全要素生产率整体呈现空间正相关,莫兰指数大幅度增加,表明中原经济区全要素生产率的空间集聚特征进一步呈现加强趋势。其中 H-H 区域分布在郑州、开封、洛阳、鹤壁、新乡、济源、焦作、晋城、濮阳、许昌、商丘、周口;L-L 区域为亳州、驻马店、信阳;H-L 区域为南阳、漯河、阜阳、淮北、邯郸;其余为 L-H 地区。和 2010 年相比,2012 年度全要素生产率莫兰指数空间分布呈现出以下变化:第一,H-H 集聚区域更加紧凑和集中,连片比邻分布在中原经济区的中部;第二,L-L 区域南移,面积大幅度缩小;第三,L-H 区域环绕 H-H 区域在中原经济区呈现外围分布。

通过分析中原经济区全要素生产率的空间结构可以发现中原经济区城市经济增长空间分布和空间关系的四个基本特征:

第一,中原经济区城市经济增长空间结构表现为郑州的单中心分布。在研究的四个年份中,郑州持续表现出全要素生产率的显著提高。郑州一直处于 H-H 区域,带动周围开封、洛阳、许昌、漯河等城市的发展。从目前中原经济区各个城市的发展水平来看,在短期内形成第二个增长中心具有一定困难。中原经济区规划的洛阳和开封两个副中心,从目前分析来看,全要素生产率提升还不太稳定,短期内还难以副中心和郑州东西呼应。

第二,郑州单中心在中原经济区内辐射能力有限。从分析的四个年份可以看出,以郑州为中心的显著增长区域基本集中在河南省中北部,个别年份延伸至郑州、开封、许昌、平顶山、漯河等河南省中部小范围城市带。郑州的辐射能力尚未传递至晋东南、鲁西南、冀南、皖北等地区,辐射半径较小,主要表现为向郑州南部城市的小范围辐射。

第三,中原经济区城市经济增长"中心-外围"结构明显。以郑州为中心,小范围辐射的开封、新乡、焦作、洛阳、许昌、漯河为核心增长层;核心增长带附近的鹤壁、安阳、濮阳、晋城、济源、平顶山、周口、商丘、菏泽、驻马店是紧密联系层;邢台、邯郸、聊城、长治、运城、三门峡、南阳、信阳、阜阳、蚌埠、亳州、淮北是外围层。各个圈层之间的城市在时间上趋于稳定分布,根据和中心城市郑州的距离呈现 TFP 递减的空间分布。

第四,郑州中心增长极缺乏向外辐射通道。在前面分析中,同样是单中心长三角经济区,上海呈现出比较清晰的向西和向东的辐射轴,但是在四个年份的分析中,郑州中心城市尚未呈现出明显的辐射轴线。一方面说明郑州目前的经济发展特征仍以集聚效应为主,中原经济区内资本、技术、劳动力等要素大量汇集于郑州;另一方面说明郑州和中原经济区其他城市之间的产业分工还需要加强,城市之间功能划分需要进一步明晰。

4.3.5 辽中南地区

辽中南地区于我国东北地区南部,辽宁省中南部,是我国环渤海经济区的重要组成部分。辽中南地区全要素生产率的快速提高,对我国振兴东北地区老工业基地具有重要意义。本书在分析辽中南地区全要素生产率整体和历年变化的基础上,进一步分析辽中南地区城市经济增长的空间结构和空间作用关系。

2004 年辽中南地区全要素生产率显著改进的地区只有鞍山;一般改进的地区有铁岭、抚顺、营口;沈阳、大连、盘锦、辽阳、丹东、本溪都呈现效率下降的趋势。辽中南地区全要素生产率整体改进不强,低于全国平均水平,其中效率下降的地区出现连片比邻分布。

2006 年辽中南地区全要素生产率空间分布,其中效率显著改进的地区为丹东、本溪;效率一般改进的地区为沈阳、盘锦、鞍山;效率下降的地区为铁岭、辽阳、抚顺、营口、大连。和 2004 年相比,全要素生产率的空间分布发生了三个变化:第一,要素显著改善的地区东移,面积增大;第二,效率一般改进的地区集中分布在西部,并连片出现;效率下降的地区呈现减少趋势,分布在东北和西南。

2010年辽中南地区全要素生产率显著提高的地区为抚顺、本溪、盘锦、鞍山;效率改进一般的城市为沈阳、辽阳和大连;铁岭、营口和丹东的全要素生产率呈现下降趋势。和2006年相比,辽中南地区全要素生产率发生了以下改变:第一,全要素生产率显著提高的地区面积扩大,并且连片出现;第二,效率一般改进的城市南北分布;第三,效率下降的地区面积减小,并呈现离散分布。

2012年辽中南地区全要素生产率的空间分布情况,其中效率显著改进的地区为铁岭、营口、辽阳、丹东;效率一般改进的城市为大连;沈阳、盘锦、抚顺、鞍山、本溪呈现全要素生产率下降趋势。和2010年相比,辽中南地区全要生产率空间分布发生变化如下:第一,效率显著改进的地区没有集中连片出现;第二,效率一般改进的城市在减少,成为南部"孤岛";第三,效率下降的区域大面积增加,并且连片分布。

在分析了2004年、2006年、2010年和2012年四个年份辽中南地区全要素生产率空间格局基础上,初步判断辽中南地区全要素生产率的空间集聚程度要小于其他四个经济区,运用莫兰指数进一步分析辽中南地区全要素生产率的空间关系。

通过计算辽中南地区2004年的 Moran's I 为-0.173,说明辽中南地区的全要素生产率呈现空间负相关,各个地区之间全要素生产率的改变比较分散,没有出现强有力的同向关系。

2006年辽中南地区的 Moran's I 为0.026,说明辽中南地区全要素生产率呈现空间正相关,各个地区之间的全要素生产率空间集聚特征明显。其中 H-H 区域的城市有沈阳、盘锦、鞍山、丹东和本溪;L-L 区域有铁岭、抚顺和营口;辽阳和大连呈现 H-L 分布。和2004年相比,2006年辽中南地区莫兰指数空间分布变化呈现在三个方面:第一,H-H 全要素生产率显著提升的面积扩大,集中在辽中南地区中部;第二,L-L 区域紧密围绕 H-H 区域呈南北分布;第三,H-L 区域呈现离散分布。

2010年辽中南地区的 Moran's I 为-0.26,说明辽中南地区全要素生产率呈现空间负相关,整个地区缺乏效率显著改善城市的集聚,造成各个地区全要素生产率此消彼长。其中整个辽中南地区缺乏 H-H 区域;H-L 区域的城市有抚顺、本溪、盘锦和鞍山;L-L 的区域有沈阳、辽阳、大连和丹东;L-H 区域有铁岭和营口。和 2006 年相比,2010 年度辽中南地区全要素生产率莫兰指数空间分布最大变化是 H-H 地区的消失。说明在 2010 年期间,整个辽中南地区全要素生产率的改进缺乏中心城市的带动,增长极的弱化导致了整个区域全要素生产率普遍呈现下降趋势。

2012 年辽中南地区的 Moran's I 为 -0.12,辽中南地区的全要素生产率仍然呈现空间负相关,莫兰指数呈现增加状态,说明辽中南地区全要素生产率的空间负相关在不断减弱,城市集约经济快速增长的核心城市正在不断培育。其中大连成为 H-H 区域中唯一的城市;铁岭、沈阳、辽阳、营口、丹东位于 H-L 区域;抚顺、本溪、鞍山位于 L-H 区域,盘锦处于 L-L 区域。和 2010 年相比,辽中南地区全要素生产率莫兰指数空间分布局呈现以下特点:第一,出现了 H-H 区域,说明区域效率改善的中心城市正在不断培育中;第二,H-L 地区大面积出现,说明整体效率处于改进状态,个别城市处于效率下降;第三,L-H 和 L-L 区域基本呈现零星分布。

综合四个年度关于辽中南地区全要素生产率空间结构的分析,可以概括辽中南地区城市经济增长空间结构的几个事实特征:

第一,辽中南经济区基本呈现"沈阳—大连"双中心增长模式。辽中南经济区建立在辽宁中部城市群和辽宁南部沿海城市群基础上,沈阳和大连分别是这两个城市群的中心城市。其中辽宁中部城市群为辽宁南部沿海城市群提供了广大腹地,两个城市群之间有沈大铁路和高速公路连接,两者之间的互通、互联日益加强。从以上四个年度的分析中,基本呈现了"大连—沈阳"双中心在辽中南全要素生产率增长中的带动作用。

第二,"沈阳—大连"双中心的影响力有待加强。京津冀和珠三角地区双中心模式中,"北京—天津"和"广州—深圳"形成了强有力的增长轴,表现出了显著区域扩散和辐射作用。相比之下,辽中南地区的"沈阳—大连"双中心的辐射能力要逊色很多。在分析的四个年份中,2004 年大连位于 H-H 区域,2006 年沈阳位于 H-H 区域,2012 年大连位于 H-H 区域。在分析中没有出现两个中心城市同时位于 H-H 的年份,并且两个中心辐射的范围十分有限。

第三,辽中南地区整体全要素生产率呈现负相关。在分析的五个经济区中,除辽中南地区以外,其余地区均呈现显著的空间正相关。辽中南地区全要素生产率空间负相关,说明区域内中心城市发展落后,没有形成稳定的网络辐射,中心城市和其他城市之间缺乏紧密合作,非中心城市之间产业趋同,导致全要素生产率整体呈现此消彼长的趋势。

第四,辽中南地区整体全要素生产率改进缓慢。在分析的五个经济区中,辽中南地区的全要素生产率总体改进水平名列最后,落后于全国平均水平。辽中南地区,特别是辽宁中部城市群是在新中国成立初期强调"优先发展重工业",以资源为基础建立发展起来的。历经半个多世纪的运营,区域内能源和原材料储量逐渐减少,但是区域内城市的产业结构还是基于地区20世纪初资源禀赋而形成的。这种对资源强烈依附的产业结构,导致了辽中南地区整体全要素生产率改进落后于全国地区。

4.4 本章小结

本章采用空间权重矩阵和空间自相关分析方法,运用 Geoda 和 GIS 软件首先分析了全国 281 个地级城市全要素生产率的空间分布特征,然后分析了省域层面的全要素生产率空间结构和空间关联性,在此基础上重点分析了长三角、珠三角、京津冀、辽中南和中原经济区各个地区内全要素生产率和城市经济增长的空间分异情况。主要基本结论如下:

在分析全国省域层面全要素生产率和城市经济增长空间格局方面获得了三方面的基本认识。第一,我国全要素生产率和城市经济增长体现了集聚的空间分布特征。TFP 显著改进地区集中分布在我国东南沿海、长江流域、环渤海地区,这些地区形成大面积的效率显著改进集中区;TFP 改进一般的区域主要分布在我国中部省份,集中在山西、陕西、河南等省份,TFP 下降的省份集中性不是特别明显,主要集中在东北地区的黑龙江。第二,我国全要素生产率和城市经济增长体现了路径依赖的时间分布特征。主要表现为在不同年份,效率显著改进的省份和效率改进一般的省份都呈现时间和区域基本稳定趋势。第三,我国全要素生产率和城市经济增长呈现空间正相关,并且正相关性在不断加强,在高效率集聚区和效率改善的外围区域内部形成了强大的累计循环反馈回路。

在分析全国省域层面的基础上,又进一步分析了我国五个主要经济区TFP 和城市经济增长的空间分布特征,得出了多方面的基本结论。其中长三角地区获得的基本结论有:第一,上海作为核心城市集聚能力在减弱,经济扩散特征日益明显;第二,区域内多中心逐渐形成;第三,长三角地区的城市经济增长呈现双轴线辐射,辐射重心北偏;第四,长三角双轴线遮蔽地区发展受阻。关于珠三角地区的分析得到了如下结论:第一,区域内城市经济增长的空间结构为双核心模式;第二,区域经济增长的空间结构体现出"中心—外围"特点;第三,珠三角地区城市经济增长的空间结构呈现不稳定状态;第四,双中心中的深圳增长极呈现正溢出趋缓的趋势。通过分析京津冀地区得到的基本结论有:第一,京津冀地区的城市经济增长呈现"京—津"双核驱动;第二,在"京—津"双核模式下,天津的影响力在减弱;第三,"京—津"双核模式下中小城市快速发展,大城市发展相对落后;第四,京津冀地区"两带"辐射日渐明显。关于中原经济区的分析也获得多方面的基本认识:第一,中原经济区城市经济增长空间结构表现为郑州的单中心结构;第二,郑州单中心在中原经济区内辐射能力有限;第三,中原经济区城市经济增长"中心—外围"结构明显;第四,郑州中心增长极缺乏向外辐射通道。最后本书分析了辽中南地区,得到以下基本结论:第一,辽中南经济区基本呈现"沈阳—大连"双中心增长模式;第二,"沈阳—大连"双中心的影响力有待加强;第三,辽中南地区整体全要素生产率呈现负相关;第四,辽中南地区整体全要素生产率改进缓慢。

5

全要素生产率区域差异的影响因素及其贡献度分析

　　前两章从时空演化和地域分异两个维度描述了全要素生产率区域差异和城市经济增长的现状特点。本章在此基础上,采用实证分析的方法,进一步探究区域全要素生产率差异的主要影响因素,尝试得出全要素生产率差异的一般性规律,为城市集约型经济增长模式选择提供实证参考。

　　本章主要探究全要素生产率区域差异的影响因素以及各个因素贡献度。在全国范围以及主要经济区内部分析政府科技投入、基础设施、产业结构、人力资本、对外开放、集聚经济和研发活动对全要素生产率的影响,并且分析这样的影响因素在各个地区对全要素生产率差异的贡献程度,通过分析得出影响全要素生产率区域差异的共性因素和一般规律。

5.1　引言

　　始于索罗(1957)的全要素生产率研究,经过丹尼森(1962)、乔根森(1989)等在理论思想、研究方法等方面的持续完善与深入,全要素生产率研究不断进步。中国经济领域的改革开放带来社会方方面面翻天覆地的变化;同样,中国学术在与国际接轨方面越走越远,国外相关理论、研究技术逐步被引入国内,中国的全要素生产率研究逐步开展并日益深入。在这一发展趋势中,克鲁格曼(1999)和Young(1993)从全要生产率角度讨论"东亚奇迹"的文献,则使得中国学者在全要素生产率方面的研究形成一个热潮。当前关于中国全要素生产率方面的研究方法包括两个方面。

（1）总体全要素生产率及其对经济增长的贡献研究

包括李京文和钟学义（1998）、张军和施少华（2003）、Wang 和 Yao（2003）等在内的大量文献使用中国经济总量上的时间序列数据，结合索罗残差方法，对新中国成立后的全要生产率进行测算，用以考察全要素生产率的时间变化趋势；并在此基础上讨论全要素生产率对中国经济增长的贡献。基本的共识是，改革开放造就了中国全要素生产率增长提速的一个转折点。这类文献在 2005 年之前的中国全要素生产率研究中占据主导地位。

（2）对全要素生产率影响因素的分析

根据研究对象角度的不同，相关的研究具体包括如下两个层面：

其一，从产业角度，对不同产业的全要素生产率的影响因素进行分析。在农业全要素生产率的研究方面，包括林毅夫（1992）、Wen（1993）、顾焕章（1993）、朱希刚（1997）等在内的开拓性研究证实了农业全要素生产率对农业产出增长的贡献，以及要素积累、家庭联产承包责任制等因素对农业全要素生产率增长的作用。此后，顾海、孟令杰（2002）、刘璨（2004）、陈卫平（2006）、李谷成和冯中朝（2007）等进一步在阶段划分、数据选取、农业部门等方面细化了农业全要素生产率的研究。在 Lin（1992）的基础上，黄少安（2005）、郑晶和温思美（2007）考察了制度对农业全要素生产率的影响；王红林（2002）、李谷成（2008）、白菊红（2004）孔祥智和方松海（2004）分别从基础设施、人力资本、技术扩散角度考察农业全要素生产率的影响因素。对工业部门全要素生产率的研究相对较多，包括 Huang（1997）、孔翔（1999）、黄勇峰和任若恩（2002）、郑京海和刘小玄（2002）、涂正革和肖耿（2005）等研究，主要讨论工业部门整体或者不同构成部分的全要素生产率增长。姚洋（1998）、刘小玄（2000）、姚洋和章奇（2001）、刘小玄和李利英（2005）、王争（2006）、赵世勇和陈其广（2007）等文献，研究了中国工业经济中的产权结构、市场结构、集聚等因素对工业全要素生产率的影响。包括沈坤荣（2001）、李小平和朱钟棣（2006）、Hu（2005）、吴延兵（2008）、尹希果（2008）等在内的大量研究着重于讨论 FDI、技术引进对工业部门全要素生产率的贡献。这些更新的研究基本上都使用中国改革开放以后的数据，研究方法包括随机前沿法（SFA）、随机边界法、乔根森法、数据包络分析（DEA）等更为多样的全要素生产率测算方法,由此也获得了多样化更加明显的结论,尤其体现在对中国工业的全要素生产率增长看法。

其二,从空间角度,对不同地域范围全要素生产率因素进行分析。中国省域区间全要素生产率研究文献较多,其一般思路是:在各省区全要素生产率核算的基础上,借助面板数据讨论各省区全要素生产率差异的影响因素。包括彭国华(2005)、李静(2006)、傅晓霞(2006)、颜鹏飞和王兵(2004)、郭庆旺(2005)、王志刚(2006)等在内的相关文献着重讨论技术进步对省区全要素生产率的影响,这些研究取得的共识包括:全要素生产率对省区经济发展水平差异的影响、技术进步对全要素生产率差异的决定作用。刘秉廉(2010)、张先锋(2010)、刘生龙和胡鞍钢(2010)等研究,重点关注基础设施、人力资本及其空间外溢效应对省区全要素生产率的影响。陈继勇和盛杨怿(2008)、刘舜佳(2008)考察了国际贸易、FDI对省区间全要素生产率差异的影响;在此基础上,毛其淋和盛斌(2011)讨论了对外开放、区域市场整合对省区全要素生产率的影响。张浩然和衣保中(2012)探讨了基础设施、人力资本的空间溢出对城市全要素生产率的影响。

以上关于中国全要素生产率的实证研究,至少存在着如下几个方面的不足:在考察角度上,对城市全要素生产率的关注度有待提高。无论是国家层面,还是区域、省区层面,城市作为区域经济的核心,在全要素生产率提高方面都具有发挥举足轻重的地位。可以说,一国范围内,全要素生产率的高低不仅由城市体现,而且全要生产率的提高也几乎全部由城市来推动。但是,当前的全要素生产率研究在很大程度上忽略了城市维度的考察。因而,关于城市全要素生产率的研究成果与城市在全要素生产率上的实际经济意义极不相称。不仅如此,在有限的关于城市全要素生产率的研究中,城市样本数量有极大提升空间,地级市层面的研究数量有待提高;同时,城市维度的相关研究大部分使用截面数据,而面板数据的使用能够极大提高实证研究的有效性、准确性。因此,在基本的技术层面,本书实证研究力图补充现有研究的不足,使用地级市层次的面板数据对城市全要素生产率进行深入、细致的探讨。

本书实证研究不仅力图在技术层面有所突破,更为重要的是,本书的研究目标在于,结合城市全要素生产率影响因素的分析,探索城市集约型经济增长道路。在这一研究目标的指引下,实证研究不是简单地讨论各个相关变量、具体因素对全要素生产率的影响方式和力度。与前文的理论分析相对应,本部分实证研究在探索参数数值特征的基础上,进行规律性总结,从而实现城市集约型经济增长模式研究理论层面的深化。

5.2 全要素生产率影响因素分析

在从时间维度和空间维度对全要素生产率区域差异分析的基础上,本部分的主要目标是考察全要素生产率的相关影响因素。通过综合已有文献成果,对全要素生产率影响因素进行种类划分,选取合适的代理变量,并借助我国281个地级市的面板数据,对这些因素的作用方式、影响强度进行实证检验。在此基础上,探讨全要素生产率在中国城市间呈现的规律性特点。

5.2.1 变量选取与模型设定

选取全要素生产率作为被解释变量是显而易见且符合本书需要的。如前所述,全要素生产率有多种计算方法,为了保证全要素生产率的计算结果符合计量分析的需要,这里采用索罗残差的形式测算全要素生产率,将资本产出弹性、劳动产出弹性分别设置为0.4和0.6[①]。

在解释变量选取方面,全要素生产率影响因素的研究源远流长,在综合国内外相关研究的基础上,本书认为,中国城市的全要素生产率影响因素大体包括如下几个方面。此外,由于本书进行的是综合性、探索性分析,因此没有进行核心解释变量与控制变量的区分。

(1)政府科技方面投入

中国作为一个向市场经济转型的国家,政府在社会经济的方方面面起着举足轻重的作用。与全要素生产率提高密切相关的科技、教育事业发展在很大程度上依赖政府的支持;在企业研发能力和投入有限的情况下,创新、科技进步等推动全要素生产率提高的活动对政府支持有更大依赖性。

---

① 资本和劳动产出弹性数值根据已有研究经验设定,Young(1995)、邓翔和李建平(2004)、彭国华(2005)、沈坤荣(1999)等学者在相关研究中都认中国的资本产出弹性为0.4。本书在估计城市全要素生产率时,也采用了这一数值。

对于一个城市来说,政府科技方面投入、支持无疑对城市全要素生产率提升具有重要意义。结合政府科技投入与全要素生产率的关联方式,本书选取地方财政预算内科学事业费支出占财政支出比重(市辖区)作为政府科技投入的代理指标。

(2)基础设施

基础设施为社会生产、居民生活提供公共服务方面的物质保障,相应的,基础设施包括生产性基础设施、社会型基础设施两个部门。基础设施,尤其是生产性基础设施,在降低交易成本、提高生产效率方面起着重要作用。合理、充足的基础设施供给,能够减少生产过程中诸如时间损耗、信息障碍等无形损失,提高经济运行效率,从而使得同样数量的要素投入,在相同的时间内能够产出更多,此即全要素生产率的提高。在甄选了多个代理变量和相应指标之后,本书选取人均铺装道路面积(市辖区)衡量城市的基础设施供应状况。

(3)产业结构

产业结构有两个方面的含义:其一是国民经济各部门之间的比例关系,其二是国民经济各部门之间的关联关系,这两个结构特征即为产业结构。相应的,产业结构变化包括产业结构高级化和产业结构合理化两个层面。英国经济学家克拉克指出了国家产业结构沿着第一、第二、第三产业逐步转移的产业结构演进规律。在这一产业结构向高层次发展过程中,相应的资源投入比例、资源利用方式、生产过程等也在持续演进,且部分表现为全要素生产率的提高。换言之,产业结构的变动意味着生产方式的变革,而生产方式的变革必然带来全要素生产率相应的变化。就城市而言,产业结构重心向第三产业转移过程中,会带来全要素生产率的提高。产业结构的衡量可以从各部门产出比重、就业比重两个角度去衡量,本书使用第三产业从业人员占总就业人数的比重(市辖区)衡量产业结构。

(4)人力资本

美国经济学家西奥多·W.舒尔茨在总结前人研究的基础上,于1979年首次提出了系统的人力资本理论,并将人力资本概括为通过各项人力资本投资形成的劳动者生产能力的持续提高。人力资本理论表明,在同样的劳动力数量条件下,劳动者质量的提高能够显著增加生产过程的效率。事实上,在当前经济发展中,经由人力资本积累带来的劳动力质量提高对产出增长的贡献,已经超过劳动力数量增加对产出的贡献。Benhabib 和 Spiegel(1994)、Aiyar 和 Feyrer(2002)等研究证实了人力资本积累对全要素生产率提高的显著作用。本书使用教育事业从业人员数(市辖区)表示城市的人力资本积累状况。

(5)对外开放

在国际经济一体化、全球化的背景下,一国经济与其他国家的关联越来越密切。商品、人员、资本、技术等全方位的国际交流推动国内产品创新速度提高、生产技术和工艺持续改进、经济管理方式不断完善,通过多种机制和路径提高国内全要素生产率。对于城市而言,城市对外开放引进的产品、企业等具有一定程度的外溢作用,包括对国内企业的示范效应、竞争效应等,从而提高了国内企业和整个城市的生产效率。包括 Mac Dougall(1960)、Findlay(1978)、Coe 和 Helpman(1995)等研究均证明对外开放的这种全要素生产率提高效应和机制。本书使用实际利用外资金额占固定投资比重(市辖区)衡量对外开放在城市经济中的重要程度。

(6)集聚经济

集聚经济是指生产活动的空间集中带来的利益,包括同一产业集聚带来的专业化经济、多种产业集聚带来的多样化经济。无论哪一种类型的集聚经济,都具备扩大市场规模、降低交易成本、促进基础设施建设与利用、知识溢出等多方面的外部效应。这种外部经济显然有利于处于集聚区内的企业生产效率提高。在一定集聚程度范围内,集聚收益大于集聚成本;具有较高集聚程度的城市,能够为本地企业提供更多的外在利益,而这种外在利益可以部分表示为较高的生产效率或者全要素生产率。本书用经济活动的密度即单位土地上的产出作为集聚经济的代理变量。

(7)研发活动(R&D)

研发活动能够增加知识存量,并运用已有知识进行系统化应用和创造,包括基础研究、应用研究、试验发展三大类内容。无论是研发活动的哪一类内容,都能对企业、城市乃至国家生产过程中的技术水平起到直接提高的作用。研发活动带来的技术提高或者提高要素的生产能力,或者直接改造生产方式,均对全要素生产率提高具有重要意义。正因为如此,研发投入、研发能力成为企业、城市、国家竞争力的核心。Romer(1990)、Aghion 和 Howitt (1992)等一系列经典研究,均证实了研发活动在全要素生产率增长中的重要地位。本书使用科学研究、技术服务和地质勘查业从业人员数(市辖区)来衡量一个城市的研发活动投入和研发能力。

如本章第一节所述,应用面板数据进行实证分析能够获得更为可靠、有效的结论。将上述变量引入计量模型前,首先要对计量模型进行简要说明。面板数据将时间序列数据和截面数据结合起来,用以考察在一定时间范围内,样本中每个个体每个时期的观测值。这种观测方式不仅带来了较大的样本量,提高参数估计的精确性;而且结合特定的数据处理方式,面板数据能够将不可观测的个体特征排除在外,对这种遗漏变量问题的解决,可以在最大程度上避免有偏的估计结果。由于面板数据多方面的优势,自 Mundlak (1961)、Balestra 和 Nerlove(1966)把面板数据应用计量经济学研究之后,面板数据在经济研究中的应用领域和重要性快速上升。基本的面板计量模型可以表示为[①]:

$$y_{it} = x_{it}\beta + z_i\delta + u_i + \varepsilon_{it} \quad (i = 1,2,\cdots n; t = 1,2,\cdots T)$$

上式中,z_i 为不随时间变化的个体特征,x_{it} 可以随个体和时间而变化;扰动项 $u_i + \varepsilon_{it}$ 称为复合扰动项,其中 u_i 为表示个体异质性的截距项,是不可观测的随机变量,ε_{it} 是随个体和时间变化的随机扰动项。

在面板数据的参数估计策略上,有一种最为简单的处理方式,即把面板数据放在一起,当作截面数据进行 OLS 回归。这种估计方式的前提条件是不同个体与扰动项之间相互独立,换句话说,模型不存在个体效应。至于假设是否成立,则需要根据估计结果的检验进行判断。

在存在个体效应条件下,根据个体效应的不同存在形态或者说 u_i 与解释变量的关系,可以把面板计量模型分为随机效应模型和固定效应模型。在固定效应模型中,u_i 与某个解释变量相关;为了保证估计结果的一致性,在参数估计过程中要通过模型变换消去 u_i,然后用 OLS 估计参数,这种估计方法获得的结果称为固定效应估计量或者组内估计量。在随机效应模型

---

① 以下关于面板数据计量模型的表达式参照陈强. 高级计量经济学及 stata 应用 [M],北京:高等教育出版社,2010:146-189.

中，u_i 与所有解释变量均不相关，可用广义最小二乘法估计参数，获得随机效应估计量。

在面板数据回归中，选取使用固定效应模型还是随机效应模型，需要进行豪斯曼检验。豪斯曼检验的基本原理来自于三个基本判断：如果 u_i 与解释变量不相关，则随机效应估计量要比固定效应估计量更有效；相反，如果 u_i 与解释变量存在相关性，则随机效应估计量的一致性将受到影响；无论 u_i 与解释变量是否相关，固定效应估计量都是一致估计量。更进一步的，豪斯曼检验认为，如果 u_i 与解释变量不相关则随机效应估计量和固定效应估计量将获得相同的且一致的参数估计值；反过来，如果二者差距过大，则可以推断 u_i 与解释变量存在相关性。通过这种方法，即可判断出 u_i 与解释变量的相关性，是使用固定效应模型还是随机效应模型便随之确定。在确定了面板数据计量模型之后，将相应的被解释变量、解释变量带入基本计量模型，获得本书估计所使用的计量模型。

5.2.2 实证结果与分析

在进行了模型设定、变量选取之后，本书使用 stata12.0 进行相应的参数估计，相应的估计结果如下。为了展示方便，本书将相关数据结果分成两个表格。

表5-1 全要素生产率回归分析结果（一）

变量名	全国			长三角			珠三角		
	混合效应	固定效应	随机效应	混合效应	固定效应	随机效应	混合效应	固定效应	随机效应
科技投入	1.9785***	1.4967***	1.6134***	1.9980***	2.0635***	2.0860***	2.3301***	1.8501***	1.8863***
基础设施	0.0037***	0.0031***	0.0031***	0.0001	0.0009	0.0009	0.0042***	0.0045***	0.0041***
产业结构	0.0007***	0.0019***	0.0016***	0.0021***	0.0027***	0.0022***	0.0016***	0.0011***	0.0012***
人力资本	0.0050***	0.0074***	0.0034***	0.0045**	0.0143***	0.0044**	0.0340***	0.0043	0.0116***
对外开放	0.1567***	0.1565***	0.1566***	1.7755***	-0.8531*	-0.1428	-0.2297	0.2084	0.1652
集聚经济	0.0161***	0.0442***	0.0423***	0.0592***	0.0198**	0.0335**	0.0520***	0.0705***	0.0700***
研发活动	-0.008***	-0.004***	-0.005***	-0.016***	-0.008**	-0.009**	-0.083***	-0.025***	-0.039***
常数项	0.0945***	0.0238***	0.0477***	0.0428*	0.0180	0.0577**	0.0356***	0.0759***	0.0693***

表5-2　全要素生产率回归分析结果(二)

变量名	京津冀			辽中南			中原经济区		
	混合效应	固定效应	随机效应	混合效应	固定效应	随机效应	混合效应	固定效应	随机效应
科技投入	1.5751***	0.7899***	1.0592***	0.6863*	0.0489*	0.2788*	1.6027***	1.2514***	1.3452***
基础设施	0.0014	0.0047***	0.0033**	0.0015	0.0038***	0.0036***	-0.0015*	0.0005	0.0001
产业结构	-0.002***	-0.0005**	-0.0005	-0.0009*	-0.0002*	0.0001	0.0011***	0.0025***	0.0018***
人力资本	0.0006	0.0046	0.0021	0.0102**	0.0096	0.0069	0.0090*	0.0038	0.0109
对外开放	1.4808**	2.7798***	2.7638***	-0.3619	-0.1837	-0.0554	0.7579	1.1757**	1.1003**
集聚经济	0.0110*	0.0181**	0.0215**	0.0458*	0.0804**	0.0690**	0.0240**	0.0478**	0.0379**
研发活动	-0.0002*	0.0026	0.0030**	-0.0157	-0.0181	-0.0230*	-0.0148*	-0.0900*	-0.0283*
常数项	0.2481***	0.0620*	0.1180***	0.1770***	0.1545**	0.1102***	0.0695***	0.0062	0.0150

说明:表5-1和5-2中,***表示变量估计值在1%水平上显著,**表示变量估计值在5%水平上显著,*表示变量估计值的10%水平上显著,未标注*的表示变量未通过显著性检验。

对全要素生产率计量模型使用包括全国、长三角、珠三角、京津冀、辽中南、中原经济区六个数据范围分别进行混合回归和面板数据的固定效应、随机效应估计获得了多项分析结果。在对这些结果展开分析之前,先要对表5-1和5-2中的计量结果进行几点说明:首先,关于方程的显著性。在全国和五个经济区的三种估计方法中,方程整体全部通过1%显著性检验,获得了较好的回归结果。尤其是全国数据的回归分析,三个回归结果拟合优度全部在97%以上。其次,关于混合回归与个体效应的检验。在数据范围的参数估计中,所有不存在个体效应的假定,均通过1%显著性检验,也即认为模型均存在个体效应,面板数据能够较为全面地利用数据信息。最后,关于固定效应和随机效应的选择。在豪斯曼检验结果中,全国、长三角的数据通过1%显著性检验,应当选择固定效应模型;珠三角的数据通过5%显著性检验,应当选择固定效应模型;京津冀和辽中南的数据通过10%显著性检验,应当选择固定效应模型;中原经济区的数据未通过显著性检验,应当选择随机效应模型。

全国和五个经济区数据范围结合三种估计方法获得的估计结果包含如下几个方面。

（1）政府科技投入对全要素生产率的影响

以地方财政预算内科学事业费支出占财政支出比重来衡量各城市政府对技术、创新的重视程度和支持力度，其参数估计值的特征及其含义可以表示为如下几个方面。

其一，各城市政府科技投入包括支持技术、创新在内的科技事业，对城市全要素生产率产生了显著的正向影响。在六个数据范围的参数估计值中，除了辽中南的参数估计值通过10%显著性检验外，其余五个数据范围的该参数均通过1%显著性检验；并且全国和五个经济区的政府科技投入参数估计值均为正值。这说明，在全国范围内和主要经济区，政府对科技事业的重视、投入从很大程度上带动了全要素生产率的增长。

其二，政府科技投入对全要素生产率的影响在一定程度上体现出市场与政府的良性互动。政府支持对全要素生产率影响的参数估计值在不同数据范围内体现出了数值大小和显著性方面的特征。辽中南的参数估计值最小且显著性最差；在显著性较好的其他区域范围，参数估计值最大的是长三角、珠三角，随后是全国、中原经济区的参数值，京津冀的该参数值较小。从直观上理解，这种参数值大小关系大致与区域的市场化程度有明确关系。一个众所周知的事实，辽中南地区是计划经济"烙印"最明显的地区。辽中南地区依托良好的自然资源和生产基础条件，成为新中国成立后举足轻重的重工业基地，并在计划经济时代创造了辉煌的成绩；但学术界和社会普遍认为，辽中南地区的社会主义市场经济建设相对滞后。相反，长三角和珠三角处于东部沿海地区，在改革开放过程中，抓住先机，率先开展市场经济建设并处于全国前列。处于中间位置的是中原经济区。这种市场经济建设与政府科技投入对全要素生产率的影响参数之间正向关系体现出市场与政府之间的良性互动，即市场经济发育层次较高的地区，政府对科技事业的支持越多越能够提高全要素生产率。其中的内在逻辑可能在于，一方面，政府投入的基础性研究，与市场进行的应用性研究能够结合起来，共同促进技术的进步，进而提高全要素生产率；另一方面，即使全部的研究投入由政府资源支持，发达的市场经济和顺畅的运行机制也能够快速把研究成果转化成实际的生产过程，从而全要素生产率得以提高。

其三，现阶段政府科技投入在全要素生产率提升中居于核心地位。在六个区域范围的三种估计结果中,政府科技投入参数值基本上处于所有变量参数值的首位或者第二位,即使在该变量显著性略差的辽中南地区也同样如此。这说明,当前阶段,政府对科技事业的重视和支持,是区域全要素生产率提升的重要动力。这一结果显示出中国在全要素生产率提升上不太乐观的状态。一般而言,市场经济条件下,企业是全要素生产率提升的核心,但中国以及中国各区域的全要素生产率提高对政府有较大的依赖性。政府重视,支持力度加大,则科技、研发进展较快,全要素生产率有一定幅度上升;如果政府支持减弱,则全要素生产率提升更慢。这也从侧面说明,中国的市场经济建设有待进一步完善,企业的市场主体地位并没有真正实现,企业自主创新对全要素生产率增长的作用没有发挥出来。

(2)基础设施对全要素生产率的影响

以城市人均道路铺装面积表示的基础设施状况对全要素生产率的影响,在不同区域间具有较大的差异性,相应的数值特征可以总结为如下几个方面:

其一,整体上看,基础设施的参数估计值几乎全部为正数,但数值相对较小,基本上在小数点后第三位体现出来。

其二,就全国而言,该参数估计值在三种估计方法中均显示为具有优良显著性的正值,并且不同估计方法获得参数差异极为细微,说明就全国整体情况而言,基础设施对全要素生产率的提高具有稳定、独立的作用。

其三,就具体区域而言,在珠三角、京津冀、辽中南地区,基础设施对全要素生产率具有显著的正向作用,且数值相对其余两个区域较大;而在长三角和中原经济区,基础设施对全要素生产率的提升效应在数值上不仅可以忽略不计,而且未通过显著性检验。

这些数值特征的含义可以从多个方面去理解:①总体上看,基础设施对全要生产率的具有显著的正向影响,但这种影响相对较弱。基础设施对全要素生产率推动作用主要是通过降低交易成本,加强城市、区域间联系这一途径实现的。数据结果表明,当前的基础设施建设能够基本满足经济发展的需要,不是全要素生产率相关因素中的"短板",但是还存在一定的提升空间。②基础设施降低交易成本,进而提高全要素生产率的作用相对独立,受不可观测的其他因素的影响较少。换言之,基础设施的完善对全要素生产率的影响直接、独立。③从不同区域的参数估计值看来,基础设施对全要素生产率的影响强度似乎与经济发展水平表现出一种倒"U"形关系,其中珠三角、京津冀和辽中南,参数估计值的显著性良好且数值相对较大;而长三角和中原经济区基础设施对全要素生产率的提升作用极为不明显。在经济发展水平较低的区域,基础设施建设很难拉动全要素生产率增长;随着经济发展水平提高,基础设施对全要素生产率的拉升力量增强,但增加到一定程度,这种拉力下降;在经济发展水平较高的区域,基础设施建设对全要素生产率提升作用有限。这种参数变化说明,基础设施建设要和区域特定经济发展阶段上的基础设施需求建立起对应关系。

(3)产业结构对全要素生产率的影响

以第三产业的总就业量占比表示的产业结构变量在全国和五大经济区的显著性程度较好,参数数值在不同区域差异较大,相应的数值特征概括为如下几个方面:

其一,整体而言,产业结构变量的参数估计值在不同区域范围内显著性较为稳定、数值大小方面的差异,甚至出现了正负号方面的区别,参数差异性极为明显。

其二,就全国而言,产业结构变量对全要素生产率的影响的参数值为正数且显著性良好,表明产业结构升级对全要素生产率提升的作用。

其三,就不同区域而言,在长三角、珠三角和中原经济区,产业结构变量的参数值在三种估计方法中均显示为正值,且均通过1%显著性检验;在京津冀和辽中南地区,产业结构变量的参数估计值均为绝对值较小且几乎全部为负值,通过了固定效应下10%水平的显著性检验。

这些数值特征可以获得几个方面的认识:①产业结构升级整体上对全要素生产率提高具有正面作用。一般而言,产业结构高级化意味着生产方式的改良,而生产方式的优化带来要素利用方式变革,同样的要素投入将带来更多的产出。因此,产业结构调整仍旧是整体上提升中国全要素生产率的重要途径。②产业结构调整对不同区域的全要素生产率具有不同的作用方式,整体上全国范围内的作用方式在区域间产生了明显的分化。在参数估计值显著性良好且为数值较大正值的区域,参数估计值大小依次为长三角、中原经济区、珠三角;而在京津冀、辽中南地区,产业结构变量对全要素生产率的影响虽通过显著性检验但大部分为负值。这种参数估计结果与原有的产业结构基础具有明显一致性。长三角地区产业结构处于较高层次，第三产业比重较高；珠三角和中原经济区具有明显的以制造业为主的产业结构特征，但第三产业发育较好；辽中南和京津冀地区，产业结构中重工业特征突出。因此，产业结构高级化对全要素生产率的提升似乎与经济发展水平并没有直接关系，而在很大程度上取决于原有的产业结构基础。产业结构高级化走在前列的区域，持续的产业结构高级化提升全要素生产率的作用更强；产业结构高级化中等，产业结构配比较为合理的区域，产业结构提升同样能够显著拉动全要素生产率提升；在重化工业比重突出的地区，已经形成了既有产业结构在全要素生产率方面的既有优势，强行的产业结构高级化反而有损全要素生产率提升。因此，产业结构与全要素生产率的关系表现出类似于"路径依赖"的特征，即既有产业结构决定的全要素生产率相对优势。

（4）人力资本对全要素生产率的影响

以教育事业从业人数衡量的人力资本状况对全要素生产率的影响在各个区域范围和三种估计方法之间表现出的极大的差异性，相关的参数估计值数值可以从几个方面来说明：

其一，整体上看，变量参数估计值均为正值，但显著性在估计方法和区域之间差别较大；同时，各个区域范围，三种估计方法获得的参数估计值差异明显。

其二，就全国而言，人力资本变量在三种估计方法中均通过1%显著性检验，参数估计值为正数且数值较大，固定效应估计获得的参数值是三种估计方法中最大的。

其三，在不同区域，人力资本作用的显著性程度差别极大。在长三角地区，变量显著性和数值均较大；在珠三角，混合效应和随机效应估计通过1%显著性检验，固定效应估计未通过显著性检验；京津冀地区的人力资本变量全部未通过显著性检验；辽中南和中原经济区的人力资本仅在混合效应模型中具有一定的显著性。如果严格按照三种估计方法的检验及其适用性，人力资本仅在全国范围内和长三角地区具有合乎需要的显著性和数值大小。

这些数值特征大致可以通过如下几个方面来考虑:①在全国范围内,人力资本对全要素生产率具有显著的拉升作用,参数估计值具有良好的显著性,数值大小合乎要求。教育事业发展、人力资本投资与积累,显著提高劳动者素质,在同样的劳动投入下产生更多产出,全要素生产率得以提高。②人力资本作用的发挥与多方面的因素相关。一方面,相同区域范围内,不同估计方法获得的参数值和显著性差异明显,尤其是混合效应、随机效应显著性相对较好;另一方面,人力资本对全要素生产率在全国范围内显著的影响在区域间分化明显,仅在长三角获得了较好的显著性和较大的参数估计值。此外,在显著性良好的全国、珠三角两个区域范围,固定效应获得参数值远大于混合效应和随机效应获得参数值,也即强调了城市个体效应和采用了随机干扰项与变量存在相关性的假定后,人力资本对全要素生产率的提升作用更加显著地体现出来。京津冀地区虽未通过显著性检验,但数值特征与此类似。在珠三角地区,剔除了个体效应和随机干扰项与变量的相关性之后,人力资本的参数估计值显著性和数值大小迅速降低;相似的情况还出现在中原经济区。从这个方面来说,人力资本对全要素生产率的拉升效应,受到多种外在因素的影响。换言之,人力资本提升全要素生产率需要依赖于广泛的外部环境;根据经济理论,可能相关的因素包括人力资本配置效率、人力资本流动、劳动力市场状况等。按照这种理解,长三角地区可能在接收外来人力资本的同时,具有较高的人力资本配置效率;京津冀地区与此类似;珠三角地区在的人力资本培养方面努力可能并不明显,但依托其强势经济地位,在吸引人才方面具有优势;中原经济区和辽中南地区尽管培养了人才,但在人力资本配置和劳动力流动方面处于劣势,人力资本效能难以发挥。

(5)对外开放对全要素生产率的影响

本书用实际使用外资与固定投资的比值来衡量城市的对外开放程度,这一变量的参数估计值表现出多方面的数值特征:

其一,在不同区域范围内,参数估计值不仅在显著性、数值大小方面表现出较大的差异性,甚至数值的正负号也有所不同。

其二,就全国情况而言,对外开放的参数估计值在三种估计方法中数值较大,全部通过1%显著性检验,且数值大小基本上不存在差别,说明对外开放对全要生产率具有稳定、显著、重要的提升作用。

其三,对外开放对全要素生产率影响的参数估计值在不同区域范围内差异极大。京津冀地区的该参数估计值通过1%显著性检验,数值较大,且固定效应与随机效应两种估计方法获得结果极为一致;中原经济区的该参数在显著性、数值大小方面略逊于京津冀地区,但整体特征与京津冀地位极为接近;珠三角地区的参数估计值未通过显著性检验;与全国和其他区域情况相对立,长三角地区固定效应和随机效应估计获得参数值为负值,且在固定效应中具有相当的显著性;辽中南地区的参数值则全部为不显著的负值,绝对值相对于其他地区也较小。

这些数值特征可以从多个方面去理解:①对外开放在整体上促进了中国全要素生产率的提升。以对外贸易和国外直接投资为主体的对外开放通过技术溢出、示范效应、竞争等机制,显著提高国内企业和整体的经济生产效率,拉动全要素生产率的上升。②这种整体的拉动效应存在显著的区域差异。这种差异与对外开放程度、经济发展水平具有较高关联性。在对外开放较早的长三角、珠三角地区,对外开放政策实施较早,对外开放程度较高,国际经济与国内经济深度融合,对外开放为国内企业提供"示范"和学习的机会、空间相对有限。在对外开放程度较低的京津冀和中原经济区,国内经济与国际经济尚存在一定距离,外资经济和对外贸易为优化国内生产方式方面提供诸多借鉴,对外贸易和外资经济能够显著提高区域和城市全要素生产率。辽中南地区因特定的产业结构,外资引进难以提升经济质量,甚至对全要素生产率表现出不显著的负面影响。因此,对外开放对全要素生产率的提升能力有赖于一定的发力空间,国内经济与国际经济较大的落差,赋予了外贸和外资提升全要素生产率较大势能;随着国内经济与国际经济融合加深,外资的这种作用持续减弱。同时,这种落差又不可过大,对外开放作用的发挥需要一定的发展基础,一定程度的经济发展水平赋予国内经济接受外国经济示范作用的基础能力,落后的经济发展水平和产业结构可能限制对外开放作用的发挥。

(6)集聚经济对全要素生产率的影响

本书以单位土地面积上的经济活动的数量作为集聚经济水平的表征,相应的参数估计值具有多个方面的数值特征:

其一,就整体而言,集聚经济变量的显著性在六个区域范围的三种参数估计方法中,均通过1%显著性检验,显著性良好;不仅如此,在所有估计结果中均为正值。表明无论是哪个经济区域,也无论哪种数据考察方法,集聚经济对全要素生产率的提升作用都是显而易见的。

其二,就全国而言,集聚经济对全要素生产率影响的参数估计值为显著的正值,且绝对值相对较大。说明集聚经济在全国范围内承担起提高全要素生产率的重任。

其三,就区域而言,集聚经济的参数估计值仅存在绝对值大小方面的区别。在混合效应回归中,参数值大小依次为长三角、珠三角、辽中南、中原经济区和京津冀;在考虑个体效应且假定随机扰动项与解释变量不相关的随机效应估计中,参数值大小依次为珠三角、辽中南、中原经济区、长三角和京津冀;在排除随机扰动项和解释变量的相关性之后,固定效应模型获得参数值大小依次为辽中南、珠三角、中原经济区、长三角和京津冀。加入模型选择考虑的参数值大小排序与固定效应结果相同。

这些数值特征能够带来如下几个方面的思考:①在全国范围内,考虑城市个体效应使得集聚经济对全要素生产率的影响作用更显著地体现出来,排除了未考虑因素对解释变量的干扰之后,这种影响作用同样提高。这表明,集聚经济对全要素生产率的影响与城市本身的某些固有特征相关,但存在一些未知因素限制了集聚经济对全要素生产率的提升强度,造成集聚经济的作用未能完全发挥。这是全国整体的状况。②在考虑个体效应之后的固定效应和随机效应模型中,根据集聚经济的参数值大小大致可以划分为三个梯度:第一梯度的辽中南和珠三角地区集聚经济的作用最强,中原经济区处于第二梯度,集聚经济的作用强度稍弱;集聚经济提升全要素生产率能力最弱的区域是长三角和京津冀,处于第三梯度。这种特征基本上与区域内中心城市与外围城市的落差相一致。各个区域都存在这规模大、实力强、处于核心地位的中心城市,但这些中心城市与外围城市之间的落差存在明显的区域差异。在辽中南和珠三角地区,中心城市和外围城市在产业结构、规模、经济实力方面较为接近,各自城市本身的集聚经济显著提高了自身全要素生产率。长三角和京津冀的外围城市与其自身的区域中心城市在各个方面均存在较大差距,集聚经济对全要素生产率的提高作用主要体现在中心城市;外围城市一般为中心城市提供配套或者辅助,处于从属地位,即使集聚经济带来了全要素生产率提高的生产方式,也会被强势的中心城市吸引、模仿,进而扩散到其他城市,加之中心城市的辐射,外围城市集聚与全要素生产率提高之间关联不明显。与其他区域显著区别的另一方面在于,长三角和京津冀的区域中心城市均为直辖市,这种政治地位也可能加大中心城市与外围城市之间的落差,强化集聚效应或扩散效应,弱化城市本身集聚经济与全要素生产率之间的关联性。中原经济区处于两个极端之间,全国整体情况与此类似。因此,可能是区域中心外围城市的落差,使得区域集聚—扩散效应表现形式存在差异,造成集聚经济与全要素生产率不同的关联强度。

(7)研发活动对全要素生产率的影响

本书以科研技术服务从业人数来衡量城市的活动投入和活跃程度,其对全要素生产率影响的参数估计值具有几个方面的特征:

其一,从整体上看,参数估计值在所有区域范围的三种估计方法中均具有一定的显著性,但参数值大部分表现为负值。一般认为,研发活动能够直接提高经济活动的技术水平,从而对全要素生产率具有显著且较强的正向影响。但这一预期在本项实证研究中就没有出现。

其二,就全国而言,研发活动对全要素生产率影响的参数值通过1%显著性检验,具有良好的显著性,但其数值却是负值。

其三,这一参数值在各区域间存在显著性、正负号、绝对值方面的差异。长三角的该参数值通过1%显著性检验且数值为负,纳入个体效应并排除未知因素关联,参数绝对值持续降低,这一情况与全国类似。珠三角地区的参数值显著性同样良好,但固定效应获得的参数绝对值最高。这一参数的全部估计结果仅在京津冀的固定效应和随机效应中出现了正值,但绝对值较小。辽中南和中原经济区的参数均具有一定显著性的负值。

这些参数值尽管与理论预期有一定距离,但仍旧可以从以下几个方面讨论:①研发活动本身与全要素生产率提高之间并不存在单一、直接的关联方式。研发人员投入、研发活动并不能直接优化生产方式并提高全要素生产率。这其中至少涉及两个方面的前提:一是研发活动的效率,二是研究成果的经济应用。一方面,研发投入增加与研究成果等比例增长的一个重要前提是,研发活动效率一定。如果研发活动效率较低,研发投入则可能存在明显的边际生产力递减效应,从而可能出现科研人员增加而科研成果更小幅度增加的情况。事实上,当前中国的研发活动出现的低水平重复、同质竞争、行政导向等问题,极大地限制了研发活动的效率。另一方面,研发投入要转化为较高的生产效率,前提是研发获得的成果能够顺利、高效地应用到生产过程。中国现阶段在这一点上的欠账更多,包括科技成果转化机制、知识产权制度安排、产学研对接等方面存在很多现实不足;而研发活动应用导向的不足,从另一个方面限制了研究成果的应用范围和实际效果。显著且为负的参数值并不意味着要降低研发活动的投入,而是要着眼于提高研发活动的效率和研究成果转化能力。②多个方面的力量对比可能造成区域之间研发活动参数估计值的差别。区域之间参数估计值的差别一方面可能来自于前述的研发活动效率和研究成果转化能力,另一方面可能与区域、城市的市场活力和研发活动的市场导向相关。两者均在不同区域具有不同的表现特征和力量对比,带来参数值在显著性、正负和绝对值大小方面的差异。

5.2.3　影响因素一般规律分析

从上述分析可以看出,七个解释变量无论从参数值大小和显著性程度在全国和五大经济区都存在着明显的差异,在分析各个解释变量差异的基础上,从参数估计值和显著性程度两个方面揭示各个解释变量在全国和主要经济区一般性、共同性、趋势性的特点。

从解释变量参数估计值分析,存在着"政府科技投入、对外开放、集聚经济"拉动全要素生产率增长的"三驾马车"。相关的数值特征包括三个方面:①在全国和五个区域范围的三种估计模型中,政府科技投入、对外开放、集聚经济的参数绝对值基本上处于所有要素的前三位,且参数值远远大于其他要素。②在全国数据的分析中,明显地存在着政府科技投入、对外开放、集聚经济三个处于优势地位的影响因素,说明就全国整体情况而言,这三个因素是我国目前推动全要素生产率增长的最重要力量。③在各个经济区域,三个变量的强度、影响方式尽管有所不同,显著性也存在差异,但共同的一点在于,这三个变量的参数值同样稳定的处于影响力最强的前三个变量。说明我国全要素生产率增长过程中主要依赖于政府科技投入、对外开放和集聚经济。

这三个要素对中国以及中国各城市的全要素生产率具有决定性的意义。

这种发展特征具有如下几个方面的含义：①中国经济的全要素生产率提高来源于政府主导模式，这既有好的方面，也有不利影响。一方面，政府的大力支持能够在短期内迅速提高全要素生产率，这与中国的经济政治体制是密不可分的，政府对社会资源的控制、管理能力较强，能够在短时间内集中大量人力、物力、财力来推动经济社会相应方面的发展，且发展速度较快。另一方面，这也说明我国市场机制发育不健全。根据西方经济理论，政府应当作为社会的服务者发挥作用，而企业才是社会经济发展的根本动力、活力所在；政府科技投入在各个经济区的全要素生产率中发挥最强作用意味着，企业、市场活力不够或者发展不够完善。根据这一参数估计结果，未来发展要依赖于政府力量还是企业、市场力量，则需要根据城市、区域的特定发展阶段来取舍。②对外开放参数估计值比较大，但是显著性结果不稳定，说明外向型主导模式对城市经济全要素生产率的增长呈现衰退趋势，对外开放带来的经济增长红利正在逐渐消失。通过技术引进和简单模仿获得的技术后发优势不是城市经济增长转型发展的主要动力。中国"以市场换技术"、向外资学习先进技术和管理经验能够带来的经济质量提升越来越有限。从外需转向内需，从模仿转向自主创新是新时期下我国城市经济实现集约增长的主要动力。③集聚经济是全要素生产率提高最稳健的因素。在拉动全要素生产率增长的"三驾马车"中，集聚经济的估计参数不是最大的，却是最稳定的。在全国的参数估计中，集聚经济的影响强度位列第三，其他经济区域基本与此类似；在所有区域范围的三种估计结果中，集聚经济全部为正值且通过1%显著性检验。集聚经济意味着经济主体的彼此靠近和经济密度的提升，通过匹配效率、交易成本、共享使得生产更加便捷，通过交流、知识溢出推动创新发展。因此，构建有效的区域经济结构，发挥集聚经济效益，将有益于未来中国经济质量的提升。

从解释变量显著性程度分析，存在着影响全要素生产率稳定的四因素，分别是政府科技投入、产业结构、集聚经济和研发活动。①这个四个因素在全国均通过1%的显著性检验，并且在长三角、珠三角、京津冀、辽中南和中原经济区也都通过了10%的显著性检验。良好并且稳定的显著性检验结果，说明以上四个方面是较为稳定和重要的影响全要素生产率的因素，在各个主要经济区和全国地区都是主要的影响因素。②这四个影响因素和本书第二章建立的 TFP 驱动的城市经济增长模型契合度很好。本书将城市全要素生产率主要来源分为知识程度提高、结构优化、集聚效应和制度安排四个方面。这部分的显著性检验结果和全要素生产率主要来源相对应。其中政府科技投入是制度安排的具体内容,产业结构是结构优化的主要来源,集聚经济是集聚效应的主要动力,研发活动是知识提高程度的主要载体。

解释变量显著性程度具有如下含义:①变量通过显著性检验,说明政府科技投入、产业结构、集聚经济和研发活动是影响全要素生产率的主要因素。各个城市可以从这四个主要方面设计提升全要素生产率的相关路径。②变量呈现显著性并且参数为正的因素是目前城市全要素生产率提升的主要驱动力。在全国以及五个经济区内变量呈现显著性并且参数估计值为正的因素是政府科技投入和集聚经济,说明我国目前城市全要素生产率主要依靠政府科技投入和集聚经济的双向驱动,这两个因素是我国城市全要素生产率改进的主要原动力。③变量呈现显著性并且参数为负的因素是目前城市全要素生产率改进的主要瓶颈。在全国以及五个经济区内变量呈现显著性,但是参数估计值为负的因素是产业结构和研发活动。其中研发活动在全国以及五大经济区的参数估计值都为负;产业结构在京津冀和辽中南地区的估计值为负。这说明我国目前全要素生产率改进的短板在于研发活动,政府科技投入为主导模式下,造成企业、组织等微观主体研发动力不足,基础研究、应用技术研发、研究成果传播、成果产业化的网络体系不健全,在这样的约束条件下研发活动成为城市全要素生产率提升的制约瓶颈。产业结构在京津冀和辽中南地区参数估计值为负,也说明了这两个区域产业结构成为阻碍全要素生产率提升的因素。京津冀地区的区域产业分工有待加强,河北省承接北京、天津产业、技术转移和扩散能力需要提高,区域内产业功能定位和错位发展有待完善,京津冀地区产业结构参数估计值为负,是多因素共同作用的结果。相关资料显示,辽中南地区产业结构呈现第二产业比重上升,第三产业比重下降的"逆向"变动趋势①。这说明辽中南地区的产

---

① 李守信.以自出创新促进区域经济发展方式转变研究[M].北京:经济科学出版社,2011:137.

业结构升级还是侧重传统优势产业的升级和改造,第三产业和高新技术产业的比重没有显著提高。辽中南地区重化产业转型滞后成为全要素生产率进一步提升的主要障碍。

5.3　全要素生产率影响因素的贡献度分析

5.3.1　方法选取及结果

在分析了影响因素对全要素生产率显著性程度之后,本部分进一步分析各影响因素对城市间全要素生产率差距的贡献,发现不同区域全要素生产率变化的主要影响因素,为进一步研究城市经济增长全要素生产率驱动模式提供实证结果。本书采用基于回归结果的夏普利值分解方法分析不同影响因素对城市间全要素生产率差距的贡献,其思路和原理有两个:第一种思路,首先在方程估计中获得各个解释变量对被解释变量的影响参数,参数的含义为解释变量对被解释变量的影响方式、影响程度,大体上可以从参数的正负号、绝对值两个角度去理解;然后将回归方程的解释变量和被解释变量分别进行差异程度的计算,将解释变量的差异程度与各自参数估计值结合起来,衡量该解释变量差异对被解释变量差异的贡献程度。另一种思路,在方程估计之后,去掉某个解释变量,测算去掉解释变量之后,方程估计效果的变化,然后将其中的变化值与原有的估计效果进行对比,以便测算出该解释变量对方程估计的贡献程度。

两种方法尽管思路不同,但获得的结果含义是一致的,都能够对方程参数估计结果提供更深入的洞察。如前所述,解释变量的参数估计结果表明的是,该解释变量对被解释变量的影响方式、影响强度。参数值越大,说明同样解释变量的变化幅度,能够引起被解释变量更大幅度的变化。这种影响仅仅是不同观测样本被解释变量差异程度的一个方面。如果某一解释变量在观测样本个体之间差距不大,尽管参数估计值较大,但解释变量差异对被解释变量差异的贡献仍然有限。因此,夏普利值分解提供了某一解释变量差异对被解释变量差异贡献程度的度量,这种贡献程度一方面取决于解释变量的参数估计值,另一方面取决于解释变量自身的样本个体差异程度。

本部分的夏普利值分解采用第二种计算思路,使用 Stata 12.1 提供的计算程序获得结果,见表5-3 和表5-4。表格中,将自变量解释的因变量差异看成100%,分别给出了各个自变量对被解释部分的因变量差异的贡献程度。

表5-3　夏普利值分解结果(一)

变　量	全　国		长三角		珠三角	
	夏普里值	贡献度	夏普里值	贡献度	夏普里值	贡献度
政府科技投入	0.2669	27.29%	0.2000	38.30%	0.0868	21.33%
基础设施	0.0753	7.70%	0.0208	3.99%	0.0822	20.20%
产业结构	0.1510	15.44%	0.0272	5.20%	0.0200	4.91%
人力资本	0.0867	8.87%	0.0308	5.91%	0.0584	14.36%
对外开放	0.0519	5.30%	0.0359	6.87%	0.0083	2.03%
集聚经济	0.2688	27.49%	0.1682	32.21%	0.0850	20.90%
研发活动	0.0773	7.90%	0.0393	7.53%	0.0662	16.27%
总和	0.9778	100%	0.5223	100%	0.4068	100%

表5-4　夏普利值分解结果(二)

变　量	京津冀		辽中南		中原经济区	
	夏普里值	贡献度	夏普里值	贡献度	夏普里值	贡献度
政府科技投入	0.1248	30.38%	0.0622	11.64%	0.2064	34.82%
基础设施	0.0132	3.22%	0.0455	8.53%	0.0151	2.55%
产业结构	0.0998	24.30%	0.0644	12.05%	0.1824	30.76%
人力资本	0.0285	6.93%	0.0407	7.61%	0.0565	9.53%
对外开放	0.0476	11.59%	0.0092	1.73%	0.0255	4.30%
集聚经济	0.0719	17.50%	0.2831	52.99%	0.0822	13.87%
研发活动	0.0250	6.08%	0.0291	5.45%	0.0248	4.18%
总和	0.4106	100%	0.5341	100%	0.5929	100%

5.3.2 影响因素贡献度分析

从表5-3和5-4的分析可以看出,政府科技投入、基础设施、产业结构、人力资本、对外开放、集聚经济和研发活动在五大经济区内对全要素生产率差异贡献度存在不同,具体分析如下。

政府科技投入在全国范围对全要素生产率差异的贡献度达到27.29%,在七个影响因素中贡献度名列第二,和贡献度第一的集聚经济仅差0.2%。在五个经济区中,其中政府科技投入在长三角的贡献度名列第一,高达38.30%;其次是中原经济区为34.82%;名列第三的是京津冀地区,贡献度为30.38%;珠三角和辽中南名列第四和第五,贡献度分别为21.33%和11.64%。

集聚经济在全国范围内对全要素生产率差异的贡献度为27.49%,是影响因素中贡献度最高的。其中辽中南地区集聚经济对全要素生产率贡献度高达52.99%,在五个经济区内名列第一;长三角地区集聚经济的贡献度为32.21%,名列第二;珠三角贡献度为20.90%,名列第三;京津冀和中原经济区名列第四和第五,贡献度分别为17.5%和13.87%。

产业结构在全国范围内对全要素生产率贡献度为15.44%,在各个影响因素中贡献度名列第三。其中产业结构在各个经济区的数值差异较大,其中对中原经济区的贡献度达到30.76%,在五个经济区名列第一;在京津冀中贡献度为24.30%,名列第二;辽中南地区的贡献度为12.05%,名列第三;在长三角和珠三角地区的贡献度数值较小,分别为5.20%和4.91%。

人力资本在全国范围内对全要素生产率的贡献度达到8.87%,在影响因素中名列第四。在五个经济区内,在珠三角地区内人力资本贡献度最高达到14.36%,在其余经济区内贡献度较小,其中长三角地区为5.91%、京津冀地区为6.93%、辽中南地区为7.61%、中原经济区为9.53%。

研发活动在全国范围内对全要素生产率的贡献度为7.90%,在影响因素中名列第五。在五个经济区内,在珠三角地区研发活动对全要素生产率差异的贡献度达到16.27%,远远高于全国平均水平,在其余经济区内,研发活动贡献度水平不高。其中长三角为7.53%、京津冀为6.08%、辽中南为5.45%、中原经济区为4.18%。

基础设施在全国范围内对要素生产率的贡献度为7.70%,在影响的各个因素中名列第六。珠三角地区基础设施的贡献度最高,达到20.20%,其余地区基础设施贡献度水平不高。其中,长三角地区为3.99%,京津冀地区为3.22%,辽中南地区为8.53%,中原经济区为2.55%。

对外开放在全国范围内对全要素生产率的贡献度为5.30%,在各个影响因素中名列最后。在五个经济区内的作用情况和全国也基本一致,除了在京津冀地区达到11.59%以外,其余地区贡献度都不高,其中长三角地区为6.87%,珠三角地区为2.03%,辽中南地区为1.73%,中原经济区为4.30%。

5.3.3 贡献度一般规律分析

通过上述分析可以看出各个影响因素在全国和五个经济区对全要素生产率贡献度存在差异,与此同时,影响因素贡献度在各个经济区之间还存在一些一般规律,主要表现如下:

第一,政府主导是区域全要素生产率差异的首要贡献因素。从上面的分析可以看出,政府科技投入在全国以及五个经济区对全要素生产率的贡献程度都很高,并且稳定性很好。政府科技投入是政府主导的一种制度安排,说明我国目前城市全要素生产率驱动模式主要依靠政府投入。但是政府投入驱动的模式容易产生效率不高和稳定性差的问题。政府也是理性人,政府投入也要进行收益和成本比较,在城市增长模式转变过程中,政府也面临着外部性和信息不对称问题,逆向选择不可避免。这些都成为政府主导驱动模式不稳性的原因。

第二,集聚经济成为区域全要素生产率差异的重要贡献因素。在全国范围内,集聚经济和政府科技投入对全要素生产率的贡献程度几乎并驾齐驱,在长三角和珠三角也出现了相同的情况。城市经济的本质特征就在于它的空间集聚性,城市增长模式重要的驱动因素也在于集聚经济效应。集聚经济是一种通过规模经济和范围经济的获得来提高效率和降低成本的系统力量。微观主体通过规模扩大以及专业化带来了经济活动中的成本节约,或者通过市场延伸获得了成本节约;同时城市内部和城市之间的产业相互协调,促进发展,通过规模经济效应和范围经济效应作用的集聚经济成为城市全要素生产率差异的重要贡献因素。

第三，知识能力对全要素生产率差异贡献度日益明显。根据第二章设立的理论分析框架，人力资本和研发活动都可以看作是知识能力提高物化的结果。通过加总人力资本和研发活动的夏普利值，可以发现知识能力也是城市之间全要素生产率差异的重要贡献能力。城市的知识能力体现在技术、人力资本、物化资本等多个方面。在资源投入有限和要素成本上涨双重约束下，城市之间的竞争归根结底依靠知识能力的提升。城市的创新环境、文化禀赋等无形资源将成为城市竞争力的关键。

第四，全要素生产率呈现差异化驱动态势。从各个区域影响因素夏普利值的分解可以发现，区域之间表现出不同的结构比例，说明区域之间呈现出差异化的全要素生产率驱动模式。提取夏普利值位于前三位的因素，其中全国表现为"政府科技投入—集聚—产业结构"，长三角呈现"政府科技投入集聚—研发活动"，珠三角表现为"政府科技投入—集聚—基础设施"，京津冀则为"政府科技投入—产业结构—集聚"，这说明不同区域之间存在不同影响全要素生产率的驱动因素。在遵循政府主导和集聚经济一般模式的基础上，各个区域表现出产业结构优化驱动、知识能力提升驱动等差异化模式。

第五，多要素协同驱动动力不足。通过各个区域影响因素夏普利值的分解可以发现，在政府主导模式下，产业结构优化、人力资本、研发活动等其他因素动力不足，政府主导挤占了其他因素的作用空间。在政府主导模式下，政府科技投入和集聚经济两个因素在全国和五个经济区都超过50%，有的地区甚至接近70%。这就造成了产业结构、研发活动、人力资本贡献程度不高，没有形成多因素协同驱动全要素生产率增长的局面。根据本书第二章建立的TFP驱动城市经济增长模型最大化条件可知，只有当各个影响因素齐头并进时，城市经济产出可以获得最大值。从本部分结果分析发现，只有珠三角地区基本呈现多要素协同驱动，政府科技投入、集聚经济、技术设施、研发活动、人力资本这些影响因素贡献度差异不大。同时通过对珠三角全要素生产率的测度，也说明该地区是全国全要素生产率改善明显的地区，在研究的五个经济中名列第一。珠三角地区的发展特征一方面验证了本书理论模型的可靠性，另一方面也说明多要素协同驱动可以改善单一模式的弊端,是未来城市经济增长动力转换的方向。但是我国目前城市经济增长模式中,存在产业结构、研发活动、人力资本等诸多短板,这些因素成为制约城市全要素生产率改进的瓶颈。因此结合我国城市发展实际情况,现阶段城市实现全要素生产率驱动的经济增长,须关注单因素主导模式。

5.4　本章小结

　　本章选取了政府科技投入、基础设施、产业结构、人力资本、对外开放、集聚经济和研发活动七个因素作为解释变量,选取索洛余值计算出的全要素生产率为被解释变量,运用 Stata 软件在全国 281 个城市和长三角、珠三角、京津冀、辽中南和中原经济区进行了混合效应、固定效应和随机效应的面板回归。

　　分析得出上述七个因素在全国范围内都通过1%水平的显著性检验,除研发活动以外,其余影响因素参数值都为正,五个主要经济区基本呈现和全国一致的结果,但是在个别影响因素方面呈现区域差异性。其中政府科技投入在全国和五个经济区都通过显著性检验,并且参数值为正。基础设施在珠三角、京津冀、辽中南地区通过显著性检验且具有显著的正向作用,在长三角和中原经济区没有通过显著性检验,参数值为正。产业结构在五个经济区均通过显著性检验,但是参数值呈现区域差异,其中在长三角、珠三角和中原经济区呈现正向作用,在京津冀和辽中南地区呈现负向作用。人力资本仅在长三角地区通过显著性检验并且呈现明显的正向促进作用,在其他区域虽然参数值为正,但是没有通过显著性检验。对外开放区域差异性明显,其中京津冀和中原经济区通过显著性检验,并且呈现正向关系,在其他地区没有通过显著性检验,其中长三角和珠三角的参数值为正,辽中南地区为负。集聚经济在五个经济区全部通过显著性检验,并且参数值为正。研发活动在五个经济区全国通过显著性检验,除京津冀地区外其他地区均呈现负向关系。

　　通过影响因素显著性分析得出政府科技投入、对外开放、集聚经济是目前城市全要素生产率提升的主要力量,但是对外开放的显著性程度不稳定,说明外向型主导模式不是城市全要素生产率持续改善的动力。从解释变量显著性程度分析,存在着影响全要素生产率稳定的四因素,分别是政府科技投入、产业结构、集聚经济和研发活动。其中政府科技投入和集聚经济的参数估计值为正,且通过显著性检验,说明我国目前城市全要素生产率主要依靠政府科技投入和集聚经济的双向驱动。产业结构和研发活动变量呈现显著性,但个别区域参数为负,说明这两个因素是目前城市全要素生产率改进的主要瓶颈。

运用夏普利值方法对政府科技投入、基础设施、产业结构、人力资本、对外开放、集聚经济和研发活动七个因素对 TFP 贡献度进行了分析。其中政府科技投入在全国范围对全要素生产率差异的贡献度达到 27.29%,在五个经济区中,其中政府科技投入在长三角的贡献度名列第一,其余依次为中原经济区、京津冀地区、珠三角和辽中南。集聚经济在全国范围内对全要素生产率差异的贡献度为 27.49%,是影响因素中贡献度最高的。在五个经济区中,辽中南贡献度名列第一,其余依次为长三角、珠三角、京津冀和中原经济区。产业结构在全国范围内对全要素生产率贡献度为 15.44%,在各个影响因素中贡献度名列第三。在五个经济区中,中原经济区贡献度名列第一,其余依次为京津冀、辽中南、长三角和珠三角。人力资本在全国范围内对全要素生产率的贡献度达到 8.87%,在影响因素中名列第四。在五个经济区内,在珠三角地区内人力资本贡献度最高,其余依次为长三角、京津冀、辽中南、中原经济区。研发活动在全国范围内对全要素生产率的贡献度为 7.9%,在影响因素中名列第五。在五个经济区内,贡献度依次为珠三角、长三角、京津冀、辽中南和中原经济区。基础设施在全国范围内对要素生产率的贡献度为 7.7%,在影响的各个因素中名列第六。在五个经济区内,贡献度依次为珠三角、长三角、京津冀、辽中南和中原经济区。对外开放在全国范围内对全要素生产率的贡献度为 5.3%,在各个影响因素中名列最后。在五个经济区内,贡献度依次为京津冀、长三角、珠三角、辽中南和中原经济区。

通过夏普利值的方法对全要素生产率影响因素的贡献进行了分析,得出政府主导是区域全要素生产率差异的首要贡献因素,集聚经济成为区域全要素生产率差异的重要贡献因素,知识能力对全要素生产率差异贡献度日益明显,全要素生产率呈现差异化驱动,多要素协同驱动动力不足成为制约全要素生产率提高的瓶颈。

　　综合考虑显著性和贡献度分析的结果,可以发现政府科技投入、集聚经济、产业结构和知识能力是影响全要素生产率变化的稳定性强和贡献度高的因素。根据本书第二章建立的全要素生产率驱动城市经济增长模型可知,城市经济增长的过程表现为各种影响因素效率不断追赶的过程,因此不同城市在不同时期表现出某种效率的显著改进,显著改进的影响因素成为城市经济增长的主要驱动力量。结合 TFP 驱动的城市经济增长模型和实证分析结果,本书将从政府规控、产业结构优化、知识能力提高和多样化驱动四个方面分析城市集约型经济增长的组织和运行。

6

在全要素生产率区域差异和城市经济增长现状描述以及全要素生产率差异影响因素实证分析的基础上,本章进一步探究城市经济高质量增长模式。通过第五章的分析,结合显著性和贡献度两个标准,可以发现政府科技投入、产业结构优化、集聚经济和研发活动这四个因素呈现了良好的稳定性和显著的贡献度。根据这一结果,通过对现行城市经济增长模型进行检讨,结合城市经济高质量增长的动力来源,本章将从政府规控、产业结构优化、知识能力提高和多样化驱动四个方面分析城市集约型经济增长的组织和运行,并深入分析这四种组织形式的内涵、适用条件、特征以及运行机理。

6.1 对现行城市经济增长模式的检讨

我国现行城市经济增长模式是以资源趋于充分供给为假定条件,通过不断增加要素资源投入,并以外延扩张的形式放大城市经济规模总量为特征的粗放型模式。长期以来,城市经济增长主要来源于资源无限供给下的要素驱动,伴随着我国经济出现的"新常态"特征,过度依靠廉价"土地红利"和"人口红利"的城市增长模式已经难以为继。"土地财政"支撑下的城市增长模式带来城市资源配置效率低下、城市过度扩张等诸多问题;同样"人口红利"也因为我国老龄化到来和劳动力成本上涨,在未来城市发展中不可持续。面对一系列的问题,我们需要对现行城市经济增长模式进行深入检讨。

（1）政府主导的增长目标偏好

由于地方政府兼有城市经济生活的多种身份，带来了多目标的决策结构，在强大财政压力和晋升考核约束下，多目标选择不能兼顾，城市经济快速增长成为地方政府多目标结构中最突出的目标。在本书关于全要素生产率差异影响因素和贡献度的实证分析结果中，可以发现政府主导的资金投入是全要素生产率差异的首要因素，政府投入是城市经济增长最重要的动力来源。政府主导的增长目标不断强化，导致其他目标例如城市环境质量、产业结构调整、人力资本深化等目标被延迟或部分放弃。在本书的实证结果中，也发现在我国的一些区域内产业结构、研发活动变量的系数为负数，并且出现政府投入贡献度独大的局面。政府的增长目标偏好带来的最显著的问题是经济增长的高成本。不考虑城市长期发展和效益，片面追求增长，带来了资源短缺、环境污染和生态破坏，造成城市发展多目标冲突失衡的局面，因此这样的城市经济增长是不可持续的。

（2）城市生产的内外部不经济

这种模式下，城市生产的内部不经济表现在城市经济增长过程中环境的高消耗与资源利用的低效率相联系。城市生产的微观主体企业在生产过程中存在着原材料消耗过高、产品深度加工不够、技术附加值不高、工业"三废"排放量大等问题，对城市环境带来不可逆转的破坏。城市生产的外部不经济表现在以大中城市为中心的环境污染不断蔓延，进一步扩散到郊区、城市边缘、小城镇以及农村地区，生态环境破坏的范围在扩大、程度在加剧。由于区域生态环境作为一种公共产品，环境成本被排除在经济增长目标考核之外，缺乏对环境损耗的自我约束，导致了城市外部不经济的加剧。本书在第三章也通过实证得出我国城市全要素生产率增幅趋缓，技术效率的水平效应落后于技术变化的追赶效应，这一结果也反映了在现行模式下我国城市内外部的不经济，大量的资源投入和环境消耗没有形成有效的产出，带来了环境治理资金的缺乏，因此现行模式缺乏大规模环境治理的所需有形投入和无形投入的积累。

（3）城市生产的不稳定性

城市生产的不稳定性也表现为内部和外部两个方面。城市内部生产的不稳定性主要表现在政府决策主导带来单因素驱动的不稳定。政府作为地方经济的管理者,相关制度安排存在一定滞后性和不连续性,给城市生产带来不稳定因素。本书通过对主要经济区全要素生产率变化进行测度,发现经济区全要素生产率的改进表现出很强的政策路径依赖,政府的经济政策等相关制度安排对城市经济增长刺激作用明显,城市自身效率提升机制不健全,效率短板长期得不到改善,造成城市经济增长波动明显。城市生产的外部不稳定性主要表现在外部需求波动带来城市经济增长的脆弱性。原材料、劳动力、土地、能源等成本都出现永久性的上升,国内生产能力和国民购买能力严重失衡,在外部需求疲软的影响下,城市"出口导向型"增长波动严重。在本书的实证过程中发现,珠三角和长三角地区受到金融危机影响出现全要素生产率的大幅度下降,说明外部需求波动对城市经济增长带来了严重影响。现行模式下,城市经济增长依赖政府投入和外部需求,缺乏内源性的经济增长机制,带来了城市经济增长的不稳定性。

(4)城市空间绩效的低效化

城市空间绩效的低效化主要表现为区域内中心城市集聚能力弱,中心城市和外围区域联系松散,导致空间资源粗放式利用和空间分工体系重复化。区域中心城市和外围城市之间联系不够紧密,从本书第四章全要素生产率空间维度的分析可以发现,在单中心区域,例如长三角、中原经济区都呈现明显的"中心–外围"空间结构,大部分外围遮蔽区城市经济增长滞后;在多中心区域,例如珠三角、京津冀、辽中南区域都表现出双中心发展不平衡的空间结构,双中心辐射没有改善区域内中心和外围城市之间的经济联系。区域空间组织的松散结构导致了土地、水、能源、基础设施、社会化服务等要素的集约利用空间条件无法形成。同时更为严重的是导致了区域产业结构低度化和竞争趋同化。城市之间缺乏比较优势分工,同位竞争日益加剧,低端制造产业无序蔓延,区域资源和环境约束压力日益加大,丧失了空间产业集群的规模效应。在现行城市经济增长模式下,城市之间空间绩效低效化,个别城市以经济增长为首要目标,忽略城市比较优势、区域生态和人文环境条件,最大限度透支了区域未来发展空间和资源环境,丧失了城市经济增长的空间基础。

通过上面的分析可以发现,长期以来我国城市经济粗放增长中存在的政府主导增长目标偏好,城市生产的内外部不经济,城市生产的不稳定性和城市空间绩效的低效化等诸多问题。这些问题存在的逻辑前提在于我国城市经济增长资源要素充分供给的假定条件。但是在城市经济实际运行中，要素资源充分供给的假定条件已经发生改变。城市剩余劳动力供给减少，土地红利对城市经济增长不可持续，城市资源和环境的承载力临近极限，投资增长对城市经济增长贡献度不断下降。城市经济增长中土地、资金、劳动力以及其他资源要素供给情况都发生了变化，要素充分供给的假定条件已经不能成立，城市经济粗放型增长方式也必须进行转型。在资源有限供给约束条件下，关注要素组合质量，增大知识能力的贡献度，通过提高资源配置效率和规模经济效率，实现城市经济高质量增长是解决现行城市经济增长问题的良药。

6.2　城市集约型经济增长模式的基本驱动力量

现行的城市粗放式经济增长模式的主要缺陷在于：一是忽略和遗忘了城市发展过程中资源有限性这一逻辑前提和经验事实；二是忽视了资源重新配置包括规模经济因素对城市增长的贡献。[①] 长期坚持这种模式带来了城市生产的内外部不经济性，逐渐丧失了内源性的经济增长机制和城市经济增长的空间基础，造成了环境治理投入储备不足。现行模式转型发展的方向是集约型经济增长模式，在这种模式下，资源无限供给的前提条件发生改变，在资源有限供给的约束条件下，城市经济增长动力来自于要素利用效率的提高和资源配置效率的改善。集约型经济增长模式在技术进步作用的推动下，关注城市整体效益的改善和可持续发展。

（1）要素组合质量

城市集约型经济增长动力来源于各种要素的组合优化，通过优化要素之间的组合比例关系，形成要素合理结合的关联链，获得城市经济最大的产出和效益，其中政府的规控管理能力是影响要素组合质量的关键。城市经济高质量增长是多种要素动态整合而成的。从古典经济学开始，早期的经济思想将土地、劳动力等生产要素作为城市经济增长的主要来源，新古典经

① 冯云廷. 城市经济学[M]. 大连：东北财经大学出版社，2011：114

济学强调资本和劳动的作用,认为要素积累是经济总量增加的重要来源。随着经济理论的不断发展,生产要素的配置效率也成为促进城市经济增长的主要力量。多恩布什关注到资本和劳动等投入要素的使用效率和技术进步在经济增长中起到重要作用。因此城市集约型经济增长动力涵盖了知识能力提高、产业结构优化、集聚经济和制度安排带来的城市经济的全面优化,政府通过调控管理形成各种要素组合的最优比例。单一要素驱动的模式会带来城市经济增长的动力不足,本书第五章的实证分析中可以发现,珠三角地区的全要素生产率增长速度远远好于其他地区,表现为政府科技投入、集聚经济、基础设施、人力资本、研发活动等要素多元组合驱动集约经济增长;而全要素生产率增长速度落后于其他地区的辽中南就呈现要素组合质量不高的情况。

(2)知识程度提高

知识程度提高是城市集约型经济增长最根本的驱动力量。城市知识程度的提高涉及多方面的内容,其中制度、技术、物质资本、人力资本都可以看作知识的载体。物化于资本品中的知识,随着新资本品的更新替代表现出知识程度的提高。蕴含于劳动者的知识,通过技能培训、职业教育、学历教育等人力资本投资实现知识能力的提高。蕴含于制度的知识,通过强制性和诱发性的制度变迁,获得效率更高的新旧制度更迭,实现知识程度的提高。其中创新在各种知识程度提高中起到关键作用。粗放型城市经济增长模式强调资源要素的投入,熊彼特的创新理论为城市发展提供了崭新的思路。他认为要素投入只能带来城市经济规模的扩大,内生的技术创新、制度创新等因素才可以带来城市经济的发展。传统要素的投入没有给经济带来实质性的变化,因此不能看作城市经济的发展,只有通过创新,提高人力资本、制度安排、技术革新等要素组合之间的质量配置效率,体现在全要素生产率方面的经济增长,才可以被认为是城市经济质量的提升。因集约型经济增长模式下城市发展动力从传统资源要素转变为创新要素的驱动。知识能力的提高会进一步推动技术进步、人力资本深化、制度变迁,提高知识对城市经济高质量增长的贡献程度,形成良性的累计循环,因此知识能力的提高是城市集约型经济增长的支撑点。

（3）资源重新配置

资源重新配置获得的结构性增长是城市集约型经济增长的决定性力量。资本积累带来的规模扩张一直以来是粗放型城市经济增长的动力,斯密、李嘉图都认为资本积累带来了劳动力规模扩大和城市生产力的提高,强调资本积累对经济增长的作用。哈罗德-多马模型把储蓄率转化为投资,得出资本积累可以形成"刃锋上的增长"。随着结构主义学派的出现,带来了经济增长新的动力源泉。结构主义认为传统经济要素的投入只能带来资本积累和重复生产,不能改变生产可能性曲线的边界,经济结构的全面优化和升级是经济增长的动力源泉。但是通过结构的优化可以克服规模报酬不变的约束,促进要素更有效率地流动和配置,带来城市经济中有重点、有选择的不均衡增长,通过扩大城市生产边界,形成城市经济增长规模报酬递增的局面。结构优化一般先通过改善城市经济中的需求结构,通过需求结构的优化带来产业结构、就业结构、投资结构、进出口结构等一系列的转变,形成城市经济的结构性增长。因此城市集约型经济增长模式就是将城市经济从规模扩张转变到产业结构、需求结构、投资结构、进出口结构等结构性增长的过程。在本书第五章的实证分析中,也说明了资源重新配置对城市集约型经济增长的重要作用,选取的产业结构变量在全国和主要经济区中对全要素生产率增长贡献度非常高,但是在京津冀和辽中南地区回归系数为负数,说明在我国的一些地区,结构优化是制约城市经济高质量增长的瓶颈。城市经济高质量增长的过程实际就是投入要素重新配置的过程,通过要素优化配置获得结构性增长的动力。

（4）集聚规模经济

集聚规模经济驱动城市集约型经济增长来源于城市规模的适度扩大带来的城市投入系数的减少。在自然资源和资金投入不变的情况下,通过城市的规模调整可以提高城市的投入和产出效益。一般认为大城市的人均产出普遍高于中小城市,这说明城市的规模和城市集约经济增长之间存在一定关系。从本书第四章关于全要素生产率空间结构的分析可以发现,我国全要素生产率存在着"中心-外围"的空间结构,说明中心城市集约型经济增长速度较快,周围中小城市集约型经济增长速度较慢,中心城市比中小城市具有更为合理的投入产出效益。在关于全要素生产率影响因素的分析中也反映了集聚经济因素在全国以及研究的五个经济区内都呈现出重要的影响作用。要素集聚使生产要素向最大效益的区位转移,促进中心城市经济规模扩大,开展经济门类之间的协作分工;同时中心城市获得集约经济增长产生的能量之后,会向周边城市进行释放,带动区域产业调整和转移,形成更为强大的经济高质量增长能量。

6.3 城市集约型经济增长的组织与运行

本书根据全要素生产率影响因素的实证结果,发现各个城市全要素生产率影响因素存在差异,全要素生产率的差异其实质是各个城市集约经济增长模式组织方式的差异。将全要素生产率影响因素显著性和贡献差异分析相结合,其中具有显著性稳定、贡献度强的因素成为影响和驱动全要素生产率变化的主导力量。通过第五章的分析,结合显著性和贡献度两个标准,可以发现政府科技投入、产业结构优化、集聚经济和研发活动这四个因素呈现良好的稳定性和显著的贡献度。根据实证分析结果并结合城市集约型经济增长的驱动力量,本书从政府规控、产业结构优化、知识能力提高和多样化驱动四个方面分析城市集约型经济增长模式的组织形式和运行机理。

6.3.1 政府规控型城市经济增长

(1)政府规控型城市经济增长的内涵

政府规控型城市增长主要表现为中央政府和地方政府通过制定明确的城市增长方式转变战略和财政、金融、投资、就业、收入分配等方面具体政策措施,不断营造良好环境,推动域外资源要素向城市集中,鼓励城市创新主体以产品和技术为节点形成区域化的创新驱动网络。政府规控型的发展模式主要依靠自上而下的力量,在城市转型发展的特殊阶段多借助强大的政府安排带来城市经济增长。

在城市增长模式转变的初期,多采用政府规控型的组织方式,主要表现为在中央政府和地方政府强有力的推动下,通过一系列制度安排带来城市增长模式的转变,最终带来城市全要素生产率改进的制度变迁结果。政府规控型的城市经济增长是我国目前大多数城市采取的方式,采取该方式一方面和我国城市转型发展的特殊阶段相关,另一方面也和中央政府主导的地方政府竞争机制相关。在政府规控型城市经济增长模式中,政府对城市增长模式的影响主要通过以下三方面展现:①政府是制度变迁的主要主体,根据区域和城市经济发展需要进行制度创新供给;②在制度创新框架下,设计具体的经济发展战略和经济发展政策,引导微观主体进行经济活动,规避市场失灵风险;③通过基础设施建设、城市环境改善等营造城市经济运行的良好硬件和软件环境。

我国目前城市转型发展中,大多数城市的发展轨迹中都凸显出政府规控的作用。例如上海在创新型城市建设过程中被视为"政府主导型"的发展模式①。主要表现在上海政府根据"十二五"产业发展规划,构建了以高端制造业、创新驱动、品牌引领、低碳发展为主要特征的产业发展体系,在政府的强有力引导下,发展总部经济,汇集了大批国家级的科研机构、研发机构和跨国总部,重点改善城市经济发展中的质量、水平和结构问题,建设形成以服务经济为主体的产业结构,强调辐射长三角以及全国的服务功能建设。上海在城市转型发展中主要的问题是本土企业创新能力不强,高新技术产业化效能不高的瓶颈。东北地区的城市由于计划经济体制束缚和传统产业刚性结构的约束,政策创新型的城市经济增长方式是东北地区城市集约型发展的主要路径。其中大连软件产业发展就是"国家战略导向和地方政府推动"的典型代表。2000年以来,国家通过各种政策鼓励软件产业发展,出台了《鼓励软件产业和集成电路产业发展的若干重要政策》以及《振兴软件产业行动纲要(2002-2005年)》,此后国家相关部委出台了一系列配套措施。在国家软件产业发展战略导向下,大连软件产业虽然起步较晚,但是地方政府积极制定政策引导软件产业创新,结合大连实际情况,出台了《大连海关支持软件出口的若干措施》《大连市人民政府关于扶持高新技术产业发展的若干规定》,并于2009年出台了《关于加快软件和服务业外包产业发展的意见》和《大连市进一步促进软件和服务外包产业发展的若干规定》,这两个文件成为国内最优惠的软件产业发展扶持政策,为大连市的软件产业发

---

① 尤建新,卢超,郑海鳌,等.创新型城市建设模式分析:以上海和深圳为例[J].中国软科学,2011(7):85.

展提供了强有力的支持。大连软件产业虽然起步较晚,但是在政府管理模式下发展迅速,汇集了 GE、IBM、HP、DELL、松下、索尼、诺基亚等超过 30 所世界 500 强企业,在国家软件产业中占据了一席之地,成为我国软件产业发展的重点区域。

(2)政府规控型城市经济增长的条件

第一,市场经济发育不成熟。在城市经济增长转型的初期,大多数城市的市场经济没有发育成熟,市场中的价格、要素流动和完全竞争市场出现背离。政府管理的介入可以改善市场失灵带来的一系列问题。并且在转型发展的初期,政府规控型更多的作用在于,培育市场力量,完善市场组织,改善市场调控能力。通过政府的管理,提高市场的组织化程度,培育各层次市场,提高要素、信息的流动性、真实性和可获得性。

第二,交易成本较高。交易成本是市场固有的成本,不可能通过市场的力量自行解决。通过政府进行的相应的制度安排可以有效地降低城市经济运行中的交易成本。诺斯指出:"政府可以通过一系列公共(或半公共)产品和服务的供给,以便降低界定、谈判和实施作为经济交换基础的契约做引起的费用。"政府可以通过相应的制度安排降低城市经济运行中出现的信息成本、搜索成本、决策成本等一系列交易成本。

第三,城市公平问题突出。城市经济的高速发展带来了贫富差距分化严重、环境污染严重、农民保障缺失等众多不公平问题。这些突出的问题迫切需要城市经济增长在效率和公平之间进行新的、合理的协调。中央政府和地方政府的制度安排可以有效缓解经济增长带来的城市不公平问题。例如政府建立的多层次社会保障体系、就业体制改革、户籍制度改革等都可以缓解城市经济运行中的矛盾和问题。

(3)政府规控型城市经济增长的特征

第一,政府主导的制度变迁是城市增长的主要驱动力量。政府规控型城市经济增长模式由于受到城市本身经济发展水平和城市特殊发展阶段的约束,市场在驱动城市增长中的作用趋于弱化,政府主导的制度变迁成为城市增长的关键驱动力量。中央政府和地方政府通过一系列的经济制度、法律制度和行政制度安排,为城市发展提供资金和政策支持,促进高新技术产业规模持续增长,培育壮大战略新兴产业,优化产业结构升级。

第二,地方政府是城市增长模式的"第一行动集团"。1978年十一届三中全会以后,我国的经济体制逐渐从计划经济向市场经济转型,同时也开始了中央和地方的分权改革。特别是1994年分税制改革以来,中央和地方政府进行了财权和事权的划分,分权制改革带来的一个变化是地方政府成为城市增长模式的"第一行动集团"。中央政府通过政治集权和地方分权,使地方政府官员受到政治晋升和经济产出的双重考核。城市发展转型的"第一行动集团"并没有出现在企业家层面,而是出现在介于中央政府和企业之间的——地方政府层面。相比于中央政府承担"裁判"的角色,地方政府更多从事了企业家的活动。并且地方政府和企业微观主体相比,具有更强的组织集体行动和制度创新的能力,作为一级行政代理人,地方政府运用政治力量获得本地经济效益的最大化,提升自身在全国经济考评和晋升考评的名次。

第三,政府规控模式需要承担相应代价。在中央政府"经济分权"的作用下,地方政府无条件地参与到经济竞赛中,承担了企业微观主体的职能。这样会造成地方政府的社会服务职能、文化职能等公共职能让渡给经济职能,城市GDP考核导向促使地方政府在城市经济运行中过多进行"理性人"决策而放弃"社会人"思考,表现出强烈的机会主义和商业倾向。例如城市经济运行中出现的地方保护主义、诸侯经济,地方政府不惜代价争夺外商投资,以及城市基础设施建设落后,城市科教文卫发展缓慢等现象就是政府主导模式下城市转型发展的代价。

第四,政府主导力量呈现逐渐弱化趋势。在城市发展的初级阶段,多出现政府作为第一行动集团主导城市经济转型发展,在城市转型发展的中后期阶段逐渐表现为政府主导力量弱化,市场力量逐渐强化,产生自下而上的政策创新。随着城市转型发展的不断深化,政府也将工作重点转移到营造良好的城市运行环境,培育战略新兴型产业,支持基础研究创新活动,促进产业集聚等方面,政府的公共服务、社会管理和文化营造职能逐渐强化。政府逐渐把工作中心转移到提高科学管理能力促进城市发展方面。

(4)政府规控型城市经济增长运行机理

政府规控型城市经济增长模式运行机理,其实质是中央政府通过"经济放权、政治集中"使地方政府成为增长竞争型政府而发生的以制度创新驱动城市经济增长的过程。这一过程涉及制度变迁的主体——中央政府和地方政府,制度变迁的过程——经济制度、法律制度和行政制度,到度变迁的结果——城市经济增长。

诺斯在制度经济学中强调,如果制度变迁的主体是政府,说明产权创新、判定和执行的成本都非常高,超出社会个体成员或利益组织的承担能力,因为政府在提供这种服务上具有规模经济效应,因此政府就成为这种强制性制度变迁的"第一利益集团"。并且制度变迁的过程中充满风险和不确定性,个体成员和组织很难自发进行有效的修复,政府可以弥补个体成员在协调和组织方面的劣势,充分发挥自身优势进行秩序的重建和修复,这成为政府作为制度变迁主体的另一个原因。我国政府作为制度变迁的主体除了具备以上两个一般原因以外,还和我国中央政府实行的"经济分权、政治集中"有关,中央政府在主导市场经济运行过程中,通过权力集中和经济权力下放,构造了有效的政治激励和经济激励方式,培育了地方政府间的竞争机制,造成了地方政府官员身处两种竞争之中:一方面是经济分权强调的地区经济产出和税收竞争,另一方面是各自职位方面的政治晋升。以上原因造成我国地方政府成为制度变迁过程中第一利益集团,地方政府为了成为增长竞争性的政府在财政税收、城市融资、对外开放、市场化进程等方面设计一系列的制度安排。

制度变迁的过程主要涉及经济制度、法律制度和行政制度三个方面。其中经济制度变迁对城市经济增长的作用主要通过以下四个方面:①产权模式多元化。国有经济在计划经济体制下在城市经济中占主导地位,单一的产权模式制约了城市经济的快速发展。随着市场化进程的深化,产权模式也呈现出多元化的发展,主要表现在保证公有制主体地位条件下,多种所有制形式迅速发展。从十二届三中全会开始首次明确了多种经济形式和经营方式的地位和作用,到十七大出台了建立现代产权制度、发展混合所有制经济的方针。这些关于产权多元化的改革战略极大地促进了我国非公有制经济的快速发展。大量的文献资料都说明了在产权模式变革中解放的多种所有制形式推动了国民经济快速发展。②市场化程度加深。市场化改革是我国城市经济制度变迁一个重要的方面,其实质就是城市经济运行由计划经济向市场经济转变。长期以来,高度集中的计划经济影响到城市经济运行的方方面面,从原材料的采购到半成品、成品的销售都需要根据计划进行安排,造成了产品的供给和销售都无法反映市场真实的变化。市场化的改革要求城市经济运行中资源配置以市场为主,使企业成为城市经济运行中的主体。城市经济市场化改革主要领域在于生产要素价格的市场化,客观上要求生产要素市场化的形成。发展资本、土地、劳动力等生产要素市场,发挥市场在城市资源配置中的作用。③对外开放扩大。经济制度变迁对城市经济增长的影响还表现在对外开放政策给城市经济带来的变化。改革开放以来,对外开放成为我国坚定不移执行的基本国策。从 1979 年创办经济特区,到 20 世纪 80 年代沿海经济开发区建设,再到 90 年代沿江、内陆以及延边城市开放,以及 2013 年设立上海自由贸易区试验区,我国充分利用了国内外资金和技术,城市的商品和服务贸易范围进一步扩大,我国不同等级的城市形成了全方位的对外开放格局,极大促进了城市经济的迅速发展。④分配制度变迁。计划经济体制下,资源分配方式主要通过政府财政计划实现,国家财政分配几乎涵盖了城市经济运行的方方面面。改革开放以后,我国财政支出占 GDP 的比重呈现逐年下降的局面。国家在初次分配中注重效率,创造公平的竞争环境,维护劳动者的主体地位,在分配中注重公平,提高公共资源配置效率。做到坚持市场调节、政府调控,充分发挥市场机制在要素配置和价格形成中的基础性作用。

在法律制度方面的变迁体现在以下几个方面:①完善立法制度。城市经济本质仍然是市场在资源配置中起主导作用的法治经济。政府主要的任务在于通过保护产权和维护契约,建立统一、公平、平等、有效监管的市场。在这一过程中,政府应加强和改进立法建设,完善行政法规和各种规章的制定程序,促进更广泛的群体参与到立法过程中。改革开放至今,在"依法治国"方针的引导下,我国已经形成了较为完善的法律体系,各种法律、法规已经覆盖了城市经济的各个领域。②依法行政方面。地方各级政府在法制轨道上进行城市治理工作,严格按照执法责任和执法程序,开展执法工作,建立职能科学和权责法定的法治政府。③法律队伍建设。规范律师执业行为,提高律师队伍素质,形成严格遵守职业道德和职业操守,优势互补、结构合理的律师队伍。同时加强对律师事务所的监管,建立准入、惩戒、退出的管理制度。

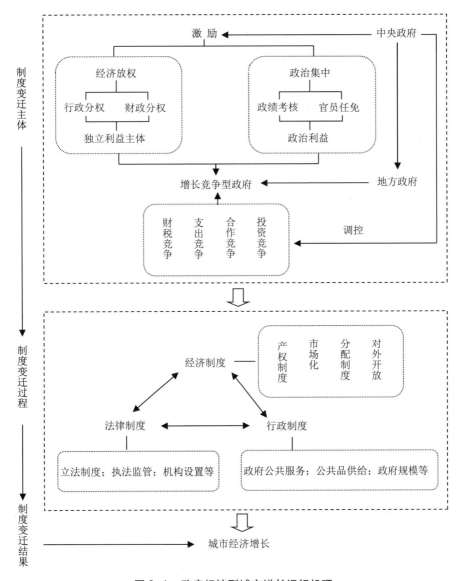

图6-1　政府规控型城市增长运行机理

在行政制度方面的变迁主要有以下几个方面：①政府公共服务方面。政府公共服务发挥着社会矛盾稳定器的作用，是城市经济平稳运行的主要保障。党的十八大报告指出："深化政治体制改革，就是要深入推进政企分开……推动政府职能向创造良好发展环境、提供优质公共服务、维护社会公平正义转变……提高政府公信力和执行力。"在城市发展转型中，我国政府的公共服务能力不断提高,对于缓解我国经济运行中的复杂矛盾,保障国民经济平稳快速发展具有重要作用。②政府城市基础服务供给能力加强。政府在城市教育、养老、医疗卫生方面建立了多元化的服务体系,通过失业保险、生活救济、职业培训等多种方式对城市困难家庭和人口进行扶助,在全社会范围内调节各个阶层的利益关系。③政府对城市空间管理。政府对城市空间管理体现以人为本的思想,在进行城市空间设计时要体现对人生存环境的关怀,使资源、能源做好合理有效利用,达到自然、社会、经济效益三者的统一。

6.3.2 产业结构优化驱动型城市经济增长

(1)产业结构优化驱动型城市经济增长内涵

产业结构优化驱动型城市经济增长是指城市通过进行主导产业选择,促进产业结构合理化和高级化,带动产业结构网络化,在这一过程中实现城市产业经济结构和空间结构的优化,实现城市经济增长方式转变的过程。

结构优化是城市集约型经济增长模式的本质。城市结构优化是指城市经济系统中涉及社会生产各个方面的再造。城市结构优化主要包括产业结构、城乡结构、地区结构、消费结构等诸多方面,是一个错综复杂、庞大的综合体系。钱纳里认为:"一个发展中国家的结构转变可以被定义为,随人均收入增长而发生的需求、贸易、生产和要素使用结构的全面变化。"[①]结构主义认为通过资源的重新配置可以促进经济增长,经济中众多非均衡现象揭示了资源在不同效率部门之间的分配可以带来经济的增长。结构主义学派的分析非常适合发展中国家市场非均衡发展的现实,通过多国经济数据统计分析,得出这些国家通过调整经济结构,改善资源在部门之间的配置可以促进本国经济的增长。

产业结构的优化是一个地区结构优化最重要和最直接的途径。产业结构的优化主要指城市中三大产业结构变动和各个产业的结构升级,涉及城市主导产业的选择,现有产业合理化、高级化和网络化。结构优化中的需求结构和贸易结构等其他方面可以看作产业结构变化的条件、因素和结果。

---

① 钱纳里.结构变化与发展政策[M].北京:经济科学出版社,1991:47-50.

诸多文献已经论述了产业结构优化对经济增长的作用,在此不再累述。简而言之,产业结构优化有利于实现城市经济稳定、可持续的增长,特别是在我国城市发展面临资源约束条件下,产业结构优化成为驱动城市经济转型发展的主要力量。

我国很多城市,特别是区域中心城市和资源禀赋型城市都关注城市产业的优化升级。例如,北京长期以来关注产业发展和空间布局调整,将北京城市功能定位问题与产业空间布局和城市功能提升统筹考虑。北京在国内第一次提出了以产业促进就业、引导城市功能和人口疏散,将不适合北京功能定位的产业坚决清退。北京从打造"创意之都"出发,以产业优化为驱动提升城市整体功能水平,主要涵盖以下三个方面:①加强对特色产业城市功能的挖掘,深入分析研究和城市功能相契合的支撑产业,做好主导产业和城市功能相结合的工作。②重点培养有助于提升北京城市功能的特色产业,充分利用北京科技、教育、人力资本的优势,加大产业自主创新的能力,提升特色产业的科技竞争力。③以产业优化为驱动,提升和完善城市功能。长春市通过产业结构升级加快了城市的转型发展。结构调整一直是东北老工业基地振兴的关键环节,加快结构调整和产业升级是改善东北地区振兴的主要措施。长春市围绕汽车产业的发展战略,调整产业结构,拓展和延伸零部件产业,实施集群化发展战略。专用车和零部件产业成为长春经济技术开发区三大支柱产业,拥有一汽专用车、一汽客车、恒力专用车等六个专用整车生产企业。还集聚了一批世界著名汽车企业,如丰田发动机、采埃孚汽车底盘灯等汽车零部件生产企业。长春市在加快产业结构和企业结构调整中,汽车零部件产业迅速发展,使长春市成为全国汽车零部件产业的主力军。

(2)产业结构优化驱动型城市经济增长的条件

第一,主导产业有序更迭。主导产业的有序更迭是指城市主导产业部门的成长和衰退具有技术的、经济的内在逻辑,而不是无序杂乱出现的。有序的更迭不是表现为某些部门在比例上的增加,而是表现为某些部门通过技术创新带动了整个产业的技术集约化。创新在某一部门迅速有效地集聚,并且通过部门之间的前向联系和后向联系扩散到整个产业。没有创新的高增长部门,更迭只是产业结构低水平的循环,引入新的生产函数的并对其他部门增长产生直接或间接作用的主导部门的增长,才可以被认为是主导产业的有序更迭。

第二,城市产业之间结构关联效应明显。结构关联效应,指产业联系方式及产业部门间相互联系的聚合程度对城市发展的作用。城市产业的发展一般是围绕主导产业不断向外延伸,向内裂变分化的。在这个过程中,产业之间形成一定的横向的、纵向的或互补的联系,同时,产业间的耦合状态以及由此决定的系统整体性功能也得到不断加强。只有产业之间结构关联效应明显时,结构优化和知识能力等多样化驱动的效应才可以传导通畅,产生自我强化的结果。

第三,城市产业高级化程度显著。城市产业的最初形态是劳动密集型;通过资金积累后,进而转向资金密集型;高新技术的快速发展,城市产业结构就会不断地向技术和知识密集型方向发展。城市产业不断向附加价值高、技术要求高,生活服务性强的"知识集约型"产业过渡。从资源利用和开发的角度看,在产业结构成长中,新结构取代旧的结构总是意味着对资源更大的开发和更有效的利用,从而促进着城市产业集约化程度的不断提高。

(3)产业结构优化驱动型城市经济增长的特征

第一,城市个体差异较大。产业结构优化的路径呈现一个由低级向高级转变的一般规律。通常表现为由第一产业主导转向以第二、第三产业为主;由劳动密集型转向技术密集型;由附加值低的产业转向附加值高的产业。但是具体到每一城市,由于原有城市的发展水平和产业结构特征决定了该城市的起点,因此每个城市产业结构优化驱动的具体路径差异较大,有的呈现第三产业比重提高,有的也会呈现重产业比重升高的局面。但基本上通过产业结构优化,都促使城市中的相关产业过渡到更有效率的阶段,通过产业之间的创新和扩散效应,趋于更加优化和合理。

第二,主导产业选择是关键。城市主导产业的选择和确定成为产业结构优化驱动城市增长模式的关键。选择什么样的产业作为主导产业会对城市的产业结构优化和经济发展模式产生深远影响。如果城市选择了增长速度较快、产出效率较高的行业作为主导产业,将会加速这个城市的产业结构升级和优化,进而对城市的发展转型带来强大的促进作用。一个城市的主导产业发展较快时,就会提升该城市在区域分工中的优势地位,促进区域产业网络的延伸和完善。城市在区域分工中的地位和作用不断加强,进一步促进城市主导产业发展,规模效益不断提高,强大的正向累积因果循环造成城市全要素生产率水平的不断改进。

第三,产业结构合理化和高级化是主要途径。产业结构优化驱动的城市增长模式主要通过产业结构合理化和产业结构高级化两个主要途径。产业结构合理化主要指在现有资源和技术水平约束下,生产要素合理配置的程度,产业间协调发展的情况。产业结构高级化指产业的技术结构和产业内部的生产效率提高演化过程。通过产业结构合理化和产业结构高级化促进城市各产业之间协调发展,技术进步和经济效益显著提高。当然由于城市禀赋差异,产业结构合理化和高级化也是一个相对概念,每个城市在不同时期的优化内容存在差异,但一般而言,这个过程是在城市经济效益最优的目标下,根据影响城市产业结构的因素,通过产业结构的调整,使得产业结构向促进技术进步和城市效益提高的方向发展。

第四,产业结构网络化是主要动力。在区域系统之中,城市之间产业结构的差异性,导致资金、技术、劳动力等资源要素在城市之间流动。当市场不再局限于单一城市时,产品和服务就会在一定区域内发生流动。当一个城市产业的边界扩展到多个城市时,城市的产业结构网络化也逐渐形成。产业结构网络化主要通过区域产业链网络建立起来的,以主导产业为媒介建立城市和区域之间的产业关联。城市产业结构网络化的形成使城市和区域之间真正连为一体,共同促进,共同发展。城市从区域发展中获得学习效应、合作效应,形成良性的自强大机制,促进城市转型发展。

(4)产业结构优化驱动型城市经济增长运行机理

产业结构优化驱动城市增长主要指在区域产业分工前提下,城市主导产业选择成为增长模式的关键,以城市产业结构合理化和高级化为主要途径,形成了产业结构网络化为主要驱动力的城市转型增长,具体运行机理参见图6-2。

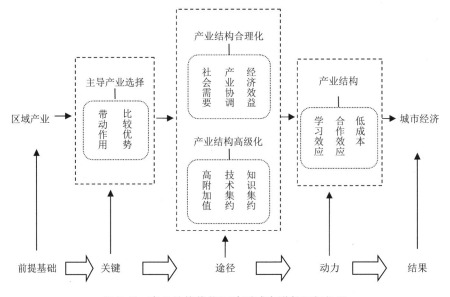

图6-2　产业结构优化驱动型城市增长运行机理

从图6-2可以看出,区域产业分工是产业结构优化驱动型的前提和基础。区域内部劳动分工和专业生产是产业结构优化的原因。单个城市由于自身资源、环境、区位的限制以及比较优势的考虑,不能局限于城市内部的产业分工。随着科技和通信设施的发展,生产模式由刚性走向柔性变革,产业之间的分工不再局限于"水平分工"或"垂直分工",城市经济发展不再是自我循环的模式,更多的中小城市加入到区域产业分工之中,在更为广阔的空间寻求发展。

主导产业是指对城市经济起到主导作用的产业。从量的角度说,主导产业是在城市产出中占有很大比重的产业部门;从质的角度说,主导产业是在城市经济中具有带动作用比较明显的产业。主导产业的选择是城市产业优化驱动模式的关键。城市经济主要经历四次较为明显的主导产业的更迭:第一次是以生铁制造、手工制造蒸汽机为代表的机械化时代;第二次是以炼钢业、铁路建设为代表的蒸汽化时代;第三次是以电力、内燃机为代表的电气化时代;第四次是以信息和通信技术为代表的自动化时代。在上述的每个阶段城市都有显著的主导产业,城市的发展也呈现出主导产业的更替。选择城市主导产业时多从两个方面进行考虑:一是产业的经济带动作用；二是产业的区位比较优势。当然这两个方面也是互相联系的，需要综合考虑。一方面，产业的带动作用主要体现在，在城市各个产业部门之间存在一定的投入产出关系，在主导产业进行投资时，主导产业会通过产业关联传导给其他部门，从而带动整个城市经济的发展。因此在选择主导产业时，常常选择可以产生获得最大带动效应的产业和部门。把有限的资源投入这些部门，通过这些部门的后向联系和前向联系带动整个城市经济的发展。另一方面，也可以从产业的区位比较优势进行考虑。城市是区域经济中要素集聚的产物，每个城市在区域经济活动中都承担着一定专业化职能。城市的专业化职能，一般是以城市在区域内区位比较优势最强的一项或几项产业为支撑。从区位比较优势确定主导产业，就是考虑城市的每个产业部门在区域同类经济部门中所处的地位和相对重要程度。结合城市具体情况，从中选择比较优势最强或发展潜力最大的部门，通过强化或扩大这一优势或潜力，促进城市经济发展。

产业结构合理化和产业结构高级化是产业结构优化驱动的主要途径。产业结构合理化主要表现在诸多方面，例如产业结构和社会发展需求相适应，能促使现有资源获得合理利用，能促进产业之间协调发展，保证城市经济效益不断提高。评价一个城市产业结构是否合理，主要看其产业结构满足社会需求的情况。产业结构的高级化是在产业结构合理化基础上进一步发展起来的。产业结构合理化的核心是在现有资源约束的条件下，各产业之间协调发展，产业结构高级化的核心是产业结构演化方向符合现代化水平要求。产业结构高级化主要表现在以下几个方面：①加工制造业不断深化；②产业结构向高附加值的部门发展；③技术知识集约化，技术知识在各产业生产的产品和提供服务的中所占的比重逐渐提高；④产业结构软化，主要指经济服务化比重加强和知识集约程度提高。

网络化是产业结构优化驱动的主要动力。随着区域劳动分工的逐渐加深，产业网络化主要遵循先内后外的空间顺序，通过比较优势分析，将生产环节细分到各个城市，让每个城市可以分享到区域分工带来的好处，形成优势互补的分工格局。产业网络化主要来自以下的动力：①资源分布不均衡，由于各个城市具有较强的地域差异和自然资源禀赋特征，通过产业结构网络化可以促进区域之间资源的优势互补。②城市发展的极化和扩散作用。

特别是大中型城市由于经济发展水平较高,在区域经济内具有较强的极化和扩散作用,通过要素流动促进区域产业网络形成。③产业梯度转移。由于不同区域之间产业发展存在梯度差异,各个区域根据自身功能定位,将不符合自身产业定位和缺乏比较优势的产业进行转移。这种产业结构的网络化形成具有很强的正向反馈特征,主要表现在系统带来的学习效应、合作效应、比较优势效应等方面。其中学习效应主要指当产业链网络的经济效益提高时,该效应将使网络成员更致力于改进区域产业网络的运行效率。合作效应主要指,良好的合作记录有利于城市之间加深信任,更加节约城市之间协调成本,提高城市之间的反应能力,增强区域产业网络的竞争力。低成本运行主要指在建设初期,要付出较高的组织费用和交易成本,随着产业网络的逐渐完善将降低各个城市的运行成本。通过网络化参与区域分工,在分工中获得学习效应、合作效应和低成本运行效应,并且逐渐形成城市成员之间强大的依赖关系,在正向反馈循环中逐渐加强,形成城市经济增长的提升机制。

6.3.3　知识能力提高型城市经济增长

（1）知识能力提高型城市经济增长的内涵

知识能力提高指一个城市依靠自身力量,通过进行相关研发活动,创造出前所未有的知识生产函数,并将知识转化为新产品、新技术、新服务的过程。从本质上说,知识能力提高是建立了一种新的生产函数,知识能力提高型城市经济增长就是通过建立生产要素新组合,把崭新的生产要素和生产条件运用到城市生产函数中,通过新组合提高生产函数效率的方式。传统城市发展主要依赖资源和劳动力粗放式投入,依靠出口拉动、投资增长等能源消耗来实现城市经济增长。知识提高型城市增长通过要素重新组合,构建了一种新的生产函数,促使城市经济增长更多依靠知识、技术以及人力资本等生产要素,促进城市增长模式从传统方式向集约型增长模式转变。

城市知识能力提高主要体现在以下四个方面:①城市中物化于资本品的知识不断增加。这方面的知识随着旧资本品的折旧而消失,同时随着新资本品的出现而更新。②人力资本比重提高。这方面是附属于劳动者的知识,呈现流动性强和部分转移的特点。随着预期收益率的变化,人力资本会产生从收益低的城市向收益高城市流动的特点。这部分知识随着劳动者的死亡而消失,同时通过模仿和教育可以部分转移给下一代。③制度创新能力提高。根据熊彼特的创新理论,创新可以分为技术创新和制度创新。城市制度创新能力表现为旧制度和新制度更替变化。蕴含于制度的知识随着旧制度的废除而改变,随着新制度的出现而延续。④一般性知识的提高。表现为城市经济生活中用文字表述的知识。这四个方面的知识对城市增长都是不可或缺的。城市的经济增长表现为对人力资本的需求不断增加,促使城市加大对人力资本的投资力度,人力资本的快速发展又会促进物化资本和一般知识性的提高,加快城市制度创新的速度,以上这些方面相辅相成,不断促进城市经济的发展。

知识能力提高型城市经济增长是很多发达国家采取的发展模式。例如波士顿就是其中典型代表。波士顿的大学是其知识能力提高的主要媒介,市内拥有63所大学,哈佛大学、麻省理工学院等国际顶尖学校汇集于此,大学的汇集促进城市内集聚了大量的计算机软件开发、生物工程、医药开发等产业,2011年波士顿在世界创新型城市中排名第一。知识提高型城市增长模式创新主要由企业、大学和科研机构推动,政府在其中主要起到维持市场秩序、协调创新资源的作用。国内近几年很多中心城市也开始构建知识能力提高型的城市增长模式。以北京的中关村科技园为例,主要依靠提高知识能力,促进经济发展方式转型和提高城市竞争力。中关村是环渤海地区科技、智力、人力资本和信息最为集中的地区,拥有雄厚的知识提高能力。经过三十年的快速发展,通过依靠科技创新和制度创新,中关村已经成为中国创新的中心,并且形成了一系列的高科技产业品牌。苏州下辖的昆山市是长三角经济圈中新兴的工业城市,是国际资本技术高密度的区域之一。昆山本身没有知名大学,但是来昆山就业的名牌大学毕业生众多。昆山地区吸引了台资和民间资本来昆山办教育。地区内部的教育资源集聚了大批高素质的人才。昆山地区对外部科研人员的尊重形成了良好的风气。分别与中科院自动化研究所、清华大学等单位签订了常年合作协议。劳动力供给以及劳动力素质对昆山区域创新环境产生了重要影响。

(2)知识能力提高型城市经济增长的条件

第一,知识在城市资源配置中起到主导作用。和工业经济生产资源有形、稀缺不同,知识是一种特殊的生产要素,可以被不断地复制、积累和加工,通过和其他的知识融会渗透形成更有用的知识。工业化发展一定程度后,知识在城市资源配置中的作用不断加强,通过知识进行有效、合理、科学的配置提高有限资源的利用效率,开发新的可替代资源,提高资源利用效率。并且知识本身也是一种特殊的生产资料可以运用到城市高科技产业和高智产业的生产中。

第二,知识型产业成为城市的支柱产业。以知识为基础、高附加值的高新技术产业成为城市的支柱产业。例如信息产业、软件产业、智能加工产业、超导产业、生物工程产业、纳米产业、太阳能产业等都是知识型产业的典型代表。这些产业占城市 GDP 的比重不断提高,成为城市经济新的增长点,并且带动其他传统产业的改造和升级。

第三,城市经济增长出现低消耗、低污染。在知识起到资源主导配置作用和知识经济成为主导产业的影响下,城市中的传统产业不断进行升级改造,高新技术更多和传统产业结合,促使其朝着高效率、低污染、低能耗的方面改进;随着资源、能源密集型占城市产业比重的降低,清洁型产业获得快速发展,城市的经济增长可以在不消耗大量社会资源、不损害社会环境的条件下实现,城市经济逐渐呈现可持续增长的局面。

(3)知识能力提高型城市经济增长的特征

第一,知识能力提高是一个持续过程。城市知识能力提高是一个持续的过程,而不是创意人才灵机一动就促成的。城市知识能力的提高包含了过去已有知识提高,是一个比较漫长的过程,它是相关主体通过相互耦合而形成的。城市某个方面知识能力的提高需要新环境大规模的调整以及组织流程的再造。城市知识能力的提高离不开各个要素之间的相互协调和学习,需要企业、研究机构、服务组织以及政府多方联动协调。因此城市知识能力的提高是一个长期的、累积的过程。

第二,城市知识能力培育环境起到关键性作用。城市知识能力的提高并不是平均或随机分布在世界各地的,而是具有高度的地方性特点,这主要和城市整体的知识培育环境有关。根据知识的编译难度可以将知识分为编码知识和隐性知识。其中编码化的知识容易获取、复制和传播。隐性知识难以远距离传播,它与城市所处的社会和经济环境相关,具有强烈的地域特点。隐性知识传播方式主要是干中学,空间上的接近性是隐性知识传播和共享的关键。在城市经济发展过程中,隐性知识对于城市形成和保持竞争优势具有更加重要的作用。因此,基于企业、消费者、科研机构和公共机构之间互动的良好知识培育环境对于隐性知识传播具有重要作用。

第三,人力资本流动性强。在知识能力提高型城市发展模式中,人力资本表现出流动性强的作用。主要因为人力资本,特别是"企业家"和"企业家才能"在对城市知识能力的提高方面具有特殊重要的作用。熊彼特基于"创新理论"又提出了"企业家理论",认为企业家是从事重新组合资源的活动,企业家在城市知识能力提高中具有非常重要的作用,是创新活动的主要推动力量。企业家精神被赋予"对胜利的热情、创造私人王国、对创新的喜悦和坚强的意志"①。因此各个城市对具有企业家精神的人力资本竞争比较激烈,出台一系列具有优惠政策的吸引人才的政策,加速了人力资本根据预期收益在城市之间流动。

第四,自主创新是主要方式。自主创新在很大程度上和"技术引进"相对应。在城市转型发展的初期,利用其他区域的知识储备量,采用"技术引进"的方式,带来了时间短、成本低、风险小的优势,快速实现了城市知识能力的提高。但是不容忽视的是,随着城市不断的深入发展,单纯复制其他地区的知识和技术,而不进行吸收加工和再创新,容易造成依附型的发展模式,无法形成城市自身的竞争力。因此摆脱技术引进、技术模仿的依赖,依靠自身力量,通过独立研究而获得的知识能力提高是城市转型发展的主要方式。城市自主创新的发展模式主要表现为通过拥有自主知识产权而实现新产品、新技术和新品牌的过程。

(4)知识能力提高型城市经济增长运行机理

知识能力提高型的城市经济增长通过培育高校、科研院所和企业形成互动的知识能力城市环境,在良好的环境下通过引进创新的方式,促进企业提高产品技术含量、形成差异化竞争优势,延长企业生命周期,形成企业持续的竞争力;通过调整产业结构加快城市产业优化,以企业发展和城市产业结构优化实现城市经济增长,如图6-3所示。

---

① Schumpeter J A. History of economic analysis[M]. Psychology Press, 1954.

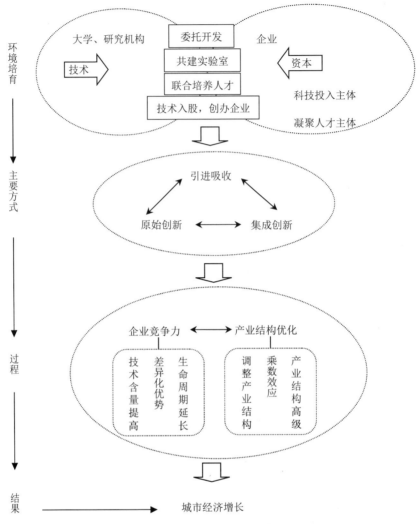

图6-3　知识能力提高型城市增长运行机理

　　知识能力提高型城市经济增长的环境培育主要在于引导和鼓励城市中的企业、研究机构和高校之间进行互动,形成教育、科技研发和产业紧密结合的运行机制。坚持优势互补、利益共享的分配模式,在三者之间建立形式多样的科技协作机制。通过委托开发、联合培养、共建实验室和科技入股等多种方式建立高效稳定的产学研联合体。加强创新中介服务机构建设,围绕知识提高建立和健全人才市场、技术市场、信息市场和科技成果推广市场等运行机制。建立和完善创新风险投资机制,形成以政府投入为引导,企业投入为主体,多渠道融资参与的投资体系。

知识能力提高型的城市经济增长主要通过引进吸收、原始创新和集成创新三种方式实现。其中引进吸收主要指在引起国内外先进知识的基础上,进行学习、借鉴、分析,加工形成符合本地区需要的知识体系。引进吸收是我国目前城市提高知识储备最主要的途径。国内城市通过直接引进先进的知识,可以降低研发失败的风险,缩短先进技术的学习时间。但是单纯地引进吸收会造成对技术的依赖,无法掌握核心关键技术。因此在引进吸收的基础上要进行原始创新和集成创新。原始创新是最根本的创新,最能体现城市智慧水平的创新。原始创新指崭新的重大科学发现、技术发明,特别是在基础研究领域和高技术研究领域的发明和发现。集成创新是指通过对现有技术进行有效集成,而形成有竞争力的技术和产品。城市主要通过以上三种方式提升自身的知识储备,实现知识型城市发展的转型模式。

在产业层面,城市知识能力提高首先通过产业结构优化促进城市经济发展。城市知识能力提高特别是技术创新水平提高,能够带来城市产业结构的变化,主要体现在落后产业的淘汰和新兴产业的形成。技术进步带来某一产业部门收益的提高,使该部门获得超过平均收益率的超额利益,促使其他生产要素向该部门转移,如果没有进一步的技术创新,将导致该部门的超额利润率下降,使得城市产业结构发生变化。其次,城市知识能力提高通过乘数效应促进城市经济发展。城市知识能力提高通过产业关联不断加速要素集聚,形成强大的累积循环,围绕主导产业产生扩散作用。知识能力提高的乘数效应主要表现在两个方面:①前向关联。主要表现在主导产业创新能力的提高通过前向关联反馈给其上游的供应商,提高要素投入部门的创新能力。②后向扩散。主要表现在主导产业创新能力提高带动和其相关的其他产业能力的改善。诱发相关配套产业、服务产业和支撑产业采用新技术、新能源和新材料。知识能力提高型发展模式以吸收引进、原始创新、集成创新为主要形式,促进企业提高竞争力,加快产业结构优化,实现城市经济增长。

6.3.4　多样化驱动型城市经济增长

（1）多样化驱动型城市经济增长内涵

集聚经济是一种外部多样化经济。本书第五章的实证结果表明集聚是影响区域全要素生产率差异显著的原因。集聚是多因素驱动的结果,从系统的角度看,城市的经济活动是涉及多个领域的广泛性而形成的多样性增加的过程。城市内部和城市之间的分工不断深化,市场交易日益频繁,微观主体之间的联系更加错综复杂。多样化驱动型城市经济增长是以集聚经济为基础,通过专业化带来的规模经济和多样化产生的范围经济,促进城市产业结构优化、知识能力提高,形成多元驱动城市经济增长的过程。

多样化驱动型城市经济增长是建立在集聚经济基础上的。关于集聚经济的思想最早源于马歇尔,他用外部性来解释工业区的集聚问题,认为地方性工业形成的最初原因是自然条件和宫廷特许,但是到了工业化时期,获取外部性成为最根本的原因,"由于祖传的技能、辅助行业的发展、高度专门机械的使用、专业技能的本地市场"[①]等外部性优势,促进了地方性工业的发展。马歇尔主要分析了集聚现象,最早提出集聚经济概念的是德国学者韦伯。韦伯认为集聚实质是工业企业在空间集中分布的一种生产力布局形式。同时他将集聚阶段分为低级阶段和高级阶段。其中低级阶段可以看作企业的规模集聚,企业通过内部扩张而产生的集聚;高级阶段可以看作地域集聚,在一定范围内同类或不同类的企业集中而产生的总生产规模扩大。分工意味着专业化和多样化,企业可以通过多样化的生产获得分工的效益。经济学通常用范围经济来解释多样化的现象,企业为了在多样化经济中获得竞争优势,为了减少交易成本而集聚在一起,以获得范围经济。以上分析说明,专业化分工的规模经济和多样化分工的范围经济是集聚经济的两个组成方面。集聚经济驱动的城市增长模式也主要通过规模经济和范围经济两种方式获得企业集中外部性而促进城市经济增长。

多样化驱动型城市经济增长在城市经济运行中具体通过产业集群的形

---

①　Marshall A,马歇尔,运杰,等.经济学原理[M].北京:华夏出版社,2005:25－38.

式表现出来。城市产业集群主要指地理上近邻的有关联的企业或机构通过纵横交错的网络关系紧密联系的空间集聚体。产业集群的优势主要通过集聚获得,主要表现在以下几个方面:①节省了信息获得成本,集聚区内企业可以利用较低成本获得有价值信息。②经济外部性明显。集聚区内企业可以共同分享劳动力市场、客户资源市场和中间投入品市场。③企业创新动力强。集聚区内企业之间相互模仿和学习,加速了新技术和新工艺的推广和扩散,只有不断采用先进技术企业才可以保持持续的经济竞争力。如天津的滨海新区引导企业以产业集群关联为导向,通过引导集群内部相关产业的创意网络和产业配套系统建设,形成了各类企业密切配合、分工合理、有机协作的创新网络,提高了产业集群企业的创新型、关联性、协作性。建立了软件产业、生物产业、绿色能源产业、海洋科技产业等产业集群,集成了科技资源,加快了转变方式。西安市在石油服务、电子电力、物联网、创新投资等14个重点特色产业领域,先后建立产业联盟,包含了650多家企业和高校院所。联盟以产业链合作为纽带,通过联合招聘人才、联合攻关重点科研问题,降低整体运行成本,促进要素在联盟内合理流动和优化配置。

(2)多样化驱动型城市经济增长的条件

第一,城市具有一定能量的要素集聚。城市一定能量的要素集聚表现在量的集聚和质的集聚两个方面。量的集聚主要以城市规模经济为特征,表现为城市经济门类的增多和城市经济活动规模的扩大。质的集聚表现为城市经济门类之间协调、合作能力的改善。一定能量的要素集聚是城市实现经济中心传导、辐射作用的先决条件,要素集聚使城市经济由分散走向集中,由粗放走向集中,带动了城市产业结构的调整和优化,提高了劳动生产率和经济效益。

第二,城市产业结构优化。城市产业结构优化表现为城市产业结构高级化和产业结构合理化。城市产业高级化主要表现为产业结构从低水平向高水平发展。具体表现为第一产业的优势比重逐渐向第二、第三产业转化;劳动密集型产业的优势比重逐渐向资金密集型、技术知识密集型产业演进;初级制造业的产业比重逐渐向中间产品、最终产品的优势比重演进。产业结构合理化表现为产业之间聚合的质量,通过产业之间的相互作用提升整体能力。产业结构的合理化具体表现为各个产业生产规模的比例关系的合理性;产业之间的关联作用程度明显。多样化驱动城市经济增长模式如果建立在低水平产业门类增加上是没有意义的,而是应该建立在产业高级化程度显著,产业结构质量获得提高和改善的条件下。

第三,城市知识能力提高。城市的知识能力是以城市的制度、技术、物质资本、人力资本为载体的。城市知识能力提高不单单表现知识产业的快速发展,而且呈现在城市经济运行中的诸多方面。城市中劳动者专业技能改善,城市创新能力提高,城市基础设施更加智慧化,政府知识管理水平提升,城市文化获得积累和传承等诸多方面都可以看作城市知识能力提高。城市知识能力获得提高,并且不断被传播和应用,通过城市和城市之间联系被不断地扩散和外溢。

（3）多样化驱动型城市经济增长的特征

第一,具有规模收益递增的特点。规模收益递增和规模收益不变相对应。规模收益递增在新古典经济学中解释为增加一倍的投入获得超过一倍的产出增加,这说明经济活动是规模报酬递增的。规模收益递增主要指随着生产能力的扩大,单位成本下降的趋势。集聚经济和规模报酬递增之间存在密切联系,规模报酬递增是经济集聚的结果,而集聚是规模报酬递增的空间表现形式。企业通过扩大生产规模和专业化分工以及扩展经营领域带来生产成本的节约,整个城市经济系统获得总体功能大于各个部分之和加总。企业获得成本节约、效益增加的规模收益,城市也实现规模收益递增的经济增长。

第二,具有外部范围经济的特点。外部范围经济主要指城市中企业因为经营领域广泛为而获得的经济利益,具体表现为城市中产业之间的垂直分工、专业化的企业外部交易。产品结构和消费需求差异化日益明显,企业之间的产品不能完全地被相互替代。不同企业通过交易活动连接起来,围绕产业关联实现多样化经济效益。由于外部范围经济的作用,城市内部和城市之间的产业相互促进和协作,带来了各自的发展,形成多样化的产业。日益兴起的"跨界"现象,就可以看作集聚经济驱动模式下带来的外部范围经济产物。市场竞争日益加剧,行业和行业之间不断发生渗透和融合,很难在一个领域对企业和其产品进行界定,"跨界"成为企业选择的经济模式。因此产业结构多样化、集聚能力强的大型城市多出现跨界发展的模式。

第三,主要表现为地方化经济和城市化经济两种类型。地方化经济指城市内同一行业的企业集聚,通过产业之间的联系获得外部经济。地方化经济主要表现为工业和商业的集群发展。例如某一特定工业部门在一个区域快速发展以后,就会吸引相关其他部门聚集于此。商业部门也是如此,常常形成多家商铺集聚的购物中心或商业中心区。城市化经济主要通过一个产业的前向和后向联系,达到降低产业成本的效果。表现为一个产业通过自身的集聚发展带动其他产业的发展,这些产业可能和带动产业存在直接的经济联系,也可能表现出非明显的空间关联。地方化经济和城市化经济的差异主要在于,城市化经济是由整个城市而不是由单一产业部门引起的。城市化经济给城市中所有的微观组织带来好处,而不是集中于某个产业部门。

第四,具有自我强化的能力。城市经济中处于优势的发展因素,具有不断强化能力,例如企业家精神、资本供应、劳动力供应等。一个企业的快速发展,会带动和其密切相关的行为主体,获得进一步扩展和累积因果的作用。多样化驱动型的增长模式形成后,通过城市化经济和地方化经济在城市经济各个部门之间形成良性的反馈机制,集聚经济带来的中间产品共享、劳动力市场共享和技术外溢等优势不断地被放大扩散,渗入城市经济发展的各个环节,形成良性上升的"路径依赖"。

(4)多样化驱动型城市经济增长运行机理

随着城市经济活动规模扩大和城市经济活动密度提高,集聚在城市经济运行中的地位日渐突出,多样化驱动型城市增长主要是通过地方化经济和城市化经济两种主要方式,给企业带来共享中间产品、共享劳动力市场和技术市场的好处,由此产生近邻效应、结构效应、规模效应和分工效应,带来城市产业结构的优化和知识能力的提高,这些正向效应在城市经济的关联网络中不断进行复制、强化,形成自我强大循环,促进城市经济增长,如图6-4所示。

城市经济活动规模扩大和城市经济活动密度提高是多样化驱动的前提条件。城市经济活动规模扩大主要表现在单个企业生产规模不断扩大,带动整个产业链向外延伸,促进城市经济活动范围不断扩展,城市功能定位不断完善,在区域分工系统中组织和协调能力不断加强。城市经济活动密度主要表现在城市多样化经济发展,城市产业门类丰富,相关金融、保险、咨询、医疗等配套和辅助部门发育健全。城市经济活动规模扩大和经济活动密度增强为多样化驱动发挥作用建立了良好的经济和社会条件。

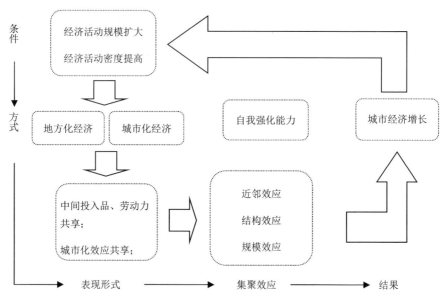

图6-4 多样化驱动型城市增长的运行机理

地方化经济和城市化经济是这种驱动模式的主要作用方式。地方化经济表现为行业的集聚,城市化经济是地方化经济效应从产业扩展到区域的结果。在地方化经济和城市化经济共同作用下,给城市经济运行带来了诸多外部性,主要表现在以下几个方面:①中间品市场的共享。企业生产过程中需要的中间产品的运输成本是需要考虑的问题,很多企业的选址都会考虑距离较近的供应商,因此会出现在有规模的企业周围聚集很多家产品结构相似的企业的现象。集聚可以为企业提供相对低成本的中间产品,并且促进专业化运输、配送、保险等服务性产业出现,进一步降低企业中间产品的采购成本。②劳动力市场的共享。区域劳动力市场的共享可以降低雇主和雇员搜寻信息的成本。经济活动集聚能力越强,劳动力市场就越发达。并且如果劳动力市场储备丰富,企业就可以减少自身劳动力的储备,选择弹性的雇佣方式,降低企业储备和搜寻劳动力的成本。③信息和技术外溢。通过城市化经济和地方化经济,大量企业围绕产品和服务形成地理位置相对靠近的网络关系。在企业进行产品和服务交换过程中,信息和技术也在企业和企业,企业和城市,城市和城市之间传播,加速了新产品、新工艺、新管理在区域内的复制和扩散。④共享城市基础设施和公共服务。城市中的机场、码头、铁路、仓库等基础设施具有一定的外部性,城市规模越大,保险、银行、咨询、担保、研发等公共服务部门就越健全。

多样化驱动带来的近邻效应、分工效应、结构效应和规模效应在城市整个经济体系中不断被复制增强,形成稳定强大的正向反馈能力,促进城市经济持续增长。其中多样化驱动带来的近邻效应主要表现在城市中企业之间和部门之间由于靠近的空间关系获得共享经济利益、共享劳动力市场、共享信息经济等方面利益。分工效应主要表现在共享专业化分工带来的生产效率提高和生产资源节约的收益。结构效应主要表现在城市产业获得相互联系的结构关联效应,和要素流向高生产率部门的结构成长效应,以及城市经济不断和外界交换的结构开放效应。规模效应可以分为企业规模效应和消费者规模效应,伴随着城市集聚能力提高,企业获得长期平均成本下降的收益,消费者获得平均支出水平下降的福利。

6.4　本章小结

在实证分析全要素生产率和城市经济增长差异的基础上,本章对现行城市粗放型经济增长模式进行了检讨,指出现行模式存在政府主导增长目标偏好、城市生产的内外部不经济、城市生产的不稳定以及城市空间绩效的低效化的问题。现行粗放型经济增长模式忽略了城市发展过程中资源有限性这一逻辑前提和经验事实,造成城市经济增长缺乏长期内生性的动力机制,是一种不可持续的增长模式,需要实现向集约型经济增长模式的转型。

城市集约型经济增长模式是现行模式的发展方向,这种模式是在资源有限供给的约束条件下,关注要素组合质量,增大知识能力的贡献度,通过提高资源配置效率和规模经济效率,改善城市经济运行的质量。

全要素生产率的区域差异是城市集约型经济增长模式组织形式差异的反映。结合全要素生产率区域差异的实证结果和城市集约型经济增长的动力来源,本章从政府规控、产业结构优化、知识能力提高和多样化驱动四个方面分析城市集约型经济增长的组织形式和运行机理。

政府规控型城市经济增长主要表现为中央政府和地方政府通过制定明确的城市增长方式转变战略和财政、金融、投资、就业、收入分配等方面具体政策措施,推动域外资源要素向城市集中,形成技术和产品的创新驱动网络。该组织形式适合于市场经济发育不成熟、交易成本较高、城市公平问题突出的条件下。这种形式下政府主导的制度变迁是城市增长的主要驱动力量,地方政府成为城市增长模式的"第一行动集团",政府主导模式需要承担相应的发展代价,随着城市经济的发展,政府主导力量逐渐呈现弱化趋势。研究得出政府规控型城市经济增长的作用机理,其实质是中央政府通过"经济放权、政治集中"使地方政府成为增长竞争型政府而发生的以制度创新驱动城市经济增长的过程。这一过程涉及制度变迁的主体——中央政府和地方政府;制度变迁的过程——经济制度、法律制度和行政制度;制度变迁的结果——城市经济增长。

产业结构优化驱动城市经济增长是指城市通过主导产业选择,促进产业结构合理化和高级化,带动产业结构网络化,在这一过程中实现城市产业经济结构和空间结构的优化,完成城市经济增长方式的转变。该组织形式适用于主导产业有序更迭,城市产业之间结构关联效应明显,城市产业高级化程度显著的条件下。这种组织形式下主导产业选择是关键,产业结构合理化和高级化是主要途径,产业结构网络化是主要动力,不同城市表现出明显的个体差异。研究得出产业结构优化驱动城市增长的运行机理主要是在区域产业分工前提基础下,城市主导产业选择成为增长模式的关键,以城市产业结构合理化和高级化为主要途径,形成了产业结构网络化为主要驱动力的城市转型增长。

知识能力提高型城市经济增长就是通过建立生产要素新组合,把崭新的生产要素和生产条件运用到城市生产函数中,通过新组合提高生产函数效率的模式。该模式适用于知识在城市资源配置中起到主导作用,知识型产业成为城市的支柱产业,城市经济增长出现低消耗、低污染的条件下。城市的知识能力提高是一个持续的过程,其中自主创新是主要方式,城市知识能力培育环境起到关键性作用,人力资本呈现流动性强的特点。研究得出知识能力提高型的城市增长运行机理是通过培育高校、科研院所和企业形成互动的城市环境,在良好的环境下通过吸收创新的方式,促进企业提高产品技术含量、形成差异化竞争优势,延长企业生命周期,形成企业持续的竞争力;城市知识能力不断提高,以企业发展和城市产业结构优化实现城市经济增长。

多样化驱动型城市经济增长是以集聚经济为基础,通过专业化带来的规模经济和多样化产生的范围经济,促进城市产业结构优化、知识能力提高,形成多元驱动城市经济增长的过程。这种组织形式适用于城市具有一定能量的要素集聚,城市产业结构优化,城市知识能力提高的条件下。多样化驱动型城市经济增长具有规模收益递增和外部范围经济的特点,表现为地方化经济和城市化经济两种类型,具有自我强化的能力。运行机理主要是通过地方化经济和城市化经济两种主要作用方式,给企业带来共享中间产品、共享劳动力市场和技术市场的好处,由此产生近邻效应、结构效应、规模效应和分工效应,这些效应在城市关联网络中不断进行复制、强化,形成自我循环,促进城市经济增长。

城市向集约型经济增长模式转型的路径

在对现行模式检讨和分析城市集约型经济增长基本动力基础上,本书分析了城市集约型经济增长的组织和运行。本章紧承前文重点分析城市经济增长模式转型的一般路径。我国城市经济长期以来存在高投入、高消耗、高排放、低效率、不协调、难持续的问题,城市经济从粗放式的增长方式向全要素生产率驱动的集约型增长方式转变刻不容缓。创新驱动、均衡发展、质量提升是实现城市经济转型发展的一般路径。城市经济增长动力来源从要素驱动转向创新驱动;城市经济增长的过程从不均衡向均衡调整;城市经济增长的结果从数量增加向质量提升改进。从增长动力、增长过程和增长结果三个方面分析了城市经济集约增长转型的必要性和一般路径。

7.1 增长动力向创新驱动转变

7.1.1 从要素驱动转向创新驱动的必要性

过去四十多年我国经济依靠要素驱动获得了经济的高速增长,但是取得显著成就的背后存在严重的隐患,主要表现在经济增速快,但是质量不高;制造业规模扩大,但是高端制造业缺乏;科技成果转化率提高,但是自主创新比例不高。改革开放以来,我国经济高速增长主要依靠改革带来的制度红利和对外开放带来的学习和分工效应。按照波特的理论,一个国家的竞争力要经过要素驱动、投资驱动、创新驱动和财富驱动几个阶段。随着我国资源环境约束性增强,要素驱动的粗放模式难以为继,城市经济增长模式转型从过度依赖"人口红利"和"土地红利"转向创新驱动。

第一,城市经济实现可持续增长需要创新驱动。我国城市经济依靠土地扩张、廉价劳动力方式获得的快速增长,导致了城市经济的高速度和低质量。一方面表现为城乡二元结构问题更加严重,另一方面也表现为经济增长和城市资源有限的矛盾也日益突出。伴随着老龄人口的日益增加,劳动力成本逐年呈现增长,传统的劳动力成本优势也日趋减弱。要实现城市经济的可持续增长必须依靠创新驱动,通过构建创新型城市体系,发挥系统优势实现城市经济增长转型。

第二,提高城市竞争力需要创新驱动。新经济背景下,城市和城市之间的竞争最终取决于创新能力的竞争。特别是国际金融危机以后,世界主要国家都认识到创新对经济复苏和培育新经济增长点的重要性。在这种背景下,我国城市就必须通过自主创新,培养起一批在关键领域拥有核心技术的企业,形成高科技、高附加值的产业集群,加快科技成果转化为生产力的进程,在国际化经济背景下,提升城市的竞争能力。

第三,城市结构优化需要创新驱动。城市经济增长模式转型要求在经济发展过程中实现城市结构的优化。城市结构优化主要表现为:①在产业结构方面,从第一、第二产业占主导转为三次产业协同发展,战略新兴型产业在城市发展中发挥更加重要作用。②在城乡结构方面,逐步消除城乡之间在居住、就业、社保、教育、医疗、税收、财政和金融等方面的不公平和二元化。③在动力结构方面,城市经济增长由主要依赖土地、资金、劳动力投入转向技术、管理方面。以上这些方面的结构优化都需要通过创新驱动来实现。

7.1.2 创新驱动的实现路径

城市实现创新驱动是一个复杂的系统工程,涉及主体、资源、平台和环境等多个方面。从系统学的角度看,城市是一个规模庞大、影响因素众多,多目标、多层次、多功能的开放性系统。同样城市实现创新驱动也涉及关系复杂的众多因素,政府、企业、机构等主体在文化、法律等的环境背景下利用技术、人力资本、知识等资源实现城市创新驱动的集约经济增长,在这个过程中是各个因素相互作用、互相影响,并且与城市外界系统不断发生资源交换,保持系统协调运行,具体如图 7-1 所示。

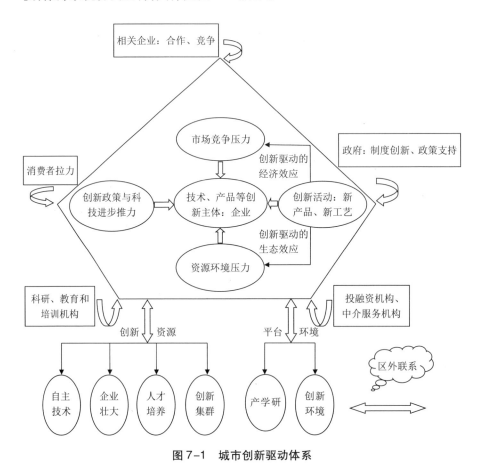

图 7-1　城市创新驱动体系

城市创新驱动体系主体包括消费者、政府、企业、科研和教育机构以及其他中介机构。其中企业和消费者在城市创新驱动中居于核心地位。企业是产品和服务的生产者、提供者,科技成果的直接转化者。消费者是产品和服务的最终购买者,以自身需求的变化推动生产者创新服务。政府是创新活动的组织者和服务者,主要职能在于发挥创新主体的主动性,营造适合城市转型增长的氛围和环境。教育和科研机构是创新驱动活动中的创新源头和知识库,其他中介机构在创新转型中起着"黏合剂"的作用。资源要素包括传统的土地、劳动力、资金等有形要素和技术、人力资本、知识能力、制度等无形要素,在创新驱动城市经济增长模式中无形要素是城市经济运行中强有力的推动力量。其中知识创新是城市创新活动最重要的力量来源。环境要素和创新平台是维系和促进城市经济增长的保障因素。城市的创新驱动是一个复杂开放系统,要处理好要素与要素、要素与系统的结合关系,发挥各个因素协同效应,促进城市经济高质量增长。

(1)创新主体

城市创新驱动过程中企业、政府、消费者和相关机构都是创新活动的主体,其中企业在各创新主体中处于主导地位。企业是技术创新的主体,实现城市经济增长的创新驱动,需要提高企业自主创新能力。我国企业的创新能力普遍薄弱,在很多领域缺乏关键核心技术和自主知识产权。企业尚未成为创新决策、研发投入和科技成果运用的主体。培育创新型企业,使企业成为科技创新活动的主体,是我国城市经济增长实现从要素驱动向创新驱动的重要途径。鼓励和支持企业加大科技研发投入力度,发挥创新型企业的示范和带动作用。围绕产业结构升级、战略性新兴产业发展投入科研项目经费,通过提高企业的自主创新能力,形成健全的技术研发、产品创新和成果转化的机制。要特别发挥中小企业在技术创新中的重要作用,对小型技术创新企业在审批和税收方面给予一定的支持,拓宽小微企业的融资渠道,引导金融资金、风险资金向自主创新项目流动,同时为中小企业提供技术、管理和信息方面的社会化服务。

政府是城市创新活动的组织者和服务者,是制度创新的主要供给者。政府在城市创新驱动过程中需要完善科技创新制度。目前我国企业尚未成为创新主体的主要障碍在于科技创新制度不完善、相关活动组织缺失。企业家对超额利润的追求,敏锐捕捉市场的需求变化是企业自主创新的动力,价格信号、信息信号的快速传递和反馈依赖于完善的市场机制。在市场机制健全的条件下,企业获得竞争和激励的双重动力,促进企业加大科技投入力度。我国技术、资本、土地等要素市场化程度发展滞后,一些企业通过寻租活动以较低的边际成本获得了生产要素,实现了超额利润,造成了企业缺乏技术创新活动的动力。我国目前的科技体制也制约了企业的创新活动。政府在科技创新体系中发挥着重要作用,是科研经费的主要提供者,拥有科研活动的决策权和科技创新资源的配置权。开展的科研活动很难满足企业需求,导致企业参与热情不高。相关研发活动平台和组织机构的缺失也是造成企业创新动力不足的原因。研发活动的组织结构和平台是汇集创新资源的主要载体,是科技成果转化、科技交流的主要平台。我国只有少数企业拥有自身研发机构,缺少企业之间技术联盟,增加了企业成为创新主体的障碍。

（2）创新资源供给

实现城市经济由数量驱动向创新驱动的转型,必须发展创新型经济,改善创新资源要素供给。创新型经济是以人才和知识为依托的,强调创新资源要素的投入,其中人力资本和新技术投入是重要的两个方面。首先,人力资本的技术供给比物质资本的技术供给更加重要。人力资本的投资是供给的重点,关注劳动者素质的提高,特别是高端创新人才是技术供给的主要对象。在要素驱动的经济增长环境中,强调低成本的劳动力优势,创新驱动的经济中,人才是创新的基本要素。只有定制高端的技术供给服务才可以吸引高素质的人才,才可以带动高新技术产业的发展,提升城市的竞争优势。其次,技术供给向孵化和研发阶段倾斜。孵化和研发阶段是技术创新的重要环节,技术投资更多关注技术孵化和研发阶段,才可以获得持续的技术创新。

城市产业技术升级是创新要素供给的重要保障。加快城市产业技术升级,用高新技术加快对城市传统产业的改造和升级,巩固实体经济在城市经济发展中的地位。通过对传统产业进行技术和人力资本的投入,促进城市产业结构的合理化和高级化,带动传统产业从资本密集型或劳动密集型向知识密集型转变。同时要规避城市产业空心化的趋势,防止房地产行业的过快发展,减少房地产行业对城市传统产业的挤出效应。关注网络经济的发展趋势,利用网络经济的优势拓展传统产业的发展空间,全面提高城市产业的整体效益和素质。

城市创新集群是创新要素供给的组织形式。创新集群是由相互作用的创新企业和关联结构,通过资源异质性和互补性而形成的一种地方性网络组织。城市的创新集群是由企业、研究机构、大学、服务组织通过技术创新活动而连接起来的创新网络。创新集群的参与主体具有多元性,创新集群内部结构是围绕主导产业形成的参与者之间的战略联盟关系,创新集群的外部结构表现为通过创新能力提高形成具有竞争力的区域协同创新网络。创新驱动时代,城市创新能力的提高不再是一个"发明—应用—推广"的线性扩散过程,而是发生在创新主体之间复杂互动的系统过程。创新集群适应了创新活动呈现的新特点,在城市经济增长模式转变的过程中,通过创新网络优势,扩散技术和知识的外部溢出效应,加快城市经济向创新驱动发展。

(3)创新环境与平台建设

环境是城市实现创新所必需的,创新环境是城市进行创新活动和培育创新主体不可或缺的部分。创新环境通过城市内创新活动的行为主体、企业和相关机构反映出来。城市的创新环境可以分为硬环境和软环境。其中城市创新硬环境包括交通基础设施、通信设施和信息网络等;城市创新软环境包括有利于城市知识创新和顺利流通扩散的制度、政策法规及学习氛围,勇于创新和尝试、宽容失败等社会文化环境[①]。信息和技术的扩散不仅通过图书、网络等物质手段,还通过人与人之间进行正式和非正式的接触来实现。因此城市的创新环境不仅和科学技术有关,而且和城市文化理念相关。

在创新环境建设方面,首先需要营造良好的创新人才生活和工作的环境。人才是实现创新驱动的重要资源,尤其是高端的创新、创业、管理人才。为高端的创新人才提供适合生活、研发、产业化的环境。主要涉及城市交通、通信、信息等基础设施建设,产学研平台建设,宜居的生活环境,以及创新文化环境等。其次,建立保护创新的法制环境。知识产权是创新产业的核心资产,通过法律知识的宣传和教育,提高知识产权的保护意识;通过执法和立法建设,完善我国知识产权法律体系建设,改变我国目前知识产权保护不利的局面。实行法制化战略,加大创新产业知识产权的保护力度。

创新平台的建设最主要的是要完善自主创新的"产学研"机制。产学研合作将企业、高校和科研院所结合起来,形成风险共担、互惠互利、优势互补和共同发展的合作机制,促进研究、开发、生产一体化,实现科技创新所需的各种生产要素有效组合,提高企业的科技创新能力,加快高校科技成果转化

---

① 向清华,赵建吉.区域创新环境研究综述[J].科技管理研究,2010（13）:15-18.

能力。完善产学研的合作机制主要在于以市场为向导,形成利益最大化的合作机制。各级政府的政策支持应从关注已有科技成果的转化率转移到促进企业、高校和研究机构多种主体之间的深度合作,通过增加产学研合作内容,拓展产学研合作模式,提高科技成果对城市经济增长的贡献度。创新平台建设另一个重要的内容是创新服务平台建设。利用网络信息技术建立要素之间的载体和联系纽带,系统性的优化区域创新资源配置,通过提高政策、信息、人才、技术等公共服务能力,加强创新主体之间的合作交流和协同创新。创新服务平台体系一般包括技术创新平台、信息平台、区域服务平台和区域文化平台。

7.2　增长过程向均衡发展转变

在经济高速增长过程中,结构失衡成为城市经济的一个显著特征。城市经济长期处于均衡和不均衡的不断调节过程中。城市经济增行过程的均衡体现在区域均衡、城市均衡和城乡均衡三个方面。其中区域经济不均衡发展主要体现在不同地区之间经济增长速度差异明显,区域之间的差距不断扩大。城市经济的不均衡主要表现为投资、出口、消费之间比例失衡。城乡不均衡突出表现为城乡居民的收入差距继续加大,城乡居民在社会保障、教育、医疗等方面资源占有严重不均,城乡二元结构问题严重。城市经济中的结构失衡导致了城市经济的畸形发展,从不均衡向均衡转变是城市经济转型增长的必然方向。

7.2.1　从不均衡向均衡发展的必要性

(1)减少社会发展差距

城乡之间二元经济明显,城市和城市之间条块分割严重,资源在空间上分布不均衡,导致了区域间社会经济差距过大。城市土地面积不断扩张,挤占了乡镇的发展空间,农民进城务工无法享受市民福利保障的待遇。大城市在区域经济发展中集聚了大量的资金、技术和人力资源,遮蔽了中小城市的发展,中心城市扩散溢出的效应不明显。社会发展差距带来了城市经济增长中不稳定、不和谐的因素,实现城市经济从不均衡向均衡发展是缓解发展矛盾的有效路径。

（2）改善产能过剩局面

我国城市经济主要依靠投资驱动的失衡结构是造成产能过剩的主要原因。在投资需求不断刺激的条件下，短期内实现了城市经济的增长，但是大规模的资本投入和劳动力储备相结合，形成了巨大的生产能力，远远大于居民的消费能力，使得城市经济供给结构平衡状态出现偏离，带来了低水平重复建设，造成了资源浪费和产能过剩。解决城市产能过剩局面，实现集约型的经济增长方式，改善城市投资消费结构是必由之路。

（3）形成自主创新品牌

城市经济以加工贸易为主的出口模式造成了经常项目顺差。出口多为低端技术产品，很少有自主创新。坚持模仿创新、加工制造的方式就会形成低端制造业路线的锁定，无法形成自主创新的品牌。城市大量的土地、资金、人力投入低附加值、低技术、高污染、不可循环的产业中去，造成城市有形资源和无形资源的大量浪费。形成自主创新的品牌，增强产品的国际竞争力，需要通过优化城市的产业结构和技术结构，实现城市经济的转型增长。

7.2.2　实现均衡发展的路径

城市经济增长实现均衡发展是多方面联动协调的过程，涉及区域协调、城市增长均衡和城乡均衡三方面的内容，如图7-2所示。城市经济增长过程从不均衡向均衡发展涉及的多个系统是相互作用、联动发展的。城市经济高质量增长不能单纯依靠城市内部的力量，需要处理好城市和乡村之间、城市和区域之间的关系。其中区域均衡是从城市空间组织的角度，通过分析城市实现均衡增长需要的动力机制；城市增长均衡是从城市内部角度，通过分析城市经济增长动力关系实现城市经济均衡的集约增长；城乡均衡是从城乡统筹的视角，通过分析城乡之间的协调发展消除城市经济增长过程中的不平等性。

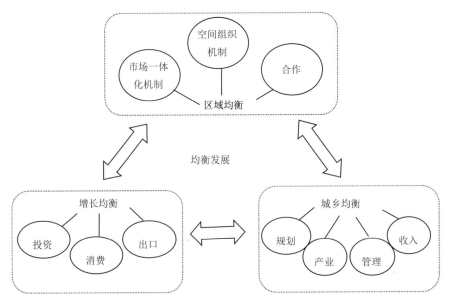

图7-2 城市经济均衡发展路径

（1）区域均衡

区域经济结构失衡表现为在一定区域内，一些区域比另一些区域获得更快的发展速度，取得更好的经济发展质量，区域和区域之间的差距不断扩大，形成明显的经济发达地区和经济欠发达地区。区域之间结构失衡是资源空间配置不均的结果。在我国实行西部大开发、振兴东北工业基地和中部崛起等战略后，内陆经济的后发优势明显，经济发展势头强劲。沿海地区由于受到金融危机的冲击，出口导向型经济发展受阻，产业升级转型挑战严峻。沿海和内陆经济之间争取资金、劳动力和人力资本的竞争日益激烈，区域结构协调发展成为破解难题的重要举措。区域协调均衡发展是一个复杂系统工程，最为关键的是建立区域均衡协调发展机制。区域均衡协调发展机制包括市场一体化机制、空间组织机制和合作机制。

市场一体化机制主要是指尊重市场规律，打破区域市场分割，形成统一市场体系，促进要素在区域市场体系内流动。通过发挥市场一体化机制的作用，以市场机制调控创新资源配置，引导创新主体进行提升全要素生产率的经济活动。健全市场一体化机制首先需要打破区域市场分割。引导地方政府改变狭隘的"自我保护"思想，削弱地方政府"地域封锁"的预期收益。

其中政府职能转变是打破区域市场分割的关键。城市经济运行中诸多问题都与管理方式和政府职能有关,政府管理方式不改变,就无法彻底解决经济运行中的矛盾和问题。政府通过简政放权、转变职能,增强执行力和公信力,提高城市治理能力,从执行型政府转变为服务型政府。其次,需要完善要素市场体系。在区域内建立由多种相对独立的商品市场和相互影响的生产要素市场相互渗透而形成的有机整体。市场体制良性运转和高效组织主要依靠完善的市场体系,统一、开放、竞争、有序的市场体系是城市经济高质量增长的重要保障和前提条件。最后,引导产业跨区域转移。通过制定区域发展整体规划和产业转移的相关政策,建立发达地区和欠发达地区产业转移通道。采取一定激励政策鼓励骨干企业将生产环节、管理环节、研发环节和营销环节进行区域转移,建立转入地区和转出地区之间的产业联系,形成区域产业价值链。

空间组织机制是促进区域均衡协调发展的重要组成部分。通过设定经济区划对区域空间进行规划布局,对各个区域进行功能定位,增强区域之间的联系,优化空间组织秩序,提高区域空间利用效率。首先,需要弱化行政区的概念,强化功能区和行政区的耦合。根据经济比较优势、区域分工以及区域环境资源承载情况确定各个区域的功能区划。这样既可以为区域分工提供空间基础,又可以实现经济增长与环境自然和谐发展。其次,加强空间发展规划。对区域集约型经济增长的总体空间格局、空间组织体系、空间联系网络体系进行全局性的谋划和设计,明确区域空间集约型经济发展方向,协调空间经济发展活动。最后,构建网络化的区域空间体系。加强网络节点之间高速铁路、高速公路等交通基础设施建设,形成多通道的运输和通信传播通道,为网络化的空间体系提供设施保障。根据功能区的规划,形成分工合理的区域价值链,有效地在区域内部传递经济能力,激发区域经济集约增长的潜能。

建立区域优势互补、良性互动的合作机制。合作机制也是区域均衡协调发展的重要组成部分。按照资源参加、优势互补、平等合作的原则,在区域共同市场建立、资源开发、环境保护、生态治理等方面采取联合行动,较少无序竞争,形成区域经济集约型增长的合力。区域合作机制的有效运行必须加强相关制度建设。首先要从法律层面规范区域之间合作,制定相关区域不正当竞争法,依法打击地方保护行为,促进区域合作的稳定性。其次要开展多层次、多领域的区域合作,鼓励政府、企业,以及非政府和企业共同参与到区域产业发展、自然资源开发、基础设施建设、生态环境治理、文化、教育等领域。

（2）城市增长均衡

城市增长均衡关键是协调城市经济增长过程中出口、投资、消费"三驾马车"之间的关系。长期以来,城市经济增长的动力结构呈现投资和出口比重不断上升、消费比重不断下降的趋势,国内很多学者将这种情况称为"三驾马车"的失衡。这种失衡的局面带来了城市经济长达三十多年的高速增长,同样也带来了城市经济运行中存在的产能过剩、结构趋同、创新动力不足、服务业发展落后等一系列问题。可以说"三驾马车"的失衡是过去城市粗放式经济增长条件下的产物,三者之间的比例关系是和粗放型增长相匹配的。随着城市经济增长进入"新常态"的发展阶段,"三驾马车"的结构也将随之发生变化。本书认为城市经济均衡发展,需要各部分的稳定增长,不是某一部分上升和下降的问题,而是每个部分驱动质量的变化。

在投资结构调整方面,投资结构存在最突出的问题是政府投资和民间投资失衡。政府投资增长过快,民间投资动力不足,政府投资挤占了民间投资,造成两者之间的错位发展,带来资金投入的效益不高。官员的行政考核体制助长了地方政府通过扩大投资追求经济高速增长的目标。要改善这一局面,首先,从官员考核体系入手,建立多目标综合指标体系,规范地方政府行为,抑制投资的短期化和攀比化,从城市经济可持续发展的方面着眼,有序进行重点行业和领域的投资。其次,优化投资结构,引导资金向创新能力强、城市经济发展薄弱的领域流动。加大民间投资的激励政策,特别是在城市基础设施、公共社会服务增加民间投资的比例。

在消费需求调整方面,随着城市经济增长中劳动力和原材料成本不断上升、外部经济环境疲软双重约束的局面下,消费需求对城市经济增长的推动力越来越大。居民的消费能力受到居民占有财富多少的影响,有效调节收入分配,完善社会保障制度,才可以实现居民可持续的消费能力。提高居民收入在国民收入中的比例,重点是保障城市中低收入的居民。建立和健全社会保障制度,完善养老保险和失业救助制度。此外,还需要培养新的消费增长点。新的消费增长点主要来自于三个方面:第一,城镇化过程中释放巨大需求潜能,农民身份转变过程中带来的住房、购物、教育、城市公共设施和公共服务方面的需求。第二,经济转型发展过程中带来的新需求。城市经济从粗放型向集约型转变,从制造加工向创新研发转型必然带来新技术、新工艺和新产品,影响居民消费需求发生新变化。第三,服务业加快发展带来的居民消费新领域。服务业是内需潜力最大的产业,也是促进产业融合、推动经济转型发展的重要引擎。鼓励和支持各类资金、人才进入生活服务业,加大对生活性服务业薄弱领域的支持,优化服务网点布局,规范市场秩序。

在出口需求调整方面,出口结构应改变过去低附加值产品多而广的格局,逐步形成自有品牌,提高产品的竞争力。同时还需要进行相关配套改革,完善出口税收政策,支持优势产品的出口;完善出口信用保险政策,提高出口保险的覆盖比率,降低保险费率;进一步减轻外贸企业负担,减少出口环节的各项收费。

(3)城乡均衡发展

城乡均衡发展是指城乡统筹发展,站在区域经济发展的高度,把城市和农村的经济社会发展作为整体考虑,统筹解决,以达到改变城乡二元结构,实现城乡一体化发展的目标。城乡均衡发展是赋予城乡居民公平的发展机会,通过城乡之间的统筹规划,减少两者之间差距,保障资源要素在城乡之间合理配置,实现城乡之间均衡、协调发展。

城乡均衡发展的关键是通过工业反哺农业、城市支持农村发展,改变过去重城市、轻农村的思想和做法,更多地关注农村、关心农民和支持农业发展。城乡均衡发展涉及统筹城乡规划、统筹城乡产业发展、统筹城乡管理和统筹城乡收入分配几个方面[①]:

统筹城乡规划。改变现有城乡规划分割、建设分割的状况,通过进行一体化的规划布局,实现两者的共同繁荣。统筹城乡规划涉及城乡经济发展的多个方面,统筹产业发展规划,形成科学合理的产业布局;统筹基础设施规划,形成完善的基础设施网络;统筹用地规划,形成高效合理的土地使用

---

① 冯云廷.区域经济学[M].第二版.大连:东北财经大学出版社,2013:360-361.

格局。通过统筹城乡规划,实现社会服务资源的合理配置,缩小城乡之间公共服务水平的差距。保障城乡的居民享受均等化医疗服务、教育水平、社会保障,较少城乡居民综合社会福利水平的差距。

统筹城乡产业发展。在工业化提升城市经济发展的过程中,通过农村剩余劳动力的产业转移,加快农村人口向城镇的流动。通过新农村建设,促进农村现代化工业向乡镇工业园区集聚。促进城市基础设施向农村延伸,促进城市社会服务事业向农村覆盖,提升农村经济的发展水平。通过统筹城乡产业发展,达到城乡资源利用效率平等、城乡居民比较利益一致、城乡互补的产业结构,改变二元经济结构。

统筹城乡管理制度。消除计划经济和二元经济的影响,从制度和政策上促进城乡均衡发展。保障城乡居民在就业、户籍、教育、社会保障、自身发展等方面公平的待遇。

统筹城乡收入分配。根据经济社会的发展阶段,调整收入分配结构,从城乡统筹的角度建立一体化的财政支出体系,纠正向城市倾斜的分配偏差,增加农村公共基础设施建设的投入比例,同时进行农村的税费改革,降低"三农"活动的税负。

7.3 增长方式向质量提升转变

数量型城市经济增长反映的是经济增长的速度,质量型城市经济增长反映的是经济增长的优劣程度。质量型经济增长是一个综合概念,涉及经济增长效率的提高,增长的稳定性、公平性和可持续性等诸多方面。质量型经济增长是数量型经济增长发展到一定阶段的产物,更多地关注城市经济增长结果和前景,关注城市经济增长过程中投入和产出的比例关系[①]。我国城市经济长期追求粗放式的数量增长,进一步恶化了城市经济运行中的矛盾。增长加速和城市资源恶化,经济高速增长和居民福利下降,城市产出过剩和结构比例失衡之间的问题日益突出。城市经济增长方式的转型迫切需

---

① 任保平.经济增长质量理论阐释,基本命题与伦理原则[J].学术月刊,2012 (2):63-70.

要从数量增长转向质量提升。

7.3.1 从数量增长转向质量提升的必要性

（1）提高人民的福利水平

城市经济增长是手段,提高人民的福利水平是根本目的。城市经济增长的出发点和归宿点都是为了人更好地生存和发展。通过城市经济增长带来丰足的物质产品满足人民的生活要求,通过城市经济增长为人们营造方便、舒适、健康的生活空间。因此,城市的经济增长应该建立以人为本的增长模式,关注人的生存和发展。既要实现城市经济的增长,又不以牺牲人的幸福感为前提,提高人民的生活质量。

（2）提高城市经济效率

经济效率是衡量一个城市经济质量的重要指标。数量型经济增长强调更多地依靠城市土地和劳动者的投入,导致城市面积"摊大饼"式地无序扩张,城市经济总量攀比式地竞争。质量型经济增长主要依靠城市经济效率的改善,特别是城市全要素生产率的不断提升。通过城市全要素生产率的改善,实现城市的结构优化、知识能力改善、经济发展环境良好。

（3）保护城市资源环境

城市数量型的经济增长造成了大量资源的浪费,造成了城市资源紧张的局面,城市环境持续退化,经济增长不可持续。质量型的经济增长方式在城市发展过程中,通过资源配置效率的改善,提高要素的投入产出比例。从城市自然资源的开发利用到资源的生产,采用科学有序的方式对自然生态系统进行调控,不以破坏自然资源为代价换取城市经济的短期、不可持续增长。

7.3.2 质量提升转变路径

城市经济增长质量相对于经济增长数量是一个动态的概念,涉及经济增长数量变化过程中经济、社会、资源和环境多方面的优劣程度,本书选取增长效率、增长稳定、增长公平和增长可持续性四个方面分析城市经济增长质量提升。其中增长效率指城市经济增长过程中要素投入和产出的比率,其中全要素生产率是城市经济增长效率持续改善的主要动力。增长的稳定性主要指城市经济长期增长过程中波动幅度,可以有效、及时地把增长波动控制在最小范围之内。增长的公平性主要指经济增长过程中居民福利水平的变化情况。增长的可持续性指资源和环境对城市经济增长的约束情况。关于城市经济增长质量提升的转变路径,具体见图7-3。

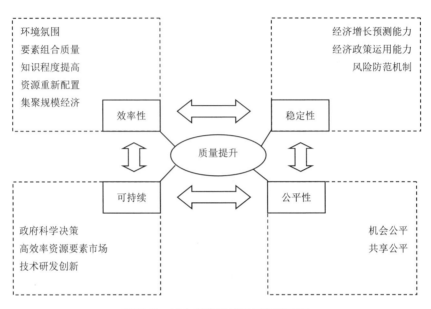

图7-3　城市经济增长质量提升路径

（1）经济增长的效率性

经济增长的效率性是城市经济增长综合运用各种资源的结果,在资源投入约束条件下,单位投入获得的产出越高,经济增长的效率越高,城市经济质量提升越显著。效率是城市经济增长质量优劣程度的集中体现,是经济增长质量其他内涵的重要保障。一般情况下,将由要素生产率提高导致的经济增长视为质量提高的经济增长,将由要素投入增加导致的经济增长视为数量提高的经济增长。在不扩大要素投入的情况下,通过全要素生产率改善获得的城市经济增长,是经济质量提升的重要方式。

首先,形成关注城市经济质量提升的氛围。早在2000年前后,中国已经提出了经济增长方式转变的理念和目标,时至今日,经济发展方式转变仍旧未能完全现实,其中一项重要原因即经济发展方式转变的条件并不具备,原有的经济发展方式仍具有良好的收益和增长空间。但是自从2008年末全球性金融危机爆发以来,国际局势的变动使中国粗放的、出口拉动的经济增长方式难以为继。内部经济增长动力衰竭加上外部对经济转型的压力,造就了中国经济向集约型增长转型的条件和机遇。"不要浪费了这次危机"①似乎成为抓住机遇、迎接挑战的最好注解。根据国际形势和国内经济发展阶段,我国提出经济将进入新常态的发展阶段。新常态经济的一个重要特征是放慢经济增长速度,优化经济结构。我国城市经济也进入重要的战略发展期,在宏观经济进入新常态阶段,城市经济也需要减缓增长速度,把重心落在优化城市经济结构,实现城市经济质量提升方面。

这一转变必然经历"阵痛期"并付出相应代价,促使各方深刻理解这一变革显得尤为重要。学术界对这一转型已有一定认识,将这种变化深入到政府、商业领域,争取普通民众最大程度的理解,实现全社会的思想转变,形成经济转型良好的舆论和认知氛围,将是符合中国国情、体现中国特色的必然选择。相关的系列报道、论坛与峰会等组织作为官方活动的形式,具有一定的导向作用;发挥民营企业示范作用、协会等"第三部门"力量,能够更加贴合企业的生存环境;社区活动宣传、财富故事、爱国与民族主义情感等形式,更加符合群众路线、个人自发的认知提升。除了正面方式外,环境污染与公害事件、中国相关经济数据、中国宏观国际国内形势等主题与公民个人生活、利益休戚相关,一些负面、确实信息的提供,能够加深对经济转型紧迫性的认识。

其次,从增长动力入手,多方面提升城市经济运行质量。结合本书的分析,城市经济高质量增长的动力主要来自于要素组合质量、知识程度提高、资源重新配置和集聚规模经济。从这些方面入手,改善城市经济运行的环境,通过全要素生产率的显著提升,实现城市经济增长从数量向质量的改变。要素组合质量方面主要是政府通过规划管理协调资金、劳动、土地、制度、知识等多种要素比例,形成要素之间合理的结合链,促进经济增长质量的提高。具体表现为各级政府利用多种宣传方式建立质量提升的城市经济增长环境,通过财政政策、货币政策、收入政策、产业政策以及相关制度安排

---

① 2009年美国总统奥巴马的政治顾问对奥巴马所说,这句话也多次出现在新闻报道中。

优化配置要素投入比例,增加知识型要素在城市经济运行中投入比例。知识程度提高方面具体表现为树立知识和人才的权威地位,改变对权力和金钱的热衷,城市经济的发展由依靠政府权利推动改变为依靠知识和人才的创新。用先进知识和技术升级城市产业体系,通过市场体系的健全加快知识要素的流动和传播。建立有效机制发挥知识能力对产业发展和结构调整的支撑和引领作用,调动科研人员的积极性,强化企业在知识驱动方面的主体地位,建立知识能力提高和产业优化调整的传导路径,实现城市经济质量的提升。资源重新配置方面主要从结构调整获得经济质量提升的动力,具体表现为各级政府在城市投资、消费、区域规划、产业优化等方面进行相关制度安排,协调城市经济运行中出现的结构失衡问题。依靠技术创新和市场竞争,逐步淘汰高污染、高排放、低效率的粗放型企业,使集约型的企业不断发展壮大。推进战略新兴产业的发展,清理产能过剩、技术落后的企业,鼓励优势企业兼并重组。实现城市金融、教育、养老、医疗等服务业的有序规范发展,提高服务业占城市产业的比重。同时做好基础设施建设和公共产品供给工作,减少公共服务城乡之间的差距。集聚规模经济方面,通过城市规模的适度扩大获得城市投入系数的减少。具体表现在合理规划城市布局、有效利用土地资源等方面,形成空间紧凑、联系便捷、基础设施使用率高的城乡空间结构。避免盲目摊大饼式的城市扩张和城市建设短期化的行为,在同等资金投入下形成高效率和低消耗的城市生产、生活空间。

（2）经济增长的稳定性

经济增长的稳定性是相对经济增长的波动性而言的。过度的经济增长波动性会破坏经济增长内生机制,带来经济增长成本增加,社会福利水平恶化等后果,严重影响经济增长的质量。伴随着改革开放和经济体制改革,我国城市经济增长也表现出明显的周期波动性,并且稳定性不断增强,但是城市经济增长过程中波动因素仍然不可忽视。固定资产投资比例过大,城市土地财政占主要份额,实体经济与虚拟经济发展失衡,这些隐患都将带来城市经济增长的波动,对城市经济运行机制和秩序带来损害。在世界经济复苏艰难曲折和国内经济下行压力明显的局面下,保持城市经济增长的稳定性是不可忽视的重大问题。

首先,提高经济增长的预测能力。城市经济增长波动来自实际经济产出对潜在经济产出的偏离。对潜在经济增长速度和适度经济增长速度的测算,是正确分析城市经济运行波动情况和进行城市经济管理的基础。城市经济运行中如果实际经济增长率超过潜在经济增长率,将带来资源供给缺口,造成原材料、半成品和产成品价格的上涨,可能引起通货膨胀。如果实际经济增长率小于潜在经济增长率,将带来资源闲置,造成资源浪费、失业率上升,可能带来通货紧缩。因此,为了确保城市经济稳定性增长,应建立城市经济运行的指标体系,通过一系列指标发挥城市经济运行的监测和预警作用,提高对城市经济增长的预测能力,规避经济波动风险。

其次,提高财政政策、货币政策和产业政策的运用能力。掌握好财政政策、货币政策、产业政策运用的时间性,通过适时出台各种政策对城市经济消费需求、出口需求和投资需求进行调节。充分考虑不同政策对经济运行带来的效益差异问题。不同的政策带来的效应差异较大,例如财政的资金支持政策,对某些产业、企业的支持在某种程度上改变了企业决策的目标,部分企业或产业对财政扶持的依赖不断加强,甚至将拿到政府补贴作为企业活动的首要任务。这种"不公平"在很大程度上损害了创新企业的积极性,财政支持甚至可能对城市经济质量提高产生负面作用。税收优惠可以看作间接的资金支持,它本质上属于一种事后补偿,对组织、活动的诱导性低于财政支持,但税收存在政策中性,对市场秩序的干扰、风险性均较低,一定程度的法律属性使其相对于政府领导人的更替更具稳定性。多方面预测到经济政策对城市经济运行带来的效应,提高政策运用的时间性、组合性、效率性,规避城市经济运行中的波动风险。

最后,建立风险防范机制。目前需要加强建立城市金融风险防范机制和地方政府债务约束机制。我国城市经济运行过程中存在直接融资和间接融资比例失衡,债券市场和股票市场发展失衡,债券市场中国债、金融债和企业债发展不平衡,这些问题都增加了金融市场的系统性风险。通过完善宏观调控和金融监管,加快金融市场发展,加强金融机构风险防范能力,建立金融系统风险防范机制。随着城镇化进程的加快,地方政府事权不断扩大,债务负担严重,有效监管缺失,偿还能力弱,形成巨大的债务风险。为了规避地方债务风险,需要建立健全地方政府债务管理体系,完善地方政府资产负债信息披露制度,建立债务风险管理机制、债务风险预警机制和债务风险偿还保障机制。

（3）经济增长的公平性

城市经济增长不应只关注过程，应该更加关注经济增长的结果。经济增长的公平性是从经济增长的结果来测度经济增长的质量。效率和公平是增长质量的两个维度，两者之间也是互相影响的。经济增长中的不公平会通过各种传导机制抑制增长效率的提高，带来经济增长质量的下降。居民福利水平的整体改善是城市经济增长的最终目标，也是经济质量的核心内容。即使经济增长效率很高，但是贫富分化严重，城乡差距扩大，收入分配扭曲，城市失业率增加，这样的经济增长是损害多数人利益的低质量的经济增长。经济增长中的不公平会造成享有教育和分享公共服务的不平等，最终影响社会总需求。因此我们需要关注经济增长的公平性，重视经济增长带来的利益冲突，由少数人分享型的增长转变为大多数人共享增长成果。

首先，倡导和保障机会的平等性。从公平的角度来看，机会的公平比过程公平和结果公平更为重要。由个人背景和所处环境造成的不公平是不可接受的，而由个人努力程度等原因造成的不公平是容易被接受的。机会不公平是对人力资本天赋和能力的浪费，会加剧经济效率低下，引发社会政治冲突和带来制度的脆弱性。机会不公平通常是由制度、市场和政策不完善和失灵造成的。倡导和保障机会的公平性，重要的解决措施是完善市场竞争机制，减少人为干预。市场竞争机制是资源在市场上通过自由竞争和交换实现配置的机制，通过市场内供求、价格、竞争和风险等要素之间相互联系和影响进行资源配置。深化要素市场的改革，弱化政府干预经济的能力，打破地区封锁和利益藩篱，消除生产要素的价格扭曲，形成统一、透明、有序、规范的市场。合理制定户籍改革措施，积极吸引各类人才，消除户籍待遇差异，推进促进人口集聚的户籍迁移政策。

其次，增强分享的公平性。城市经济高质量增长过程中在致力于机会均等基础上，还必须确保民众公平分享经济增长的成果。增强分享的公平性，尤其需要保障中低收入群体。城市经济增长不应是"劫贫济富"的过程，少部分人的福利水平改进，而大多数人的福利水平出现恶化。高质量城市经济增长应该关注到社会各个群体的利益，实现最广泛民众分享社会财富。增强分享的公平性可以从以下几个方面入手：①建立健全社会保障体系。

构建覆盖范围广,保障最低限度的社会救助和保险体系,减少中低收入群体生活中的不确定性,稳定社会预期。②优化国民收入分配政策。通过深化收入分配改革,扭转劳动报酬在国民收入中占比例下降的趋势,使居民收入同城市经济增长同步,保障劳动收入在收入分配中占主体地位。③建立和完善公共财政政策。保障基础教育、公共医疗卫生等社会公共服务分享主体的广泛性,实现公共服务的均等化。④建立"以城带乡"的发展机制。实行工业反哺农业、城市支持农村的方针,用城市经济的发展带动乡村的发展,减小城乡之间差距,实现城乡统筹发展。

(4)经济增长的可持续性

可持续性是从成本角度分析城市经济增长质量的。生产要素的使用方式决定了经济增长的成本。粗放型的要素使用方式在一定程度上存在资源的过度开采和使用,带来环境污染和破坏,是一种高成本不可持续的经济增长方式。集约型的要素使用方式,依靠技术创新,最大限度地降低资源投入和能耗排放,是一种低成本可持续的增长方式。城市经济增长实现质量提升的转变,必须追求增长的可持续性。忽视资源和环境的有限供给,严重损害了城市经济可持续增长的物质基础,也降低了子孙后代的福利水平。

首先,建立政府科学决策机制,减少政府行为的短期倾向,促进政府行为的科学化和长期化。改变 GDP 单目标官员考核机制。近 10 年社会对改变"唯 GDP 考核"的呼声一直不断,但是 GDP 考核的风气反而愈演愈烈,这与我国官员考核体制密切相关。我国中央政府政治集权,地方政府是中央政府的代理人,各级地方政府领导人任免权由上级政府决定。上级政府采用政绩指标考核的方式,把任务和目标逐项分解。下级政府为了获得职位晋升,同级地方政府之间会开展 GDP 锦标赛的竞争。这种考核方式对我国城市经济带来了粗放式的快速增长,但是也带来了环境污染、公共产品供给不足、资源浪费严重等副产品。因此,要改进官员考核机制,建立自上而下和自下而上相结合的官员绩效考评体系,在官员政绩评价中更多引入民生改善、生态环境等指标,促进城市经济和谐发展。

其次,培育高效率的资源要素市场。自然资源也同其他生产要素一样,由市场供求关系决定其价格。我国生产要素和资源产品的价格受到政府管制,严重低于市场低价。政府要在保持总体价格水平稳定的条件下,推进资本、土地、自然资源等要素价格市场化进程。资源价格可以充分反映要素的稀缺程度，发挥市场对资源要素的配置作用，利用市场手段激励和约束资源要素使用行为，减少企业和个人资源浪费的现象，提高资源的使用效率。

最后，推进资源高效利用的科技研发创新。从资源有限性制约方面，需要关注有利于节约资源、有效利用资源和保护环境方面的研究和开发，依靠技术创新实现经济的可持续增长。政府部门加大循环经济领域的科技投入比例，组织相关专家和企业集中攻关，实现关键技术瓶颈的突破，同时加快成熟适用的共性技术问题的推广和使用。加大资源高效利用技术创新的供给条件，降低企业研发风险，地方政府为研发创新提供良好的外部环境和支持平台，并提供财政税收政策的支持。

7.4　本章小结

本章主要分析了城市经济增长模式转型的路径方向，指出城市经济增长从粗放向集约型转变过程中，需要通过创新驱动、质量提升和均衡发展的路径选择，实现城市向高质量经济增长的模式转型。其中城市经济增长动力来源从要素驱动转向创新驱动，城市经济增长的过程从失衡向均衡发展改进，城市经济增长结果从数量增加向质量提升转变。从动力来源、增长过程和增长结果三个方面分析了城市经济增长转型的必要性和一般路径。

随着我国资源环境约束性增强，要素驱动的粗放发展模式难以为继，为了进一步提高城市竞争力，优化城市结构，实现城市经济的可持续增长，必须实现从要素驱动到创新驱动的转变。本章构建了城市经济增长创新驱动体系，从创新主体、创新资源供给、创新环境和创新平台建设几个方面分析了城市创新驱动的实现路径。

城市经济长期处于均衡和不均衡的不断调节过程中。城市经济中的结构失衡导致了城市经济的畸形发展。为了减少社会发展差距，改善产能过剩局面，形成自主创新品牌，从不均衡向均衡转变是城市经济转型增长的必然方向。本章从区域均衡、城市均衡和城乡均衡三个方面分析了实现均衡发展的路径。

我国城市经济长期追求粗放式的数量增长，进一步恶化了城市经济运行中的矛盾。为了提高人民的福利水平,改善城市经济效率和保护城市资源环境,必须实现城市经济从数量增长向质量提升的转变。本章从效率性、稳定性、公平性和可持续性四个方面分析了城市经济增长质量提升的转变路径。

8

结论、政策含义与研究展望

8.1 研究结论

  我国城市经济长期保持迅猛增长,城市土地面积不断扩张,城市基础设施投资不断升级,城市经济运行中的资源短缺、成本上涨、结构失衡等问题日益突出。这些问题都可以归因为我国城市经济长期以来坚持的粗放型增长模式。城市经济面临更为严峻的挑战主要表现在经济运行中改革红利逐渐消失、人口红利逐渐衰退、投资增长的边际收益率不断下降、城市资源环境承载力达到极限等方面,城市经济从粗放型增长向全要素生产率驱动的高质量增长转型变得刻不容缓。

  在此背景下,本书通过相关文献梳理,确立了以城市集约型经济增长为研究目标。在阐述全要素生产率内涵和比较测度方法基础上,分析了全要素生产率和城市集约经济增长的内在联系,建立了TFP驱动的城市集约型经济增长的分析框架。在揭示全要素生产率时空差异特点的基础上,运用多种回归方法分析全要素生产率影响因素的区域差异,得出影响因素的一般性规律。根据实证分析结果研究了城市集约型经济增长的模式和转型的一般路径,本书获得的基本结论包括如下几个方面:

  第一,全要素生产率驱动城市集约型经济增长过程是多目标优化动态均衡的过程。本书指出城市全要素生产率的提高主要来源于知识程度提高、结构优化、集聚效应和制度安排四个方面。从城市经济的投入和产出方面建立了 TFP 驱动的城市集约型经济增长模型。模型构建考虑了城市经济增长规模报酬递增和空间因素的特殊性,反映了无形资源的配置效率是增长的核心,体现了城市经济高质量增长方式的要求。通过构建模型得到产出最大化的条件是 $A_K = A_S = A_G = A_Z$,这一结果说明城市经济增长是通过不同要素的效率改进,突破效率瓶颈,实现动态均衡的多目标决策过程。

结果表明,全要素生产率驱动的城市集约型经济增长是多目标、多层次相互作用的结果。孤立地去追求单一目标的最大化,短时间内效果可能明显,但是最终会受到其他效率滞后的影响,因此城市集约型经济增长是各个要素结构优化的过程。在要素结构优化的过程中,会表现为某个或几个要素效率的明显改进,带来各个影响因素效率彼此超越没有终点的永续过程,在这个过程中,效率高的影响因素不会停止自身的改进,同时效率低的影响因素具有更大的提升空间。

全要素生产率驱动的城市集约型经济增长是动态均衡过程。根据全要素生产率驱动的集约经济产出最大化条件是 $A_K = A_S = A_G = A_Z$,说明城市经济高质量增长的均衡点只有在知识能力提高、结构优化、集聚效应和制度安排四个影响因素效率相等时才出现,这样的均衡条件在现实城市经济运行中是很难达到的。但是这一结果说明了城市集约型经济增长是一个动态均衡过程,各种影响因素不断改善,表现为各自效率的提升,形成效率彼此追赶超越的过程,当出现短暂的均衡时,会被某个效率的提升打破。因此,该模型揭示了城市经济运行中从均衡到打破再到均衡的过程,这个过程中各种要素的效率不断改善,促进了城市经济增长质量的变化。

第二,城市集约型经济增长动力不足,区域之间经济高质量增长能力差异明显。通过对全国和分年度全要素生产率变化趋势进行测度,发现我国全要素生产率整体呈现改进状态,年均增幅为 2.4%,但是改善的幅度在逐年缩小,2010 年以后每年增幅都在 2% 以下,全要素生产率增幅呈现趋缓,结果表明城市经济高质量增长动力下降,城市经济高速增长进入中低速转折点,需要多方面动力驱动改善城市经济高质量增长动力乏力的局面。

通过对全要素生产率测度分解,发现技术变化是全要素生产率增长的主要动力。这一结果说明,我国经济增长呈现单因素驱动现象,技术效率和技术进步出现了此消彼长的局面。技术效率的水平效应削弱了技术变化的追赶效应,带来经济高质量增长的不稳定和不可持续。

通过对不同板块和不同经济区分析,发现我国东、中、西、北四大板块的全要素生产率都呈现改进局面,其中东部地区是全要素生产率改善最为显著的地区,东部地区在技术变化和技术效率方面的改善都远远好于其他地区;东部和其他地区的差距进一步扩大,中部和西部之间的差距在缩小,北部成为全要素生产率改进最慢的地区。长三角、珠三角、京津冀、辽中南和中原经济区全要素生产率测度结果表明,珠三角全要素生产率提高幅度明显优于其他地区,中原经济区全要素生产率获得大幅增加,自2006年以后保持了迅猛的增长态势,京津冀和长三角地区的全要素生产率增幅比较平缓,整体呈现稳定的发展态势。辽中南地区的全要素生产率明显低于全国的平均增长水平,在五个经济区内名列最后。分析结果表明,区域之间经济增长能力差异明显。不同区域集约型经济增长组织和运行机制呈现多样化特点,经济发达地区或成熟的经济区依赖较好的初始条件形成累积循环发展的正向效应,经济欠发达地区或新建经济区在城市经济增长过程中表现为一定程度的路径依赖,特别是区域经济政策等外部影响对城市经济高质量增长作用明显。

第三,区域经济增长呈现"中心-外围"空间结构,城市之间集约型经济增长的空间联系有待加强。通过分析省域层面全要素生产率的空间分布,发现我国全要素生产率呈现集聚的空间分布特征。效率显著改进地区集中分布在我国东南沿海、长江流域、环渤海地区,这些地区形成大面积的效率显著改进集中区;效率改进一般的区域主要分布在我国中部,集中在山西、陕西、河南等省份,效率下降的省份集中性不是特别明显,主要集中在东北地区的黑龙江。这一结果表明,城市经济增长出现了时空方面的路径依赖,不同年份,效率显著改进的省份和效率改进一般的省份都呈现时间和区域上基本稳定的趋势。同时这种集聚呈现空间正相关关系,并且正相关性在不断加强,说明在高效率集聚区和效率改善的区域内部形成了累积因果循环的反馈回路,城市之间集约经济增长的空间联系正在形成。而在效率下降的区域,城市之间集约经济增长的空间联系不紧密,缺乏有效的空间组织形式实现区域经济的增长转型。

在经济区内部,无论是单中心还是多中心的经济区都呈现经济增长的"中心–外围"空间结构,但是这种空间结构也呈现差异化的特点,是区域内部城市集约型经济增长不同组织方式在空间形态上的反映。长三角地区的"中心–外围"空间结构表现为上海作为核心城市的集聚能力减弱,经济扩散特征日益明显,区域内多中心格局逐渐形成。区域内城市经济增长呈现出以上海为中心的双轴线辐射,辐射重心北偏,双轴线遮蔽地区发展受阻。珠三角地区的"中心–外围"空间结构表现双核心的特点,深圳增长极呈现正溢出放缓的趋势,中心圈层和次中心圈层联系紧密,外围区域发展滞后。京津冀地区呈现"京–津"双核模式,天津的辐射力在减弱,区域内中小城市快速发展,"两带"辐射日渐明显。中原经济区表现为以郑州为单中心的明显的"中心–外围"结构,但是郑州中心增长极缺乏向外辐射通道,辐射能力有限。辽中南地区呈现"沈阳–大连"双中心增长模式,双中心在区域内辐射能力有限,城市之间空间联系不紧密,区域整体全要素生产率改进缓慢。对经济区经济增长空间结构分析结果表明,区域单中心城市经济高质量增长能力不强,辐射和扩散能力较弱,中心城市和外围城市之间经济联系不紧密,缺乏有效的空间组织形式。区域内双中心城市之间发展不平衡,中心城市之间没有形成有效的分工格局,带来了区域经济增长空间结构的不稳定,中心城市和外围区域之间经济溢出不显著。

第四,我国城市经济增长主要依靠政府科技投入和集聚经济的驱动,产业结构优化和研发活动是城市集约型经济增长的动力短板。不同区域经济增长呈现差异化的动力来源,多要素协同动力不足成为制约城市经济高质量增长的瓶颈。

本书通过在全国和五大经济区内进行显著性检验和贡献度分析,发现政府科技投入、产业结构优化、研发活动和集聚经济这四个因素是全要素生产率差异的重要影响原因。在显著性检验方面,本书运用混合效应、固定效应和随机效应的面板回归方法分析了政府科技投入、基础设施、产业结构、人力资本、对外开放、集聚经济和研发活动七个因素对区域全要素生产率差异的影响。其中政府科技投入、产业结构、集聚经济和研发活动四个影响因素在全国和五个经济区均呈现良好的显著性,说明这四个方面是影响我国城市经济全要素生产率持续改善的主要动力。其中产业结构和研发活动变量呈现显著性,但个别区域参数为负,说明这两个因素是目前城市全要素生产率改进的主要瓶颈。

在贡献度方面,本书运用夏普利值方法从政府科技投入、基础设施、产业结构、人力资本、对外开放、集聚经济和研发活动七个方面对 TFP 贡献度进行了分析。发现集聚经济在全国范围内对全要素生产率差异的贡献度为27.49%,是影响因素中贡献度最高的。政府科技投入在全国范围对全要素生产率差异的贡献度达到27.29%,名列第二。产业结构在全国范围内对全要素生产率贡献度为15.44%,在各个影响因素中贡献度名列第三。人力资本在全国范围内对全要素生产率的贡献度达到8.87%,在影响因素中名列第四。研发活动在全国范围内对全要素生产率的贡献度为7.9%,在影响因素中名列第五。通过夏普利值的方法对全要素生产率影响因素的贡献进行了分析,得出政府科技投入是区域全要素生产率差异的首要贡献因素,集聚经济成为区域全要素生产率差异的重要贡献因素,知识能力对全要素生产率差异贡献度日益明显,全要素生产率呈现差异化驱动,多要素协同动力不足成为制约全要素生产率提高的瓶颈。

第五,政府规控、产业结构优化、知识能力提高和多样化驱动是我国城市集约型经济增长主要的组织和运行方式。全要素生产率的区域差异实质是城市不同集约型经济增长组织和运行差异的表象反映。结合全要素生产率显著性和贡献度的实证分析,概括得出政府规控、产业结构优化、知识能力提高和多样化驱动是我国城市集约型经济增长主要的组织和运行方式。

政府规控型的城市经济增长运行机理是中央政府通过"经济放权、政治集中"使地方政府成为增长竞争型政府而发生的以制度创新驱动城市经济增长的过程。产业结构优化驱动型的运行机理是在区域产业分工前提下,城市主导产业选择成为增长模式的关键,以城市产业结构合理化和高级化为主要途径,形成了产业结构网络化为主要驱动力的城市转型增长。知识能力提高型运行机理是通过培育高校、科研院所和企业形成互动的城市环境,在良好的环境下通过引进吸收、原始创新和集成创新的方式,以企业发展和城市产业结构优化实现城市经济增长。多样化驱动型城市经济增长运行机理是以集聚经济为基础,通过地方化经济和城市化经济两种主要作用方式,共享集聚经济的外部性,形成一系列正向效应,通过正效应在城市关

联网络中不断进行复制、强化,形成自我循环,促进城市经济增长。

四种城市集约型经济增长的运行和组织方式是在一定约束条件下发生的。在市场经济发育不成熟、交易成本较高的条件下,政府规控型模式有利于弥补市场的缺陷;随着市场化进程的加快和工业化的发展,产业结构优化型成为城市经济高质量增长的有效组织方式;当工业化发展到一定阶段,知识在城市资源配置中起到主导作用时,知识能力提高型对城市经济的集约增长将起到主要作用;多样化驱动型是在城市要素集聚的基础上,产业结构优化和知识能力提高多样化驱动的城市经济高质量增长。由于资源禀赋、经济因素、制度政策和文化因素的差异,具体城市关于集约型经济增长组织和运行方式的选择呈现多样性。

第六,创新驱动、均衡发展和质量提升是城市经济实现集约型增长的一般路径。城市经济增长动力来源从要素驱动转向创新驱动,城市经济增长的过程从失衡向均衡发展改进,城市经济增长结果从数量增加向质量提升转变。从动力来源、增长过程和增长结果三个方面指出了城市经济增长转型的必要性和一般路径。

城市经济增长实现从要素驱动向创新驱动转变的关键是构建城市创新驱动体系,涉及创新主体、创新资源供给和创新环境、平台建设几个方面。城市经济增长过程向均衡发展涉及区域均衡、城市均衡和城乡均衡。区域均衡发展主要路径有区域市场一体化建设、强化区域空间组织和加强区域城市经济合作。城市均衡主要路径在于协调好城市投资、消费和出口三者之间的比例和结构。城乡均衡的路径在于统筹城乡之间的规划、产业、管理和收入。

8.2 政策含义

8.2.1 培育城市经济高质量增长能力

对区域全要素生产率测度的结果表明,虽然城市全要素生产率整体呈现改进状态,但是改进幅度明显趋缓,这反映了城市经济高质量增长动力不足。城市经济高质量增长能力培养是一个系统工程,从本书构建的城市集约型经济增长模型以及对其组织和运行的分析中可以发现,城市经济高质量增长能力形成是多因素协同作用,各个因素不断改进,突破瓶颈,实现动态最优化的过程。

(1)创新活动质量

本书的实证研究表明,研发活动对城市集约型经济增长显著性明显、贡献度较高。但是研发活动的系数在一些区域呈现负数,并且贡献度在整体排名中名列第四,说明我国目前创新活动质量不高。研发投入和研发产出之间比例失调。从研发投入角度说明我国目前大多数研发活动存在低水平重复、行政导向的问题,从研发产出角度说明研发成果和生产环节脱节,实际运用比例较低。从研发投入角度,改善效率低下的现状,政策应关注创新主体的培育。我国企业的创新能力普遍薄弱,在很多领域缺乏关键核心技术和自主知识产权。企业尚未成为创新决策、研发投入和科技成果运用的主体。培育创新型企业,使企业成为科技创新活动的主体,是我国城市提高集约型经济能力的关键。从研发产出角度,解决创新活动质量问题,政策应关注科技成果转化机制、知识产权保护、产学研体系建设等方面。健全有效的科技服务中介、科技成果评估体系、知识产权保护相关法律法规对提高科技成果转化,加速科技成果产业化具有重要推动作用。

(2)政府决策能力

本书的实证研究结果表明,政府科技投入对我国城市集约型经济增长的贡献度最高,并且政府科技投入在全国和主要经济区内的显著性和变量系数都非常稳定。这说明在目前阶段我国城市经济高质量增长主要来自政府的制度创新,集约增长动力结构失衡。政府更多地成为技术创新的供给者,导致创新活动具有强烈的行政色彩,缺少市场需求参与。政府主导模式下科技成果和实际经济需求脱离,政府买单的科技成果,企业无法投入生产。同时政府的制度安排需要重点关注具体政策的设计问题。关于科技创新方面,投入奖励的绝对数量在持续增加,但是效果并不明显,因此关于科技创新的政策体系,数量上的问题似乎并不明显。应着力于财政支持、税收优惠的结构性调整,以财政政策为例,直接拨付、竞争拨付、补贴和税收优惠等不同的支持方式,对财政资金支持的效率差异较大。政府制度设计时要充分考虑这些差异对创新活动主体积极性和创新活动效率的影响。

（3）市场化激励机制

本书通过对全要素生产率的测度发现，我国大多数城市的技术效率和技术进步出现了此消彼长的局面。说明技术效率的水平效应削弱了技术变化的追赶效应，技术效率的提升落后于技术变化的改善。造成技术效率发展缓慢的一个重要原因是，城市经济运行中缺乏市场化的激励机制。对于在创新活动中做出突出贡献的创新者，缺乏稳定持续的市场化激励，大多是行政行为的表扬和奖励。对于科研工作者多鼓励其发扬艰苦奋斗、淡泊名利、志存高远的科研精神，但是科技创新活动需要付出巨大的努力和承担高概率的失败风险，如果仅仅依靠自身科研精神和高尚道德，势必造成科技创新动力不足的局面。因此，要形成全社会的科技创新氛围，必须建立市场化的激励机制。建立市场化激励机制，通过市场供求、价格、竞争和风险等要素之间相互联系和影响进行创新活动的激励，弱化政府干预创新活动的能力，打破地区封锁和利益藩篱，促进创新资源的自由、高效配置。

8.2.2   关注城市经济高质量增长的空间结构

通过对全要素生产率空间结构和空间依赖关系分析可以发现，全要素生产率表现出强烈的空间聚集特征，空间依赖性明显，有的区域经济增长呈现单中心的空间结构，有的区域出现双中心的空间结构。分析的五个经济区经济增长都表现出"中心-外围"的空间分布。城市经济实现集约型经济增长的转型，相关制度安排需要结合区域、高质量增长空间结构。

（1）单中心空间结构

本书实证分析结果表明长三角经济区、中原经济区均表现为单中心增长结构，其中上海作为核心城市经济扩散特征日益明显，郑州则表现为较强的集聚特征。这一结论说明，在呈现单中心空间结构的区域，中心城市的发展特征决定了区域的整体水平。中心城市充当了区域经济组织者和协调者的职能，当集聚机制对中心城市起主导作用时，各种要素表现为向中心城市集聚；当扩散机制对中心城市起主导作用时，各种要素表现为从中心城市向外围地区的扩散。在区域经济发展的不同阶段，集聚机制和扩散机制同时存在，一种不会因为另外一种的存在而消失，两种机制表现出不同的主导方式。对于呈现单中心空间结构的区域，区域集约经济增长政策安排应重点关注核心城市的发展阶段,对于中心城市集聚特征明显的区域,区域政策应侧重提高中心城市协调经济活动和区际联系方面的能力。对于中心城市扩散特征明显的区域,区域政策可以关注中心与周围之间差距的缩小、多中心的培育和成长方面。

(2)多中心空间结构

本书实证分析结果表明,珠三角、京津冀和辽中南地区均呈现多中心的增长结构。在多中心的区域,中心城市之间的协调发展成为影响区域经济发展的重要因素。在分析的区域中,珠三角地区表现为深圳增长极正向溢出放缓,京津冀地区表现为天津的影响力较弱,辽中南地区表现"沈阳-大连"双中心的影响力都需要加强。在多中心的空间结构中,新中心的发展滞后带来了区域经济发展的不稳定。集约经济增长政策应重点关注新中心后发优势的形成和多中心之间的协调发展。通过老中心向新中心进行贸易、产业转移、投资、技术转让等经济活动,使新中心获得快速发展的后发优势。新中心的快速发展会对区域经济起到示范和带头作用,同时也会对老中心带来强烈的冲击作用。在新中心发展壮大的阶段,集约经济增长政策应考虑新中心和老中心的比较优势,建立城市之间的区域分工,协调多中心之间的关系,避免此消彼长的竞争局面。

(3)"中心-外围"空间结构的突破

本书实证结果表明,全要素生产率无论在单中心还是多中心的区域结构中都呈现明显的"中心-外围"特征。中心城市全要素生产率改善明显,周边地区出现改善弱化的现象。我国全要素生产率呈现"中心-外围"的区域空间结构,说明区域集约经济增长不平衡,区域原有的集聚力量和扩散力量惯性较强,造成区域集约经济增长路径依赖特征明显。"中心-外围"空间结构的突破需要打破现有的力量平衡,摆脱路径锁定。周边深化是实现结构突破的关键。周边深化可以从两个方面进行:一方面是表现为中心城市辐射和外溢能力增强,作用半径越来越大,越来越多的周边地区出现消失;另一方面是周边自身的经济迅速增长,和中心城市的差距越来越小,原来的周边地区逐渐成为新的增长中心。区域政策方面关于"中心-外围"空间结构的突破应关注周边深化方面。通过产业、市场、技术、资本等活动建立中心城市和外围城市之间的经济联系,通过通信网络、交通设施、信息平台等支撑系统完善中心城市和外围城市之间关联网络。

（4）紧凑型增长

本书通过实证分析基础设施对城市全要素生产率的影响发现，基础设施参数估计值和贡献度在全国和大多数经济区的数值都非常小。本书选取的基础设施代理指标是人均市辖区道路面积，实证结果反映了城市粗放型扩张土地面积带来了基础设施使用效率低下的问题。在我国城市化进程中，土地粗放型扩张的问题十分严重，造成了土地闲置、利用低下、供给困难的严重后果。在很多城市出现"鬼城"和"堵城"同时存在的现象，根本原因是城市尚未形成紧凑型增长。区域经济政策应该更多地关注城市人口密度指标，这一指标可以有效地监测城市空间的集约程度。城市人口密度的提高可以带来共同劳动力市场、信息交流、技术扩散、专业化程度改善等外部经济利益。当然过高的城市人口密度也会形成集聚的负外部性，带来交通拥堵、出行困难、环境污染等城市病。因此，合理的城市人口密度是城市紧凑型增长的关键。一方面，城市新区的扩张，需要根据城市人口密度指标，充分考虑城市扩张面积和人口吸纳能力匹配的问题。另一方面，城市已建区域，需要结合城市人口密度，预测主城区人口增长与资源承载力协调的问题。相关区域政策制定以合理城市人口密度为参照，通过设定城市增长边界、构建一体化交通体系、推进城市土地混合利用模式等方面内容促进城市紧凑型增长。

8.2.3 探索区域经济增长的组织方式

通过对全要素生产率和城市经济增长空间结构进行分析发现，在经济区内全要素生产率空间依赖关系明显，经济增长空间分布呈现高效率和低效率集聚的特点，区域经济增长表现出"轴-带"分布的特征。这些研究结论说明，行政区划的管理方式违背了城市之间全要素生产率空间联系的规律，造成了区域集约经济增长的不协调、不稳定。区域空间组织方式创新是协调城市之间集约经济增长，打破路径依赖，实现区域经济增长质量提高的关键。

（1）跨行政区管理

本书全要素生产率空间分布和空间依赖关系的实证结果表明，全要素生产率空间集聚特征明显,TFP 改进或下降的城市都表现出连片、毗邻出现的空间特征。这反映了在经济区内部行政区域分割的矛盾越来越凸显。各个城市之间条块分割、各自为政,过分重视本地区的眼前利益,缺乏长期和统一的规划,造成了区域整体经济发展质量的下降。打破全要素生产率低效率的区域锁定,需要考虑建立跨行政区的利益协调机制。这种协调机制应该是全局的和制度化的,而不是建立在行政区划上的临时联席议事机构。需要探索城市之间多形式和多层面的合作模式,建立有效的区域利益整合机制、发展调控机制,从制度层面为跨行政区管理提供保障。跨行政区的管理模式在各个城市平等沟通合作的基础上,运用经济、法律、政策和社会多种协调手段,平衡各方面的利益,建立区域整体规划,解决区域内资源开发、基础设施建设、生态环境治理、市场一体化建设等诸多问题。区域整体规划是跨行政区管理的行动指南,提高整体规划的连续性和约束性,各级城市要根据区域整体规划的指导,编制自身的发展规划,避免制定规划的随意性和反复性。

(2)市场一体化建设

本书全要素生产率空间分布结构和空间关系的实证结果表明,在分析的五个经济区内,大多数城市之间的关系表现为"低-高""高-低"和"低-低",说明城市之间经济联系不紧密,城市之间缺乏正向的影响。这一结果反映了城市之间生产要素流动不畅,城市之间的市场关联度较低的弊端,行政区划的关系弱化了市场区际的关系。城市之间资本、劳动力、技术等要素的流动存在行政力量的阻碍,无法依靠市场配置达到资源优化。城市难以突破自身利益格局,无法形成建立在比较优势基础上的城市之间的合作共赢。这些症结都可以归因为市场一体化机制不健全。市场一体化建设需要规范政府行为,减少阻碍区域产品和生产要素市场化流动的行政性障碍,防止地方保护和竞争趋同现象的蔓延。同时要建设区域统一的消费品、生产资料、人力资源、信息技术等方面的市场,形成区域产品、服务、信息和技术自由流动的市场网络体系。通过市场一体化的建设,打破城市之间的封锁,通过生产要素之间的市场化流动,形成城市之间集约经济增长的紧密联系。

(3)基础设施网络化建设

本书通过分析全要素生产率和经济增长的空间结构发现,在经济区内部全要素生产率表现出"轴–带"分布的特征,并且"轴–带"分布越明显的区域,整体全要素生产率提高越显著。例如长三角地区表现出"上海–苏州–无锡–南京"和"上海–杭州"的双轴线辐射;京津冀地区表现出"北京–保定–石家庄"和"北京–唐山–秦皇岛"两带辐射。这一研究结论说明,区域内基础设施网络化对加强城市之间联系,促进城市之间的协同发展具有重要的作用。区域内"轴–带"发展较快的地区,都是交通运输体系、信息网络、能源电力、城市公用基础设施联系比较紧密的地区。基础设施的网络化形成了城市之间经济活动传播和扩散的通道。区域内经济增长转型的实现,需要通过城市之间经济联系的通道,建立城市之间自我强化的集约经济增长路径。基础设施建设以区域整体利益协调为目标,坚持利益均享、投资共担,调动各方面的积极性,多层次、多渠道、多形式地进行区域基础设施建设。

8.3 研究展望

8.3.1 城市经济高质量增长组织方式的多样性

本书分析了政府规控型、产业结构优化型、知识能力提高型和多样化驱动型四种城市集约型经济增长的组织方式。我国城市经济运行差异化特点明显,城市经济转型发展表现为明显的有形资源和无形资源禀赋特征,城市在集约型经济增长的实践中也必然呈现自身的特色。本书重点分析了城市经济高质量增长的一般组织形式,在一般分析框架的基础下,有待进一步研究城市经济高质量增长的个体差异。结合某一经济区或单一城市经济增长的情况,研究具体城市增长动力转化条件,分析特定城市经济高质量增长模式的特征和路径,提出针对性强的政策建议。

8.3.2 城市经济增长模式转型的风险和防范

本书从创新驱动、均衡发展和质量提升三个方面提出了增长转型的路径,城市经济从粗放型向集约型转变过程中的风险和防范也是需要进一步关注的。我国经济运行进入新常态模式,经济增速换挡期、结构调整阵痛期、前期刺激政策消化期。"三期叠加"使城市经济实现增长动力转化面临

严峻挑战。关于城市增长模式转变过程中的制度创新风险、技术变革风险、结构转化风险以及相关道德风险的预防和控制有待进一步分析和研究。

参考文献

[1] 戴彬,金刚,韩明芳.中国沿海地区海洋科技全要素生产率时空格局演变及影响因素[J].地理研究,2015(2):13-17.

[2] 白俊红,蒋伏心.考虑环境因素的区域创新效率研究:基于三阶段DEA方法[J].财贸经济,2011(10):104-112.

[3] 范剑勇,冯猛,李方文.产业集聚与企业全要素生产率[J].世界经济,2014(5):51-73.

[4] 蔡孝箴.城市经济学[M].天津:南开大学出版社,1998.

[5] 蔡跃洲,李平.技术-经济范式转换与可再生能源产业技术创新[J].财经研究,2014(8):2-6.

[6] 车维汉,杨荣.技术效率,技术进步与中国农业全要素生产率的提高:基于国际比较的实证分析[J].财经研究,2010(3):113-123.

[7] 程惠芳,陆嘉俊.知识资本对工业企业全要素生产率影响的实证分析[J].经济研究,2014(5):174-187.

[8] 陈诗一.中国的绿色工业革命基于环境全要素生产率视角的解释(1980-2008)[J]经济研究,2010(11):21-34.

[9] 丁成日.城市增长与对策:国际视角与中国发展[M].北京:高等教育出版社,2009.

[10] 段文斌,尹向飞.中国全要素生产率研究评述[J].南开经济研究,2009(2):130-140.

[11] 方亮.华东地区高新技术园区创新对区域经济增长影响的实证研究[J].经济地理,2015(2):5-8.

[12] 傅晓霞,吴利学.技术差距,创新路径与经济赶超:基于后发国家的内生

技术进步模型[J].经济研究,2013(6):19-32.

[13]傅晓霞,吴利学.偏性效率改进与中国要素回报份额变化[J].世界经济,2013(10):79-102.

[14]高帆.中国各省区全要素生产率的敛散性及其解释(1978-2012年)[J].人文杂志,2015(8):32-40.

[15]高凌云,王洛林.进口贸易与工业行业全要素生产率[J].经济学(季刊),2010(2):391-414.

[16]宫俊涛,孙林岩,李刚.中国制造业省际全要素生产率变动分析:基于非参数Malmquist指数方法[J].数量经济技术经济研究,2008(4):97-109.

[17]盖庆恩,朱喜,程名望,等.要素市场扭曲、垄断势力与全要素生产率[J].经济研究,2015(5):61-75.

[18]郭庆旺,贾俊雪.中国全要素生产率的估算(1979-2004)[J].经济研究,2005(5):1-60.

[19]郭庆旺,赵志耘,贾俊雪.中国省份经济的全要素生产率分析[J].世界经济,2005(5):46-53.

[20]郭妍,张立光.环境规制对全要素生产率的直接与间接效应[J].管理学报,2015(6):903-910.

[21]洪银兴.论经济增长方式转变的基本内涵[J].管理世界,1999(4):15-22.

[22]胡永泰.中国全要素生产率:来自农业部门劳动力再配置的首要作用[J].经济研究,1998(3):31-39.

[23]黄先海,陈晓华.中国出口技术结构演进的机理与实证研究[J].管理世界,2011(3):44-55.

[24]黄先海,杨君,肖明月.资本深化、技术进步与资本回报率:基于美国的经验分析[J].世界经济,2012(9):4-8.

[25]江小涓.服务业增长:真实含义、多重影响和发展趋势[J].经济研究,2011(4):4-14.

[26]蒋伏心.经济增长方式转变、内涵的讨论与路径的选择[J].经济学家,2008(3):14-20.

[27] 金相郁. 中国城市全要素生产率研究(1990-2003)[J]. 上海经济研究, 2006(7):14-23.

[28] 金相郁. 中国区域全要素生产率与决定因素(1996-2003)[J]. 经济评论, 2007(5):107-112.

[29] 柯孔林, 冯宗宪. 中国商业银行全要素生产率增长及其收敛性研究:基于 GML 指数的实证分析[J]. 金融研究, 2013(6):146-159.

[30] 匡远凤, 彭代彦. 中国环境生产效率与环境全要素生产率分析[J]. 经济研究, 2012(7):62-74.

[31] 李谷成, 冯中朝. 中国农业全要素生产率增长、技术推进抑或效率驱动[J]. 农业技术经济, 2010(5):4-14.

[32] 李兰冰, 刘秉镰. 中国区域经济增长绩效、源泉与演化:基于要素分解视角[J]. 经济研究, 2015(8):58-72.

[33] 李小胜, 张焕明. 中国上市银行效率与全要素生产率再研究:基于两阶段网络方向性距离 SBM 模型的实证分析[J]. 财经研究, 2015(9):7-10.

[34] 李国璋, 周彩云, 江金荣. 区域全要素生产率的估算及其对地区差距的贡献[J]. 数量经济技术经济研究, 2010(5):49-61.

[35] 李贺军. 中国经济增长方式选择[M]. 北京:社会科学文献出版社, 1999.

[36] 李尽法, 吴育华. 河南省农业全要素生产率变动实证分析:基于 Malmquist 指数方法[J]. 农业技术经济, 2008(2):96-102.

[37] 李兰冰. 中国全要素能源效率评价与解构:基于"管理-环境"双重视角[J]. 中国工业经济, 2012(6):57-69.

[38] 李玲, 陶锋. 污染密集型产业的绿色全要素生产率及影响因素:基于 SBM 方向性距离函数的实证分析[J]. 经济学家, 2012(12):32-39.

[39] 李郁, 洪国志. 土地财政与城市经济发展问题[J]. 中国土地科学, 2013(7):41-47.

[40] 李成. 国有经济效率、增长目标硬约束与货币政策超调[J]. 经济研究, 2013(7):76-89.

[41] 李胜文, 李大胜, 邱俊杰, 等. 中西部效率低于东部吗?:基于技术集差异

和共同前沿生产函数的分析[J].经济学,2013(3):777-798.

[42]李胜文,李大胜.中国工业全要素生产率的波动(1986-2005):基于细分行业的三投入随机前沿生产函数分析[J].数量经济技术经济研究,2008(5):43-54.

[43]李逸,江可申,郑兵云,等.高技术产业研发创新效率与全要素生产率增长[J].科学学与科学技术管理,2010(11):169-175.

[44]李小平,朱钟棣.中国工业行业的全要素生产率测算:基于分行业面板数据的研究[J].管理世界,2005(4):56-64.

[45]李小平,朱仲棣.中国工业全要素生产率的测算:基于各行业面板数据的分析[J].管理世界,2005(3):56-64.

[46]林存友.资源环境约束与中国经济增长方式转变[J].生态经济,2008(11):100-103.

[47]林毅夫,苏剑.论我国经济增长方式的转换[J].管理世界,2007(11):5-13.

[48]刘秉镰,李清彬.中国城市全要素生产率的动态实证分析(1990-2006):基于DEA模型的Malmquist指数方法[J].南开经济研究,2009(3):139-152.

[49]刘秉镰,武鹏,刘玉海.交通基础设施与中国全要素生产率增长:基于省域数据的空间面板计量分析[J].中国工业经济,2010(3):54-64.

[50]刘光岭,卢宁.全要素生产率的测算与分解:研究述评[J].经济学动态,2008(10):79-82.

[51]刘少武.关于制度安排对经济增长方式转变作用的几点思考[J].管理世界,2000(6):182-183.

[52]刘舜佳.国际贸易,FDI和中国全要素生产率下降:基于1952-2006年面板数据的DEA和协整检验[J].数量经济技术经济研究,2008(11):28-39.

[53]刘勇.中国工业全要素生产率的区域差异分析[J].财经问题研究,2010(6):43-47.

[54]鲁晓东,连玉君.中国工业企业全要素生产率估计(1999-2007)[J].经济学(季刊),2012(2):10-16.

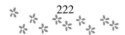

[55]吕铁,周叔莲.中国的产业结构升级与经济增长方式转变[J].管理世界,1999(1):113−125.

[56]马海良,黄德春,姚惠泽.中国三大经济区域全要素能源效率研究:基于超效率 DEA 模型和 Malmquist 指数[J].中国人口资源与环境,2011(11):38−43.

[57]马强文,任保平.中国经济发展方式转变的绩效评价及影响因素研究[J].经济学家,2010(11):58−65.

[58]彭鑫,管卫华,陆玉麒.基于购买力平价的江苏省区域经济分异[J].经济地理,2015(1):78−82.

[59]彭国华.技术能力匹配、劳动力流动与中国地区差距[J].经济研究,2015(1):99−110.

[60]钱学锋,王胜,黄云湖,等.进口种类与中国制造业全要素生产率[J].世界经济,2011(5):3−25.

[61]邱斌,杨帅,辛培江.FDI 技术溢出渠道与中国制造业生产率增长研究:基于面板数据的分析[J].世界经济,2008(8):20−31.

[62]全炯振.中国农业全要素生产率增长的实证分析(1978−2007):基于随机前沿分析(SFA)方法[J].中国农村经济,2009(9):36−47.

[63]任曙明,孙飞.需求规模、异质性研发与生产率:基于ACF法的实证研究[J].财经研究,2014(8):4−10.

[64]任曙明,吕镯.融资约束、政府补贴与全要素生产率:来自中国装备制造企业的实证研究[J].管理世界,2014(11):10−23.

[65]石中英.知识转型与教育改革[M].北京:教育科学出版社,2001.

[66]史丹,吴利学,傅晓霞,等.中国能源效率地区差异及其成因研究:基于随机前沿生产函数的方差分解[J].管理世界,2008(2):35−43.

[67]顺清.城市增长与土地增值[M].北京:科学出版社,2000.

[68]孙传旺,刘希颖,林静.碳强度约束下中国全要素生产率测算与收敛性研究[J].金融研究,2010(6):17−33.

[69]苏洪,刘渝琳.制约全要素生产率增长的潜路径影响分析[J].管理世界,2015(1):167−168.

[70]汤毅,尹翔硕.贸易自由化、异质性企业与全要素生产率:基于我国制造

业企业层面的实证研究[J].财贸经济,2014(11):79-88.

[71]陶长琪,齐亚伟.中国全要素生产率的空间差异及其成因分析[J].数量经济技术经济研究,2010(1):19-32.

[72]田银华,贺胜兵.环境约束下地区全要素生产率增长的再估算(1998-2008)[J].系统工程,2011(11):51-58.

[73]涂正革.中国的碳减排路径与战略选择[J].中国社会科学,2012(3):78-94.

[74]涂正革,谌仁俊.排污权交易机制在中国能否实现波特效应?[J].经济研究,2015(7):160-173.

[75]汪锋,解晋.中国分省绿色全要素生产率增长率研究[J].中国人口科学,2015(2):53-62.

[76]王兵,吴延瑞,颜鹏飞.中国区域环境效率与环境全要素生产率增长[J].经济研究,2010(5):95-109.

[77]王兵,朱宁.不良贷款约束下的中国银行业全要素生产率增长研究[J].经济研究,2011(5):32-45.

[78]王锋,冯根福,吴丽华.中国经济增长中碳强度下降的省区贡献分解[J].经济研究,2013(8):143-155.

[79]王国刚.城镇化:中国经济发展方式转变的重心所在[J].经济研究,2010(12):70-81.

[80]王群伟,周德群.中国全要素能源效率变动的实证研究[J].系统工程,2008(7):74-80.

[81]王小鲁,樊纲,刘鹏.中国经济增长方式转换和增长可持续性[J].经济研究,2009(1):4-15.

[82]王志刚,龚六堂,陈玉宇.地区间生产效率与全要素生产率增长率分解(1978-2003)[J].中国社会科学,2006(2):55-66.

[83]王芃,武英涛.能源产业市场扭曲与全要素生产率[J].经济研究,2014(6):142-155.

[84]魏下海.贸易开放、人力资本与中国全要素生产率:基于分位数回归方法的经验研究[J].数量经济技术经济研究,2009(7):61-72.

[85]吴军.环境约束下中国地区工业全要素生产率增长及收敛分析[J].数

量经济技术经济研究,2009(11):17-27.

[86] 吴三忙,李善同. 专业化、多样化与产业增长关系:基于中国省级制造业面板数据的实证研究[J]. 数量经济技术经济研究,2011(8):21-34.

[87] 吴玉鸣,李建霞. 中国区域工业全要素生产率的空间计量经济分析[J]. 地理科学,2006(4):385-391.

[88] 徐妍. 中国制造业空间集聚对全要素生产率的影响机理研究[J]. 财经研究,2012(3):28-36.

[89] 徐现祥,舒元. 基于对偶法的中国全要素生产率核算[J]. 统计研究,2009(7):78-86.

[90] 许和连,亓朋,祝树金. 贸易开放度、人力资本与全要素生产率:基于中国省际面板数据的经验分析[J]. 世界经济,2007(12):3-10.

[91] 薛白. 基于产业结构优化的经济增长方式转变:作用机理及其测度[J]. 管理科学,2009(5):112-120.

[92] 严兵. 效率增进,技术进步与全要素生产率增长:制造业内外资企业生产率比较[J]. 数量经济技术经济研究,2008(11):16-27.

[93] 杨汝岱. 中国制造业企业全要素生产率研究[J]. 经济研究,2015(2):61-74.

[94] 杨文爽,李春艳. 东北地区制造业全要素生产率增长率分解研究[J]. 当代经济研究,2015(4):12-18

[95] 叶祥松,彭良燕. 我国环境规制下的规制效率与全要素生产率研究(1999-2008)[J]. 财贸经济,2011(2):102-109.

[96] 叶裕民. 全国及各省区市全要素生产率的计算和分析[J]. 经济学家,2002(3):115-121.

[97] 易纲,樊纲,李岩. 关于中国经济增长与全要素生产率的理论思考[J]. 经济研究,2003(8):13-20.

[98] 袁堂军. 中国企业全要素生产率水平研究[J]. 经济研究,2009(6):52-64.

[99] 袁晓玲,张宝山. 中国商业银行全要素生产率的影响因素研究:DEA模型的Malmquist指数分析[J]. 数量经济技术经济研究,2009(4):93-104.

 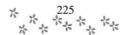

[100]原毅军,刘浩,白楠.中国生产性服务业全要素生产率测度:基于非参数 Malmquist 指数方法的研究[J].中国软科学,2009(1):159-167.

[101]余泳泽,张先轸.要素禀赋、适宜性创新模式选择与全要素生产率提升[J].管理世界,2015(9):13-31.

[102]余泳泽.中国省际全要素生产率动态空间收敛性研究[J].世界经济,2015(10):30-55.

[103]张公嵬,梁琦.出口、集聚与全要素生产率增长:基于制造业行业面板数据的实证研究[J].国际贸易问题,2010(12):12-19.

[104]张浩然,衣保中.基础设施,空间溢出与区域全要素生产率:基于中国266 个城市空间面板杜宾模型的经验研究[J].经济学家,2012(2):61-67.

[105]张军,施少华.中国经济全要素生产率变动(1952-1998)[J].世界经济文汇,2003(2):17-24.

[106]张平.中国经济增长报告(2009-2010):城市化与经济增长[M].北京:社会科学文献出版社,2010.

[107]张翼,陈雯,骆时雨.中间品进口对中国制造业全要素生产率的影响[J].世界经济,2015(9):107-129.

[108]张伟,吴文元.基于环境绩效的长三角都市圈全要素能源效率研究[J].经济研究,2011(10):95-109.

[109]章祥荪,贵斌威.中国全要素生产率分析:Malmquist 指数法评述与应用[J].数量经济技术经济研究,2008(6):111-122.

[110]赵邦宏.发展经济学[M].北京:北京大学出版社,2009.

[111]赵湘莲,李岩岩,陆敏.我国能源消费与经济增长的空间计量分析[J].软科学,2012(3):33-38.

[112]赵可,李平,张安录.经济增长质量对城市建设用地扩张的影响分析:基于全要素生产率视角[J].华中农业大学学报:社会科学版,2012(2):53-57.

[113]赵可,张炳信,张安录.经济增长质量影响城市用地扩张的机理与实证[J].中国人口资源与环境,2014(10):76-84.

[114]张翼,陈雯,骆时雨.中间品进口对中国制造业全要素生产率的影响

[J].世界经济,2015(9):107-129.

[115]郑鑫.城镇化对中国经济增长的贡献及其实现途径[J].中国农村经济,2014(6):15-20.

[116]郑玉歆.全要素生产率的再认识:用 TFP 分析经济增长质量存在的若干局限[J].数量经济技术经济研究,2007(9):3-11.

[117]周扬,李宁,吴文祥,等.1982-2010 年中国县域经济发展时空格局演变[J].地理科学进展,2014(1):102-113.

[118]周振华.我国现阶段经济增长方式转变的战略定位[J].经济研究,1996(10):3-8.

[119]周学.构建"微观、中观、宏观三位一体"的经济学理论体系[J].经济学动态,2014(4):26-33.

[120]朱喜,史清华,盖庆恩.要素配置扭曲与农业全要素生产率[J].经济研究,2011(5):86-98.

[121]盖庆恩,朱喜,程名望,等.要素市场扭曲、垄断势力与全要素生产率[J].经济研究,2015(5):61-75.

[122]左冰,保继刚.1992-2005 年中国旅游业全要素生产率及省际差异[J].地理学报,2008(4):417-427.

[123] AGHION P, HARRIS C, HOWITT P, et al. Competition, imitation and growth with step-by-step innovation[J]. Review of economic studies, 2001(2):467-492.

[124] ANDERSON R. Urbanization, productivity and innovation: evidence from investment in higher education [J]. Journal of urban economics, 2009(2):1-15.

[125] ANDERSSON, ROLAND, QUIGLEY, JOHN M. Urbanization, productivity and innovation: evidence from investment in higher education [J]. Journal of urban economics, 2009(2):1-15.

[126] AGHION P, FEDDERKE J, HOWITT P, et al. Testing creative destruction in an opening economy[J]. Economics of transition, 2013, 21(3):419-450.

[127] AGHION P, AKCIGIT U, HOWITT P. Lessons from schumpeterian growth

theory[J]. American economic review,2015,105(5):94-99.

[128] BALDWIN R E,WYPLOSZ C. The economics of European integration [M]. London:McGraw-Hill,2006.

[129] BLONIGEN B A,CRISTEA A D. Air service and urban growth:evidence from A quasi-natural policy experiment[J]. Journal of urban economics, 2015(86):128-146.

[130] BALASSA B. Resolving policy conflicts for rapid growth in the world economy[J]. PSL Quarterly Review,2014(1):23-79.

[131] BERNSTEIN I H. Applied multivariate analysis[M]. Springer Science & Business Media,2012.

[132] BERRY B J L,OKULICZ-KOZARYN A. The city size distribution debate: resolution for US urban regions and megalopolitan areas[J]. Cities,2012 (29):17-23.

[133] BATABYAL A A,NIJKAMP P. The creative class,its preferences,and unbalanced growth in an urban economy[J]. Journal of evolutionary economics,2013(1):189-209

[134] BLACK D,HENDERSON V. A theory of urban growth[J]. Journal of political economy,1999 (2):252-284.

[135] BURKHARD B,KROLL F,NEDKOV S,et al. Mapping ecosystem service supply,demand and budgets[J]. Ecological indicators,2012(21):17-29.

[136] CHEN G Q,GUO S,SHAO L,et al. Three-scale input - output modeling for urban economy:carbon emission by Beijing 2007[J]. Communications in nonlinear science and numerical simulation,2013(9):2493-2506.

[137] CULLINGWORTH J B. Problems of an urban society:the social framework of planning[M]. Routledge,2012.

[138] CHEN C L. Reshaping Chinese space - economy through high - speed trains:opportunities and challenges[J]. Journal of transport geography, 2012(22):312-316.

[139] CHARNES A,COOPER W W,RHODES E. Measuring the efficiency of decision making units[J]. European journal of operational research,1978

(6):429-444.

[140] CAI B, ZHANG L. Urban CO_2 emissions in China: spatial boundary and performance comparison[J]. Energy policy, 2014, 66: 557-567.

[141] CLARK T N, LLOYD R, WONG K K, et al. Amenities drive urban growth [J]. Journal of urban affairs, 2002 (5): 493-515.

[142] COHEN B. Urban growth in developing countries: a review of current trends and a caution regarding existing forecasts[J]. World development, 2004 (1): 23-51.

[143] DARIN-DRABKIN H. Land policy and urban growth[M]. Oxford: Pergamon Press, 1977.

[144] DUTTA V. Land use dynamics and peri-urban growth characteristics reflections on master plan and urban suitability from a sprawling North Indian city[J]. Environment and urbanization asia, 2012(2): 277-301

[145] DE OLIVEIRA J A P, DOLL C N H, BALABAN O, et al. Green economy and governance in cities: assessing good governance in key urban economic processes[J]. Journal of cleaner production, 2013(58): 138-152.

[146] DWARKA K, FEITELSON E. The political economy of urban infrastructure [J]. Chapters, 2013(3): 158-181.

[147] EATON J, ECKSTEIN Z. Cities and growth: theory and evidence from France and Japan[J]. Regional science and urban economics, 1997 (4): 443-474.

[148] ERIK, L. Land assembly for urban transformation: The case of S-hertogenbosch in the Netherlands [J]. Land use policy, 2008(1): 69-80.

[149] FAGERBERG J. Technological progress, structural change and productivity growth: a comparative study[J]. Structural change and economic dynamics, 2000(4): 393-411.

[150] FARRELL M J. The measurement of productive efficiency[J]. Journal of the royal statistical society. Series A (General), 1957(2): 253-290.

[151] FRIJTERS P, GREGORY R G, MENG X. The role of rural migrants in the Chinese urban economy[J]. Migration: economic change, social challenge,

2015(33):22-30.

[152]FOLMER E,RISSELADA A. Planning the neighbourhood economy:land-use plans and the economic potential of urban residential neighbourhoods in the Netherlands[J]. European planning studies,2013(12):1873-1894

[153]FUJITA M. Spatial patterns of urban growth:optimum and market[J]. Journal of urban economics,1976(3):209-241.

[154]FUYANG P,MINAN P,LICHUN L. Intellectual Property Protection,Technical Innovation and Transformation of Economy Growth Mode[J]. Science & Technology Progress and Policy,2012(24):15-20.

[155]FABER B. Trade integration,market size,and industrialization:evidence from China's National Trunk Highway System[J]. The review of economic studies,2014(3):1046-1070.

[156]GIBSON C. Cultural economy:achievements,divergences,future prospects [J]. Geographical research,2012(3):282-290.

[157]GRANT R,THOMPSON D. The development complex,rural economy and urban-spatial and economic development in Juba,South Sudan[J]. Local economy,2013(2):218-230.

[158]HEROLD M,GOLDSTEIN N C,CLARKE K C. The spatiotemporal form of urban growth:measurement,analysis and modeling[J]. Remote sensing of Environment,2003(3):286-302.

[159]HICKS J. Capital and growth[M]. Oxford:Oxford University Press,1965.

[160]HOWARD B,PARSHALL L,THOMPSON J,et al. Spatial distribution of urban building energy consumption by end use[J]. Energy and buildings,2012(45):141-151.

[161]JANSEN B N,MILLS E S. Distortions resulting from residential land use controls in metropolitan areas[J]. The journal of real estate finance and economics,2013(1):193-202.

[162]JUN M. On the economy growth under the restrict of energy and carbon emission:A theoretical analysis based on the neoclassical growth [J]. Journal of Inner Mongolia Finance and Economics College,2012(6):4-16.

［163］KRäTKE S. The new urban growth ideology of "creative cities"［J］. Cities for people, not for profit. critical urban theory and the right to the city, 2012 (6):138-149.

［164］LORENTZEN A, JEANNERAT H. Urban and regional studies in the experience economy: what kind of turn? ［J］. European urban and regional studies, 2013(4):363-369.

［165］LI H, LI L, WU B, et al. The end of cheap Chinese labor［J］. The journal of economic perspectives, 2012(4):57-74.

［166］MARTINEZ-FERNANDEZ C, AUDIRAC I, FOL S, et al. Shrinking cities: urban challenges of globalization［J］. International journal of urban and regional research, 2012(2):213-225.

［167］MCCORMICK K, ANDERBERG S, COENEN L, et al. Advancing sustainable urban transformation［J］. Journal of cleaner production, 2013(5):1-11.

［168］MUNNEKE H J, SIRMANS C F, SLADE B A, et al. Housing regulation, externalities and residential property prices［J］. Real estate economics, 2014 (2):422-456.

［169］NORTON R D. City life-cycles and American urban policy: studies in urban economics［M］. Elsevier, 2013.

［170］NEVAREZ L. New money, nice town: how capital works in the new urban economy［M］. Routledge, 2014.

［171］SVEIKAUSKAS, L. A., the Productivity of Cities ［J］. The quarterly journal of economics, 1975(3):393-413.

［172］YOUNG, A. A., Increasing returns and economic progress ［J］. Economic journal, 1928(12):527-542.

［173］NORTHAM, R M. Urban geography ［M］. New York: John Wiley & Sons, 1975.

［174］O'SULLIVAN A. Urban economics［M］. McGraw-Hill/Irwin, 2007.

［175］OBENG-ODOOM F. Neoliberalism and the urban economy in Ghana: Urban employment, inequality, and poverty ［J］. Growth and change, 2012

(1):85-109.

[176] PAUL, B. Cities and economic development [M]. Chicago University Press,1991.

[177] PINCETL S,BUNJE P,HOLMES T. An expanded urban metabolism method:toward a systems approach for assessing urban energy processes and causes[J]. Landscape and urban planning,2012(3):193-202.

[178] POTTS D. Urban economies,urban livelihoods and natural resource-based economic growth in sub-Saharan Africa:The constraints of a liberalized world economy[J]. Local economy,2013(2):170-187.

[179] ROMER P M. Endogenous technological change[J]. Journal of political economy,1990(2):71-102.

[180] PU R,BAI H X. The strategy of constructing urban economy circle and logistics integration in central Yunnan[J]. Journal of Kunming Metallurgy College, 2011(2):19-24.

[181] ROBERTS M,DEICHMANN U,FINGLETON B,et al. Evaluating China's road to prosperity:a new economic geography approach[J]. Regional science and urban economics,2012(4):580-594.

[182] RASUL G. Policy instruments for promoting a green urban economy:the changing role of the state[M]. The Economy of Green Cities. Springer Netherlands,2013:161-174.

[183] SOLOW R M. Growth theory[J]. Companion to contemporary economic thought,1970(2):392-415.

[184] SPENCER G M. Knowledge neighbourhoods:urban form and evolutionary economic geography[J]. Regional studies,2015(5):883-898.

[185] SONG F,LUO F. Empirical analysis on the relationship between economy growth and energy consumption in western China[J]. Journal of arid land resources and environment,2013(5):2-16.

[186] SETO K C,REENBERG A,BOONE C G,et al. Urban land teleconnections and sustainability[J]. Proceedings of the national academy of sciences, 2012(20):7687-7692.

［187］YANG Z,CAI J,DUNFORD M,et al. Rethinking of the relationship be-
tween agriculture and the "urban" economy in Beijing:an input－output
approach［J］. Technological and economic development of economy,2014
(4):624-647.

［188］YEO S J,HENG C K. An (extra) ordinary night out:Urban informality,so-
cial sustainability and the night－time economy［J］. Urban studies,2014
(4):712-726.